普通高等教育"十二五"系列教材（高职高专教育）

DIANLI XITONG JICHU

电力系统基础

主　编　侯卓生

副主编　陈　芳

编　写　马会贤　汤　燕

　　　　李　静　张彦迪

主　审　杨春江

中国电力出版社
CHINA ELECTRIC POWER PRESS

内 容 提 要

全书共分为 5 章，主要内容包括电力系统的基本概念、电力系统的等值电路及潮流计算、电力系统电能质量与功率平衡、电力系统故障分析以及电力系统稳定运行。每章后均设有思考题与习题，供读者巩固复习所学知识。

为学习贯彻落实党的二十大精神，本书根据《党的二十大报告学习辅导百问》《二十大党章修正案学习问答》，在数字资源中设置了"二十大报告及党章修正案学习辅导"栏目，以方便师生学习。

本书可作为高职高专电力技术类相关专业教材，也可作为电力行业培训教材，同时可供相关工程技术人员参考使用。

图书在版编目（CIP）数据

电力系统基础/侯卓生主编. —北京：中国电力出版社，2011.6
（2025.2 重印）

普通高等教育"十二五"规划教材. 高职高专教育
ISBN 978 - 7 - 5123 - 1882 - 3

Ⅰ. ①电⋯ Ⅱ. ①侯⋯ Ⅲ. ①电力系统-高等职业教育-教材 Ⅳ. ①TM7

中国版本图书馆 CIP 数据核字（2011）第 128904 号

中国电力出版社出版、发行

（北京市东城区北京站西街 19 号 100005 http：//www. cepp. sgcc. com. cn）
固安县铭成印刷有限公司印刷
各地新华书店经售

*

2011 年 6 月第一版 2025 年 2 月北京第十七次印刷
787 毫米×1092 毫米 16 开本 10.25 印张 247 千字
定价 28.00 元

前　　言

　　教育改革是高等院校各项改革的核心，也是改革人才培养模式的主要立足点，高职高专培养的是高等技术应用型人才，对专业课的改革尤为重要。结合多年来对电力系统基础课程教学改革的经验，强调基础理论和实践应用、简化繁复计算的特点，我们编写了本书。

　　本课程的先修课程为电路、电机与拖动。本书重点阐明了电力系统的基本概念、基本理论及分析问题的基本方法，详尽分析了电力系统等值电路及潮流计算、功率平衡、故障分析。本书内容力求深入浅出，理论联系实际，并且重点突出、层次分明、逻辑性强，易于讲授、便于自学。建议本书的讲授学时为 56 学时。

　　通过本课程的学习，既可让学生系统学习有关基础理论，为后续专业课程及相关学习打下基础，又可培养学生综合运用基础知识、解决工程实际问题的能力。

　　本书由银川能源学院侯卓生教授担任主编，陈芳担任副主编，杨春江教授担任主审。本书共分 5 章，其中第一章由马会贤编写，第二章由李静编写，第三章由陈芳编写，第四章由张彦迪编写，第五章由汤燕编写。全书由侯卓生教授负责统稿工作。

　　由于作者的水平和时间所限，书中不妥之处在所难免，恳请读者批评指正。

编　者

2013 年 6 月

目　　录

第一章　电力系统的基本概念

第一节　电 力 系 统 概 述

一、电力系统的基本组成

电力系统通常是由发电机、变压器、电力线路和用户等组成的三相交流系统。

电力系统中的电气设备也称电力系统的元件，它们之间既有区别，又相互作用。发电机产生电能，升压变压器把发电机发出的低压电变换成高压电，由输电线路进行输送，降压变压器把线路中的高压电能变换为低压电能，便于用户使用。由生产、输送、分配和使用电能的电气设备连接在一起组成的统一整体称为电力系统。

确切地说，电力系统是指由发电机、变压器、电力线路、用户的用电设备等在电气上相互连接所组成的有机整体，如图1-1所示。

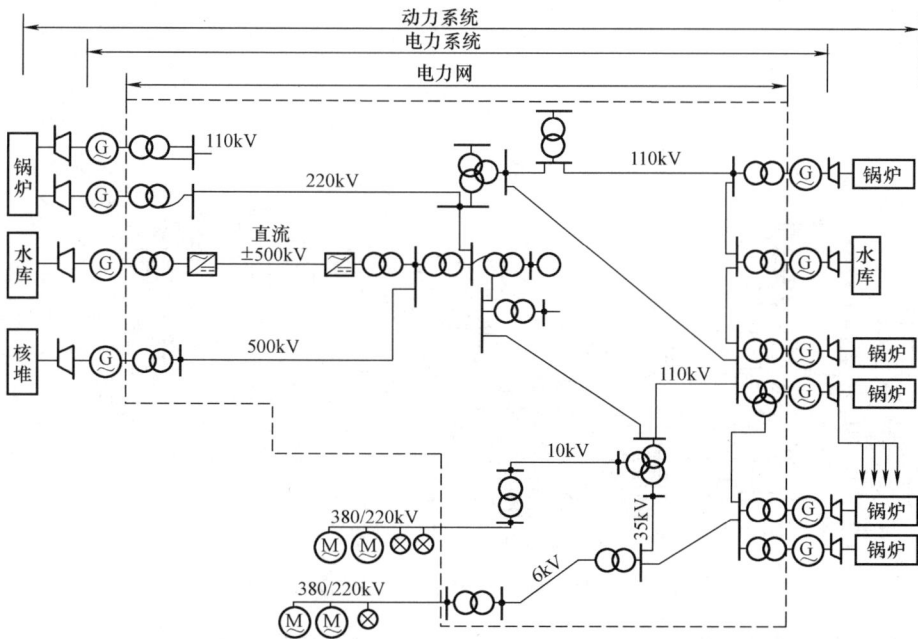

图1-1　动力系统、电力系统和电力网示意图

Ⓖ—发电机；Ⓜ—电动机；⊗—电灯；▱—换流器；

⊶—双绕组变压器；⊷—三绕组变压器；⊶—自耦变压器；⊩—水轮机、汽轮机

与"电力系统"一词相关的还有"电力网"和"动力系统"。电力网是指由各种电压等级的输、配电线路及由它们所联系起来的各类变电站组成的网络。电力网按其本身结构，又分为开环电力网和闭环电力网。凡用户只能从单方向得到供电的电力网称为开环电力网；凡用户可以从两个或两个以上方向得到供电的电力网称为闭环电力网。动力系统是指电力系统

和发电厂动力部分的总和。

所谓发电厂动力部分，随电厂的性质不同而不同，主要有以下几种：

（1）火力发电厂的锅炉、汽轮机、供热网络等。

（2）水力发电厂的水库、水轮机。

（3）原子能发电厂的反应堆。

电力网是电力系统的一个组成部分，而电力系统又是动力系统的一个组成部分，三者的关系也示于图1-1中。

为了便于分析和讨论，我们常用如图1-2所示网络来表示简单电力系统。

图1-2　简单电力系统

动力部分是电能产生的发源地。下面以火力发电厂凝汽式汽轮机发电机组为例说明电能的产生过程，图1-3所示为凝汽式火力发电厂生产过程示意图。

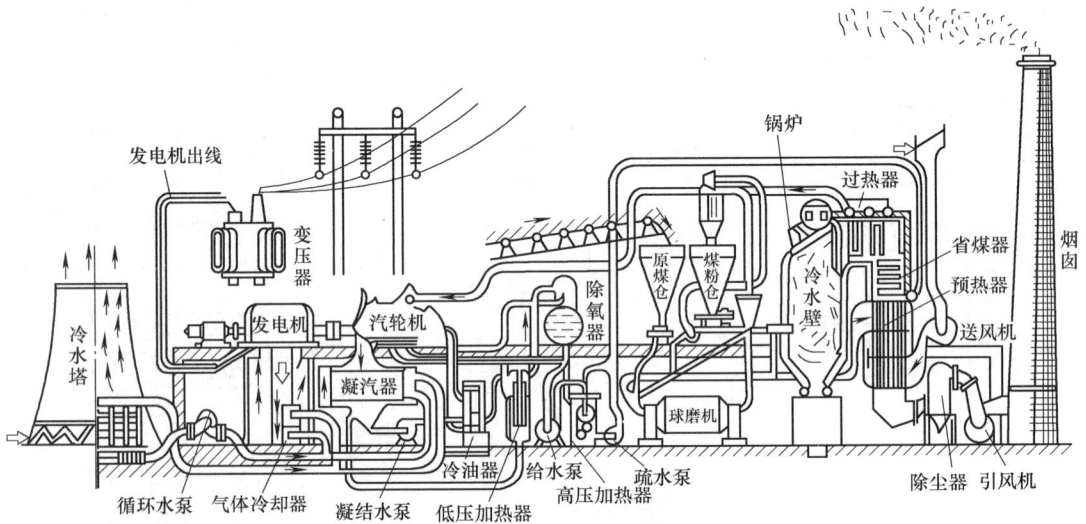

图1-3　凝汽式火力发电厂生产过程示意图

原煤从煤矿运到电厂后，先存入原煤仓，随后由输煤皮带运进原煤斗，从原煤斗落入球磨机中被磨成很细的煤粉，再由排粉机抽出，随同热空气送入锅炉燃烧室进行燃烧。燃烧放出的热量一部分被燃烧室四周的水冷壁吸收，一部分加热燃烧室顶部和烟道入口处过热器中的蒸汽，余下的热量则被烟气携带穿过省煤器、空气预热器传递给这两个设备内的水和空气。烟气经过除尘器净化处理，由引风机导入烟囱并被排入大气。将燃烧时产生的灰渣和由降尘器收集下来的细灰，用水冲进冲灰沟排出厂外。

燃烧用的助燃空气经送风机进入空气预热器中加热，加热后小部分被送往球磨机作为干燥和运送煤粉的介质，其余部分送入燃烧室参与助燃。

水和蒸汽是把热能转化成机械能的重要物质。净化后的给水先送进省煤器进行预热，继而进入汽包，由汽包降入水冷壁管中吸收燃烧室热能后蒸发成为蒸汽。蒸汽通过过热器再次被加热，变为高温高压的过热蒸汽。过热蒸汽经过主蒸汽管道进入汽轮机膨胀做功，推动汽轮机转子转动，将热能变为机械能。做完功的蒸汽在凝结器中冷却凝结成水。凝结水经除氧器去氧、加热器加热后再由给水泵重新送入省煤器预热，便可作为介质继续循环使用。

凝汽器需要的冷却水由循环水泵送入，冷却水在凝汽器中吸热后，流回冷却塔散热，然后再经循环水泵供给凝汽包。由汽轮机转子带动发电机转子旋转，在发电机中又把机械能转换成电能。发电机发出的电能经变压器升高电压后送入高压电力网。

二、我国电力系统的发展

我国电力工业在新中国成立前虽有 60 多年的历史，但是规模小、技术落后、发展很缓慢。从 1882 年在上海建立了第一个发电厂开始，直到 1948 年，总共留下总容量为 185 万 kW 的发电设备，而年发电量只有 43 亿 kWh，当时占世界第 32 位。

改革开放以来，我国电力系统建设步伐不断加快。截至 2022 年底，全国全口径发电装机容量累计 25.6 亿 kW，我国发电装机总容量、非化石能源发电装机容量等指标均稳居世界第一。

随着技术的发展，我国不断提升输电电压。1981 年 12 月河南平顶山－湖北武昌 500kV 输变电工程建成投运，以此为标志，我国成为世界上第 8 个拥有 500kV 输电线路的国家。几乎同时，500kV 元宝山－锦州－辽阳－海城输变电工程开工建设，采用国产 500kV 设备，分段调试投运，于 1985 年全线建成。此后，500kV 超高压输电线路逐渐成为除西北地区以外各省级及跨省大区电网的骨干网架。

2005 年 9 月，我国第一个 750kV 输变电示范工程（甘肃兰州东－青海官亭，世界上海拔最高的 750kV 输电线路）正式建成投运。此后，兰州东－白银－银川东 750kV 输变电工程于 2008 年投运。2009 年 1 月 6 日，晋东南－南阳－荆门 1000kV 特高压交流试验示范工程建成投运并保持安全运行，验证了特高压输电的可行性、安全性和优越性，标志着我国在特高压输电技术领域取得重大突破。同时，直流输电发展迅速，中国已经成为世界上直流输电技术领先的国家。1987 年，由我国自主设计、设备全部国产化的 ±100kV 舟山直流输电工程建成。1985 年，我国首条 ±500kV 直流输电工程（葛洲坝－上海）开工建设，1989 年 9 月单极建成投运，1990 年双极全部建成投运，首次实现华中、华东两大区域电网的直流联网。至 2022 年底，我国共建成投运 33 项特高压线路。随着交流特高压输变电工程以及直流特高压输电工程的建设，跨区联网逐步加强，特高压交直流线路将承担起更大范围、更大规模的输电任务。

"十四五"时期，电网发展面临着更具挑战性的新形势新任务。碳达峰、碳中和目标和 2030 年风电、太阳能发电装机达到 12 亿 kW 以上的要求，意味着未来一段时期新能源将持续大规模接入电网，要着力加快构建适应高比例大规模可再生能源发展的新型电力系统，进一步优化电力生产和输送通道布局，提升新能源消纳和存储能力。

第二节　电力系统运行的特点和要求

一、电能的优点

电能在各种能源中占有特殊的地位，具有许多优点：

（1）电能可以很方便地转换成其他形式的能量，如光能、热能、机械能、化学能等。

（2）电能便于生产、输送、分配、使用，易于控制。

（3）自然界中具有丰富的电力资源，如石油、煤、天然气、原子能、水力、太阳能等。
由于这些原因，所以电能是被人们广泛使用的一种能源。

二、电力系统运行的特点

任何一个系统都有自己独有的特征。电力系统的运行和其他工业系统比较起来，具有以
下明显特点。

1. 电能不能大量存储

电能的生产、输送、分配、消费、使用是同时进行的，每时每刻系统中发电机发出的电
能应等于该时刻用户使用的电能，再加上输送这些电能时在电网中损耗的电能。这个产销平
衡关系是电能生产最大的特点。

2. 过渡过程非常迅速

电能的传输近似于光速，以电磁波的形式传送，传播速度为 30 万 km/s，"快"是其极
大的特点。电能从一处输送至另一处所需要的时间仅为千分之几秒；电力系统从一种运行状
态过渡到另一种状态的过渡过程也非常快。

3. 与国民经济各部门密切相关

现代工业、农业、国防、交通运输业等都广泛使用着电能，此外，在人民日常生活中也
广泛使用着各种电器，而且各部门电气化程度越来越高。因此，电能供应的中断或不足，不
仅直接影响各行业生产，造成人民生活紊乱，而且在某些情况下甚至会造成政治上的损失或
极其严重的社会灾难。

由于这些特点的存在，对电力系统的运行提出了严格要求。

三、对电力系统运行的基本要求

评价电力系统性能的指标是安全可靠性、电能质量和经济性能。根据电力系统运行的特
点，电力系统应满足以下三大要求。

1. 保证安全可靠的供电

电力系统运行首先要满足安全可靠、不间断供电的要求。虽然保证安全可靠、不间断供
电是电力系统运行的首要任务，但并不是所有各种负荷都绝对不能停电，一般可按负荷对供
电可靠性的要求将负荷分为三级，运行人员根据各负荷的重要程度不同区别对待。

（1）一级负荷。属于重要负荷，如果对该负荷中断供电，将会造成人身事故、设备损
坏、产生大量废品，或长期不能恢复生产秩序，给国民经济带来巨大损失。

（2）二级负荷。如果对该级负荷中断供电，将会造成大量减产、工人窝工、机械停止运
转、城市公用事业和人民生活受到影响等。

（3）三级负荷。指不属于第一、第二级负荷的其他负荷，短时停电不会带来严重后果，
如工厂的不连续生产车间或辅助车间、小城镇和农村用电等。

通常对一级负荷要保证不间断供电，应设置两个或两个以上的独立电源，要求电源之间
应能够自动切换；对二级负荷，如有可能也要保证不间断供电，应设置两个独立电源，但电
源之间可采用手动切换；当系统中出现供电不足时，三级负荷可以短时断电，一般采用一个
电源供电即可。当然，对负荷的这种分级不是一成不变的，会随着国家技术经济政策的改变
而改变。

2. 保证良好的电能质量

我国先后颁布了有关电能质量的 6 个国家标准，即 GB/T 12325—2008《电能质量　供

电电压偏差》、GB/T 15945—2008《电能质量　电力系统频率偏差》、GB/T 14549—1993《电能质量　公用电网谐波》、GB/T 15543—2008《电能质量　三相电压不平衡度》、GB/T 12326—2008《电能质量　电压波动和闪变》、GB/T 18481—2001《电能质量　暂时过电压和瞬态过电压》。

电力系统的电压和频率正常是保证电能质量的基本指标，电压质量和频率质量一般以偏离额定值的大小来衡量。实际用电设备是按额定电压来设计，若电压偏高或偏低都将影响用电设备运行的技术和经济指标，甚至不能正常工作。一般规定，电压偏移不应超过额定电压的±5%。频率的变化同样影响用电设备正常的工作，以电动机为例，频率降低会引起转速下降，频率升高则转速上升。电力系统运行规定，频率偏移不应超过±(0.2～0.5)Hz。

近些年来，随着冶金工业、化学工业及电气化铁路的发展，电力系统的非线性负荷（如整流设备、电解设备、电力机车等）及冲击性负荷（如电弧炉、轧钢机等）使电能的非线性、非对称性和波动性日趋严重。由于大量非线性负荷接入系统，引起谐波比重增大，交流电波形达不到规定的标准，正弦交流电的波形质量一般以谐波畸变率衡量。所谓谐波畸变率是指周期性交流量中谐波含量（减去基波分量后所得的量）的方均根值与其基波分量的方均根值之比（用百分数表示）。谐波畸变率的允许值随电压等级的不同而不同，如110kV供电时为2%，35kV供电时为3%，10kV供电时为4%。

为将电力系统中的冲击性负荷对供电电压质量的影响控制在合理的范围内，按照标准规定，电力系统公共供电点由冲击性功率负荷产生的电压波动允许值：在10kV及以下为2.5%，35～110kV为2%，220kV及以上为1.6%。电压闪变ΔU_{10}（等值10Hz电压闪变值）允许值：对照明要求较高的白炽灯负荷为0.4%；一般性照明负荷为0.6%。

三相电力系统中三相不对称的程度称为三相不平衡度。用电压或电流负序分量与正序分量的方均根值百分比表示。按标准规定，电力系统公共连接点正常电压不平衡度允许值为2%，短时不得超过4%。

关于电能质量的暂时过电压和瞬态过电压，按国标规定有下列指标：

(1) 系统工频过电压限值。工频过电压限值3～10kV为$1.1\sqrt{3}$，35～66kV为$\sqrt{3}$，110～220kV为1.3。

(2) 操作过电压限值。标准过电压限制110～252kV为3.0，330kV为2.2，550kV为2.0。

由此可知，衡量电能质量的指标是电压偏差、频率偏差、谐波畸变率、三相不平衡度、电压波动和闪变、暂时过电压和瞬态过电压。如果不能满足这些指标要求，无论对用户还是对电力系统本身都会产生不良后果。因此，运行人员必须随时调节电力系统的电压和频率，并在一些地点实施相应限制电压波动措施及谐波治理措施，以保证电力系统的电能质量。

3. 保证电力系统运行的经济性

电力系统运行的经济性主要反映在降低发电厂的能源消耗、厂用电率和电力网的电能损耗等指标上。电能所消耗的能源在国民经济能源总消耗中占的比重很大。要使电能在生产、输送和分配的过程中耗能小、效率高，最大限度地降低电能成本有着十分重要的意义。电能成本的降低，不仅意味着能量资源的节省，还将影响到各用电部门成本的降低，为整个国民经济带来很大益处。而要实现经济运行，除了进行合理的规划设计外，还需对整个系统实施最佳的经济调度。

以上对电力系统的三条基本要求，前两条必须保证，在保证可靠性、电能质量的前提下力求经济。把以上几点归纳起来可知，保证为用户供应充足、优质而又经济的电力，就是电力系统运行的基本任务。

第三节　电压的变换和电能的传输

发电厂产生的电能向用户输送，输送的电能可以表示为

$$A = Pt = \sqrt{3}UI\cos\varphi t \tag{1-1}$$

式中　A——发电厂输送的电能，kWh；

　　　　P——输送的有功功率，kW；

　　　　t——时间，h；

　　　　U——输电网电压，kV；

　　　　I——导线中的电流，A；

　　　$\cos\varphi$——功率因数。

因为电流在导线中流过，将造成电压降落、功率损耗和电能损耗。电压降落与导线中通过的电流成正比，功率损耗和电能损耗与电流的平方成正比。为降低运行成本，在输送功率不变的情况下，提高电压可以减小电流，不仅可以降低电压降落和电能损耗，还可以选择较细的导线，以节约电网建设投资。当电能输送到负荷中心时，又必须将电压降低，以供各种各样的用户使用。在交流电流系统中，电压的变换（升高或降低）是由电力变压器来实现的。

一、电压的变换

电力变压器的主要作用除了升高或降低电压之外，还有将不同电压等级的电网相联系。

电力变压器的结构和工作原理在电机拖动中已有阐述，此处只作简单介绍。变压器是根据电磁感应原理工作的，其结构是两个（或两个以上）彼此绝缘的绕组绕在一个共同的铁心上，它们之间只有磁的耦合，没有电的直接联系。当一次绕组接通电源时，一次绕组中就有交流电流流过，并在铁心中产生交变磁通，其频率和外加电源电压的频率一样。这个交变磁通同时交链一次、二次绕组，根据电磁感应原理可知，在一次、二次绕组中将产生感应电动势，二次绕组有了电动势便可向负荷供电，实现能量传递。一次绕组和二次绕组感应电动势的频率都等于交变磁通的频率，即一次绕组外加电压的频率。而一次、二次绕组感应电动势的大小之比等于一次、二次绕组匝数之比。因此，只要改变一次或二次绕组的匝数，便可以改变输出电压。这就是电力变压器利用电磁感应作用，把一种电压的交流电能变换成频率相同的另一种电压的交流电能。

变压器按相数可分为单相式和三相式，实际生产的电力变压器大多是三相式。但特大型变压器从运输等方面考虑，有制成单相式的，安装好后再接成三相变压器。

变压器按每相绕组数可分为双绕组变压器和三绕组变压器。前者联络两个电压等级，后者联络三个电压等级。双绕组变压器的结构是高压绕组在外侧，低压绕组在内侧，这主要是从绝缘、调节、出线方便等方面考虑。三绕组变压器的高压侧也是放在外侧，对于升压变压器，低压绕组放在中间层，中压绕组放在内层；对于降压变压器，中压绕组一般放在中间

层，低压绕组放在内层。这主要是由于中间层的绕组因为互感作用而电抗最小，而升压或降压变压器传输电能的方向有所不同。

变压器按绕组的耦合方式可分为普通变压器和自耦变压器。电力系统中的自耦变压器一般设置有第三绕组或补偿绕组，它是一个低压绕组。高压、中压绕组之间存在自耦联系，而低压绕组与高压、中压绕组只有磁的耦合。自耦变压器的损耗小、质量轻、成本低，但其漏抗较小，使短路电流增大。此外，由于高压、中压绕组在电路上相通，过电压保护要求自耦变压器的中性点必须接地。

变压器的高压侧（及中压侧）除了主接头外，还引出有多个分接头，并装有分接开关（电压高，则电流小，易于实现分接头的调节），以改变有效匝数，使变比改变，进行分级调压。图1-4所示为用线电压表示的升压、降压变压器分接头电压的基本情况。根据分接开关是否可以带负荷操作，电力变压器又分为有载调压变压器和不加电压时才可切换的无载调压变压器。

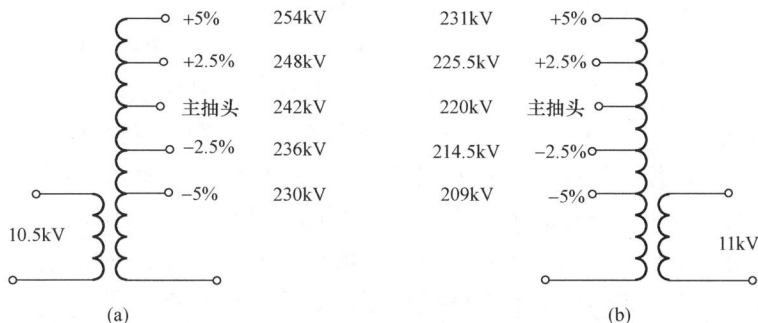

图1-4　用线电压表示的分接头电压的基本情况
（a）升压变压器；（b）降压变压器

在电力系统中，变压器占据着极其重要的地位，无论是在发电厂或变电站，都可以看到各种型式和不同容量的变压器（见图1-5）。

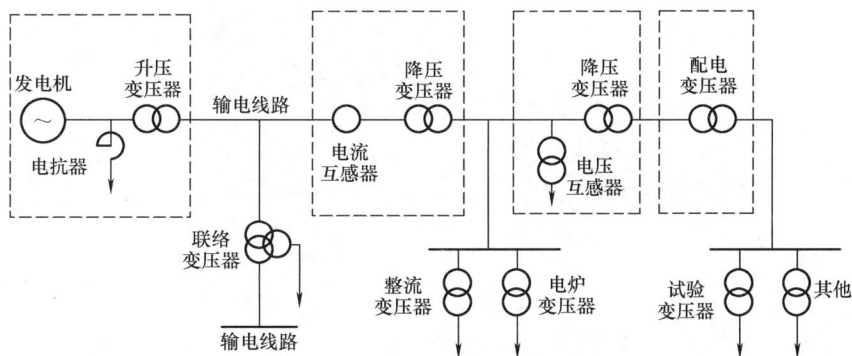

图1-5　变压器在电力系统中的应用

二、电能的传输

电能的传输是在输电线路上进行的。输电线路按结构分为架空线路和电缆线路两类。架空线路是将裸导线架设到杆塔上，电缆线路一般是将电缆敷设在地下（埋在土中或沟道、管道中）或水底。

1. 架空线路

架空线路具有投资少，维护检修方便等特点，因而得到广泛应用，其缺点是易遭受风雪、雷击等自然灾害影响，因而发生事故的机会较多。

架空线路由导线、避雷线、杆塔、绝缘子和金具等主要元件组成，如图1-6所示。

（1）导线和避雷线。导线和避雷线均采用裸线。导线的作用是传输电能，避雷线的作用是将雷电流引入大地，保护电力线路免受雷击，因此它们都应有较好的导电性能。导线和避雷线均架设在户外，除了要承受导线自身质量、风力、冰雪及温度变化等产生的机械力作用外，还要承受空气中有害气体的化学腐蚀作用。所以，导线和避雷线还应有较高的机械强度和抗化学腐蚀性能。导线常用的材料有铜、铝、铝合金和钢等。

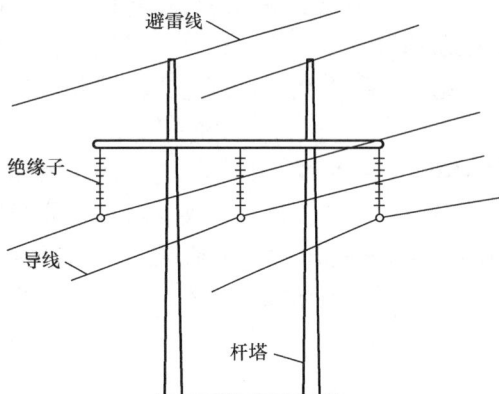

图1-6　架空线路

裸导线有单股线和由一种材料或两种材料制成的多股绞线（见图1-7）。由于多股绞线柔性好，机械强度高，便于制造、安装和保管，因此架空线路大多数采用多股绞线。为了增加导线的机械强度、减少架空线路的杆塔数目、节约线路的投资，10kV以上的线路广泛采用钢芯铝绞线。钢芯铝绞线是由多股铝线绕在单股或多股的钢导线外层而构成的。铝线是主要载流部分，而机械应力则由钢线和铝线共同承担，这就可以充分利用铝线导电性能好、钢线机械强度高的优点。在220kV以上的输电线路中，为了改善输电线路参数和减少电晕损耗，常采用特殊结构的导线，例如扩径导线和每相由多根多股标准导线构成的分裂导线等，如图1-7所示。

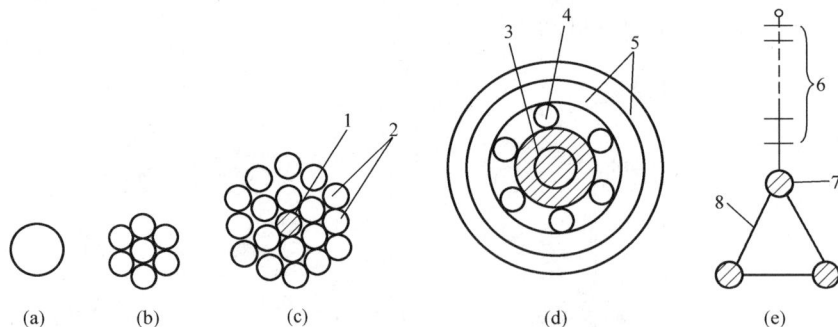

图1-7　架空输电线路导线的结构示意图
（a）单股线；（b）多股绞线；（c）钢芯铝绞线；（d）扩径导线；（e）相分裂导线
1—钢线；2—铝线；3—多股钢芯线；4—支撑层；5—多层多股绞线；
6—绝缘子串；7—多股绞线；8—金属间隔棒

多股导线是按规定标准制造的，导线的标号用汉语拼音字母和数字表示。例如，LGJ-120/20，字母LGJ表示线型为普通钢芯铝绞线，数字120表示主要载流部分（对钢芯铝绞线是铝线部分）的标准截面积为120mm²，钢20mm²。其他几种常见的线型有：GJ—钢绞线；LJ—铝绞线；LGJJ—加强型钢芯铝绞线；LGJQ—轻型钢芯铝绞线等。

（2）杆塔。杆塔用来支持导线和避雷线，并使导线和导线之间、导线与杆塔之间、导线和避雷线之间以及导线与大地之间保持一定的安全距离。按杆塔所承担的任务不同可分为以下几种，如图1-8所示。

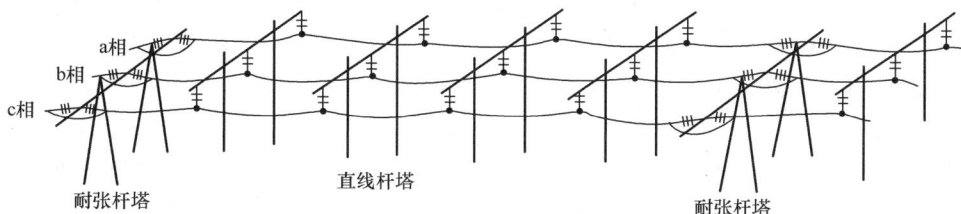

图1-8　架空线路示意图

1）直线杆塔。又称为中间杆塔，主要用来悬挂导线，是线路上用得最多的一种杆塔。

2）耐张杆塔。又称为承力杆塔，主要用来承担线路正常及故障（如断线）情况下导线的拉力，同时又可使线路分段，便于施工和检修，限制故障范围。在耐张杆塔上，绝缘子串不像直线杆塔上那样与地面垂直，而是呈与导线相同的走向。杆塔两边同一相导线是通过跳线来接通的。

3）终端杆塔。它是最靠近变电站的一座杆塔，用来承受最后一个耐张档距导线的单向拉力。如果没有终端杆塔，则拉力将由变电站建筑物承担，这将增加变电站的造价。

4）转角杆塔。它是用在线路拐弯处，能承受侧向拉力。拐角较大时做成耐张杆塔的型式，拐角较小时也可做成直线杆塔的型式。

5）特种杆塔。它是在特殊情况下使用的一种杆塔，如导线换位后用的换位杆塔，跨越河流山谷等跨距很大的跨越杆塔等。

（3）绝缘子和金具。绝缘子用来支持或悬挂导线并使导线与杆塔绝缘，因此，它必须具有良好的绝缘性能和足够的机械强度。架空线路上用的绝缘子有针式、悬挂式等各种型式（见图1-9）。针式绝缘子应用在电压不超过35kV的线路上，悬式绝缘子可以根据线路电压

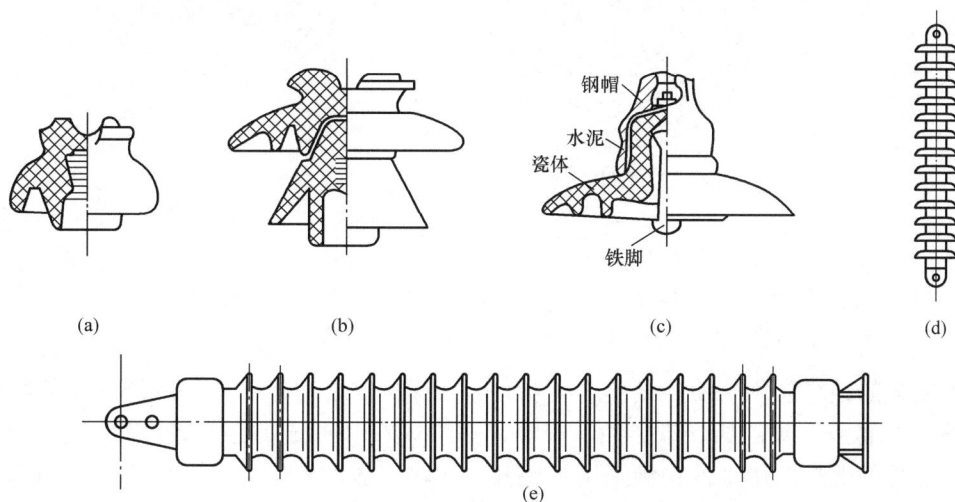

图1-9　架空电力线路的绝缘子和瓷横担

（a）10kV针式绝缘子；（b）35kV针式绝缘子；（c）悬式绝缘子；（d）棒式绝缘子；（e）瓷横担

的高低用不同数目的绝缘子组成绝缘子串。当使用 X‑4.5 型瓷绝缘子时，35kV 线路不少于 3 片，110kV 线路不少于 7 片，220kV 线路不少于 13 片，330kV 线路不少于 19 片。棒式绝缘子是实心整块的磁棒，可以用来代替悬式绝缘子串。磁横担是既起绝缘子作用又起横担作用的磁棒。

金具是用来组装架空线路的各种金属零件的总称，其种类繁多用途各异。如结合金具用来连接悬式绝缘子串；连接金具用来连接导线；固紧金具用来将导线固定在悬式绝缘子串上；保护金具中的防振锤用以防止导线因振动而损害等。

2. 电缆线路

电缆线路的优点是占地少，不受外界干扰，因而比较安全可靠，不影响地面绿化和整洁；缺点是工程造价高，而且故障检查和处理比较困难。电缆线路主要用于一些城市配电线路，以及跨江过海的输电线路。

电力电缆的结构主要包括导体、绝缘层和保护皮三个部分。

(1) 电缆的导体通常采用多股铜绞线或铝绞线，以增加电缆的柔性，使之能在一定程度内弯曲而不变形，根据电缆中导体数目不同，可分为单芯、三芯和四芯电缆。单芯电缆的导线截面积总是圆形的；三芯或四芯电缆的导体截面积除了圆形外，还有扇形的，如图 1‑10 所示。

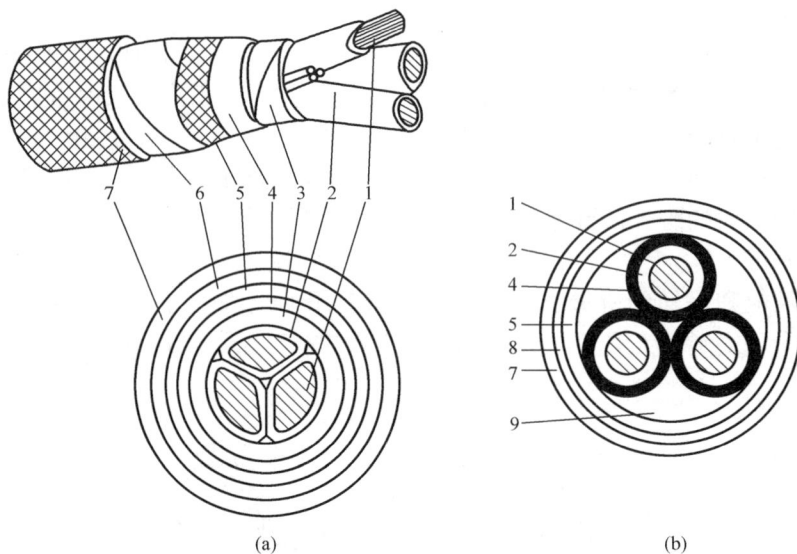

图 1‑10　电缆结构示意图

(a) 三相统包型；(b) 分相铅包型

1—导体；2—相绝缘；3—纸绝缘；4—铅包皮；5—麻衬；6—钢带铠甲；

7—麻被；8—钢丝铠甲；9—填充物

(2) 电缆的绝缘层用来使各导体之间及导体与保护皮之间绝缘。绝缘层使用的绝缘材料种类很多，如橡胶、聚乙烯、纸、油、气等，一般多采用油浸纸绝缘及充油、充气绝缘。

(3) 电缆的保护皮用来保护绝缘层，使其在运输、敷设和运行过程中不受外力损伤，并防止水分侵入。保护皮在油浸纸绝缘电缆中还有防止绝缘油外流作用。常用的电缆保护皮有铅包皮和铝包皮。为防止外力破坏，有的电缆最外层还有钢带铠甲。

电缆除按芯数和导体截面积形状分类外，还可分为统包型、屏蔽型和分相铅包型。统包型电缆的三相芯线绝缘层外有一共同的铅包皮。这种电缆内部电场分布不均匀，不能充分利用绝缘强度，只适用于 10kV 以下的电缆。屏蔽型电缆的每相芯线绝缘层外都包有金属带。分相铅包型电缆的各相分别铅包。电压为 110kV 及以上的线路多采用充油式或充气式电缆。

三、直流输电

直流输电是将发电机发出的交流电经升压后，由换流设备（整流器）变换成直流，通过直流输电线路送到受电端，再经过换流设备（逆变器）变换成交流，供给受电端的交流系统，如图 1-11 所示。需要改变输电方向时，只需让两端换流器互换工作状态即可。换流设备是直流输电系统的关键部分。早期的换流大多采用汞弧阀，自 20 世纪 70 年代以来新建成的直流输电工程已普遍应用晶闸管换流元件。

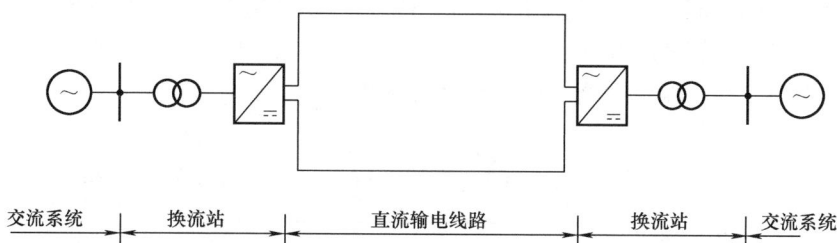

图 1-11　直流输电系统示意图

与交流输电相比较，直流输电的主要优点有：

（1）造价低。对于架空线路，当线路建设费用相同时，直流输电的功率约为交流输电功率的 1.5 倍；对于电缆线路，直流输电功率与交流输电功率的比值更大。

（2）运行费用低。在输送功率相等的条件下，直流线路只需要两根导线，交流线路需要三根。所以，直流线路的功率损耗和电能损耗比交流线路约小 1/3，由电晕引起的无线电干扰也比交流线路小得多。

（3）不需串、并联补偿。直流线路在正常运行时，由于电压为恒值不变，导线间没有电容电流，因而也不需要并联电抗补偿。由于线路中电流也是恒值不变，也没有电感电流，因而也不需要串联电容补偿。这一显著优点，特别是对于跨越海峡向岛屿供电的输电线路，是非常有利的。另外，直流输电沿线电压的分布比较平稳。

（4）直流输电不存在稳定性问题，对由直流线路联系的两端交流系统不要求同步运行。所以直流输电线路本身不存在稳定性问题，输送功率也不受稳定性限制。如果交、直流并列运行，则有助于提高交流输电的稳定性。

（5）采用直流联络线可以限制互联系统的短路容量。由于直流系统可采用"定电流控制"，用其连接两个交流系统时，短路电流不致因互联而明显增大。

但直流输电存在以下缺点：

（1）换流站造价高。直流线路比交流线路便宜，但直流系统的换流站则比交流变电站造价高得多。若估计线路造价和年运行费用等经济指标，直流输电与交流输电经济的等价距离，架空线路为 640～960km，电缆线路为 24～48km。

（2）换流装置在运行中需要消耗无功功率，并且产生谐波。为了向换流装置提供无功功率和吸收谐波，必须装设无功补偿设备和滤波装置。

（3）由于直流电流不过零，开断时电弧较难熄灭，因此，直流高压断路器的制造较困难。

根据上述特点，直流输电的使用范围主要有：

（1）远距离大功率输电。

（2）用海底电缆隔海输电或用地下电缆向符合密度很高的大城市供电。

（3）作为系统间联络线，用来实现不同步或不同频率的两个交流系统的互联。

（4）用于限制互联系统的短路容量。

第四节　电力网络的接线和电压等级

一、接线方式

实际的电力网络比起图 1-1 所示的电力网接线要复杂得多。一个大的电力网（联合电力网）总是由许多电力网发展、互联而成，因此分层结构是电力网的一个特点。一般电力网可划分为一级输电网络、二级输电网络、高压配电网络和低压配电网络等层次，如图 1-12 所示。

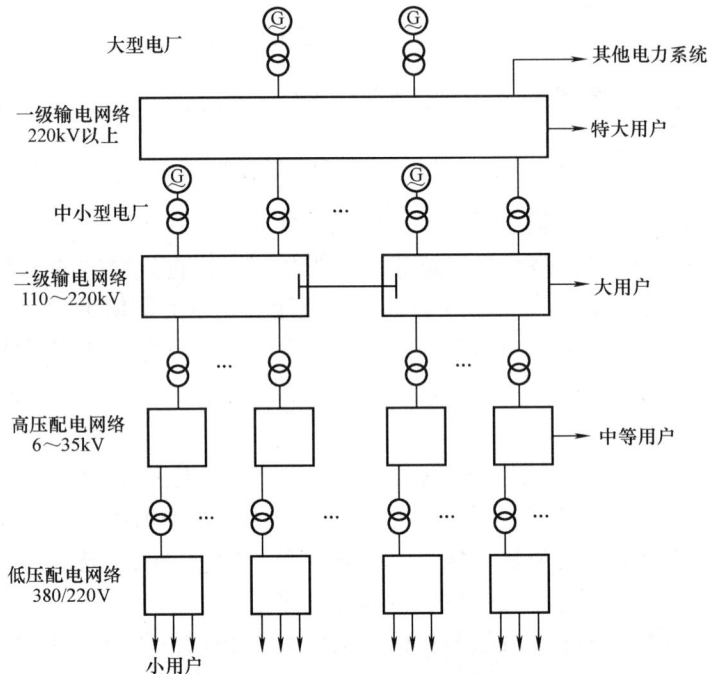

图 1-12　电力网的结构

一级输电网络一般是由电压为 220kV 及以上的主干电力线路组成，它连接大型发电厂、特大容量用户以及相邻子电力网。二级输电网络的电压一般为 110~220kV，它上接一级输电网络，下连高压配电网络，是一区域性的网络，连接区域性的发电厂和大用户。配电网络是向中等用户和小用户供电的网络，6~35kV 的称为高压配电网络，1kV 以下的称为低压配电网络。

电力网的接线方式可分为无备用和有备用两类。无备用接线方式包括单回路放射式、干线式和链式，如图 1-13 所示。有备用接线包括双回路放射式、干线式、链式、环式和两端供电式，如图 1-14 所示。

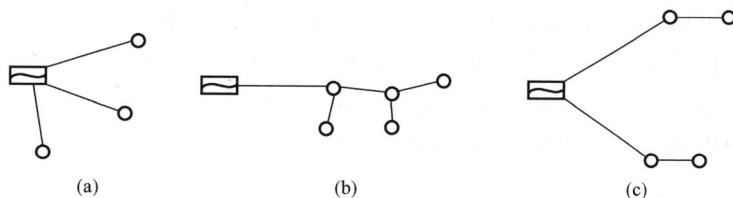

图 1-13 无备用接线方式

(a) 放射式；(b) 干线式；(c) 链式

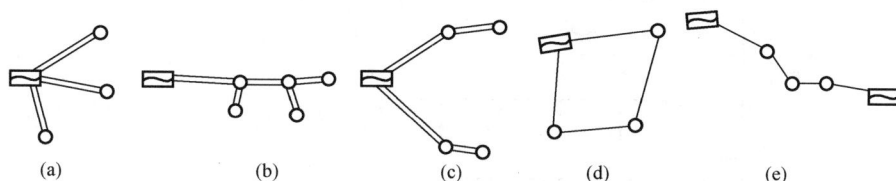

图 1-14 有备用接线方式

(a) 放射式；(b) 干线式；(c) 链式；(d) 环式；(e) 两端供电式

无备用接线方式接线简单、经济、运行方便，但供电可靠性差。架空线路的自动重合闸装置在一定程度上能弥补上述缺点。

相反，有备用接线方式供电可靠性高，一条线路的故障或检修一般不会影响对用户的供电，但投资大，且操作复杂。其中，环式供电和两端供电方式较为常用。

二、电力网的电压等级和设备的额定电压

电力线路输送的功率一定时，输电电压越高，线路电流越小，导线等载流部分的截面积越小，投资也越小；但电压越高，对绝缘的要求越高，杆塔、变压器、断路器等投资也越大。综合考虑这些因素，对应一定的输送功率和输送距离有一最合理的线路电压。但从设备制造角度考虑，为保证产品的系列性，应规定标准的电压等级。相邻电压等级之比不宜过小，一般为 2 左右。我国规定的电力网标准电压等级即是指线路的额定电压（U_N），主要有 3，6，10，35（60），110，（154）220，330，500kV。

表 1-1 列出了主要电气设备的额定电压（均指线电压）。其中对用电设备、发电机、变压器的额定电压之所以不一致，以及它们与线路额定电压之间的关系，说明如下：

表 1-1   **1kV 以上主要电气设备的额定电压**

用电设备额定线电压（kV）	交流发电机额定线电压（kV）	变压器额定线电压（kV）		用电设备额定线电压（kV）	交流发电机额定线电压（kV）	变压器额定线电压（kV）	
		一次绕组	二次绕组			一次绕组	二次绕组
3	3.15	3 及 3.15	3.15 及 3.3	35	—	35	38.5
6	6.3	6 及 6.3	6.3 及 6.6	(60)	—	(60)	(66)
10	10.5	10 及 10.5	10.5 及 11	110		110	121
13.8	13.8	13.8	—	(154)		(154)	(169)
15.75	15.75	15.75	—	220		220	242
18	18	18	—	330		330	363
20	20	20	—	500		500	

（1）用电设备的额定电压。电力线路输送功率时，沿线的电压分布往往是始端高压、末端低压。由图1-15可见，沿ab线路的电压分布如直线U_a—U_b所示。从而，图中用电设备处1～6点的端电压将各不相同。线路的额定电压实际上就是线路的平均电压$(U_a+U_b)/2$，而各用电设备的额定电压则取与线路的额定电压相等，使所有用电设备能在接近其额定电压下运行。

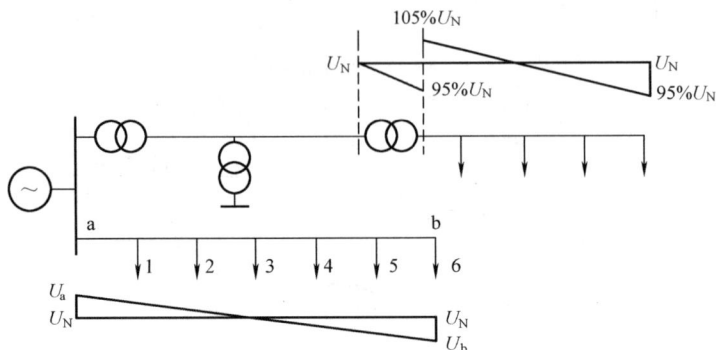

图1-15　电力网络中的电压分布

（2）发电机的额定电压。由于用电设备的允许电压偏移为±5%，而沿线路的电压降落一般为10%，这就要求线路始端电压为额定电压的105%，以使其末端电压不低于额定值的95%。发电机往往接在线路始端，因此，发电机的额定电压为线路额定电压的105%。

（3）变压器的额定电压。变压器一次侧接电源，相当于用电设备；二次侧向负荷供电，又相当于发电机。因此，变压器一次侧的额定电压按用电设备的额定电压来考虑（直接与发电机相连的变压器一次侧的额定电压应等于发电机的额定电压）。二次侧的额定电压规定为变压器空载一次侧加额定电压时的二次侧电压。考虑到带负荷时变压器内部有一定的电压降落，所以二次侧的额定电压应高于线路的额定电压。升压变压器二次侧额定电压定为比线路额定电压高10%（一般可认为其中5%为变压器内部漏抗上的压降，另5%为线路首端比额定电压升高的数值）。降压变压器二次侧额定电压有较线路额定电压高10%和5%两种。当为漏抗较小（$U_k\%<7$）的小容量变压器或为二次侧直接与用电设备相连的厂用变压器时，才采用后一种（高5%）。

一般来说，电力网的主干线和相邻电网间的联络线多采用500、330kV和220kV等级；二级输电网采用220kV和110kV等级；35kV既用于城市和农村的配电网，也用于大工业企业的内部电网。10kV是最常用的较低一级的高压配电电压，只有负荷中高压电动机的比重很大时，才考虑6kV配电的方案（高压电动机的额定电压一般为6kV）。3kV只限于工业企业内部使用，且正在被6kV所代替。显然，这种划分不是绝对的，也不是一成不变的，随着系统的扩大和更高一级电压的出现，原有电压等级可能退居到次一级电网中使用。

各级电压线路输送能力（送电容量和送电距离）的大致范围见表1-2。

表1-2　　　　　　　　　　　各级电压线路输送能力

额定电压（kV）	送电容量（MW）	送电距离（km）	额定电压（kV）	送电容量（MW）	送电距离（km）
35	2～5	20～50	220	100～300	100～300
60	3.5～30	30～100	330	200～1000	200～600
110	10～50	50～150	500	1000～1500	300～1000

第五节　电力系统负荷

电力系统的负荷就是系统中各种用电设备消耗功率的总和。电力系统负荷大致可以分为异步电动机负荷、电热负荷、整流负荷、照明负荷等。根据行业用电特点，用电负荷也可分为工业负荷、农业负荷、交通运输业负荷和人民生活用电负荷等。

一、负荷曲线

电力系统负荷随时间变化的情况常用负荷曲线来描述。负荷曲线是电力系统的负荷功率（有功功率或无功功率）随时间变化的关系曲线。负荷曲线的分类如下：

（1）按负荷种类分为有功功率负荷曲线和无功功率负荷曲线。

（2）按时间长短分为日负荷曲线和年负荷曲线等。

（3）按计量地点分为用户的负荷曲线、电力线路的负荷曲线、变电站的负荷曲线、发电厂的负荷曲线以及整个系统的负荷曲线。

1. 日负荷曲线

图 1-16（a）所示是电力系统典型的日负荷曲线。为计算方便，实际常把连续变化的曲线绘成阶梯形，如图 1-16（b）所示。

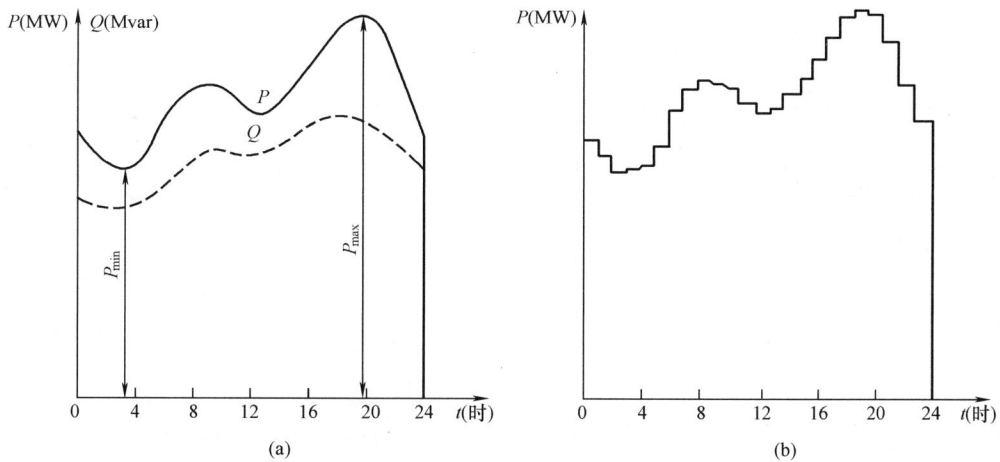

图 1-16　日负荷曲线

（a）典型日负荷曲线；（b）阶梯形日负荷曲线

由于一日之内功率因数是变化的，在低负荷时功率因数相对较低，而在高峰负荷时功率因数较高，因此无功负荷曲线与有功负荷曲线不完全相似，两种曲线中相应的极值不一定同时出现。通常，无功功率的日负荷曲线比较平缓，有功功率日负荷曲线在 24h 内变化较大，一般在深夜呈现低谷，在上午和傍晚用电高峰时呈现峰值。

日负荷曲线有 3 个具有代表性特征的数值：最大负荷 P_{max}，又称峰荷；最小负荷 P_{min}，又称谷荷；平均负荷 $P_{av} = \dfrac{W_d}{24} = \dfrac{1}{24}\int_0^{24} P \mathrm{d}t$，$W_d$ 为日用电量。为了说明负荷曲线的起伏程度，常引用负荷率 K_m 和最小负荷系数 α 两个系数

$$K_m = \frac{P_{av}}{P_{max}} \tag{1-2}$$

$$\alpha = \frac{P_{min}}{P_{max}} \tag{1-3}$$

值得注意的是：电力系统中各用户的日最大负荷、最小负荷一般不会出现在同一时刻。因此，全系统的最大负荷总是小于各用户最大负荷之和，而全系统的最小负荷总是大于各用户最小负荷之和。

2. 年最大负荷曲线

年最大负荷曲线描述一年内每月最大有功功率负荷变化的情况。它主要用来安排发电设备的检修计划，同时也为发电厂的建设（新建或扩建）进度以及新增发电机的投产计划提供依据。图 1-17 所示为电力系统年最大负荷曲线，其中画斜线的面积 A 代表各检修的容量和检修时间的乘积之和，B 是系统新装机组总容量。

在电力系统的运行中，还经常用到年持续负荷曲线，它按一年中系统负荷的数值大小及其持续小时数顺序排列而绘制成。例如，在全年 8760h 中，有 t_1 负荷值为 P_1（即最大值 P_{max}），t_2 负荷值为 P_2，t_3 负荷值为 P_3，于是绘出如图 1-18 所示的年持续负荷曲线。在安排发电计划和进行可靠性估算时，常用到这种曲线。

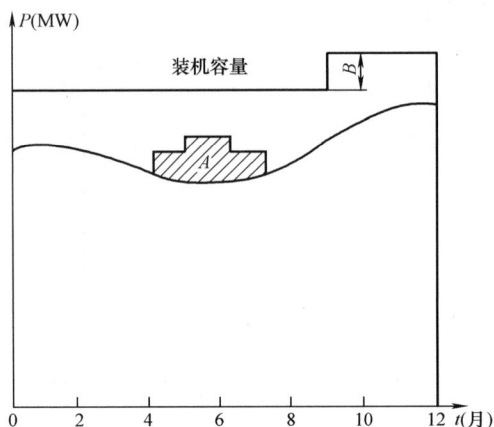

图 1-17　年最大负荷曲线　　　　　　图 1-18　年持续负荷曲线

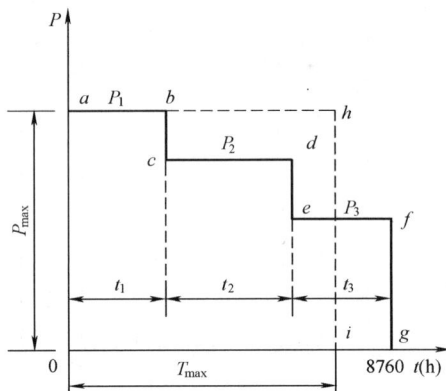

根据年负荷曲线，可以确定系统全年的耗电量为

$$W = \int_0^{8760} P dt$$

如果负荷曲线功率始终保持最大值 P_{max}，经过 T_{max} 后，负荷所消耗的电能恰好等于全年负荷实际消耗的电能，则称 T_{max} 为最大负荷利用小时数，即

$$T_{max} = \frac{W}{P_{max}} = \frac{1}{P_{max}} \int_0^{8760} P dt \tag{1-4}$$

各类用户负荷的 T_{max} 可以通过有关手册查到，见表 1-3。

表 1 - 3 各类用户负荷年最大负荷利用小时数

负荷类型	T_{max}（h）	负荷类型	T_{max}（h）
户内照明及生活用电	2000～3000	三班制企业用电	6000～7000
一班制企业用电	1500～2200	农灌用电	1000～1500
二班制企业用电	3000～4500	—	—

二、负荷特性

电力系统负荷取用的功率一般是随系统运行参数（主要是电压和频率）的变化而变化的，反映这种变化规律的曲线或数字表达式称为负荷特性。当频率维持额定值不变时，负荷功率与电压的关系称为负荷的电压静态特性。当负荷端电压维持额定值不变时，负荷功率与频率的关系称为负荷的频率静态特性。所谓"静态"，是指这些关系是在系统处于稳态下确定的。各类用户的负荷特性依其用电设备的组成情况不同而不同，一般是通过实测确定。图 1-19 所示为 6kV 综合中小工业负荷的静态特性。

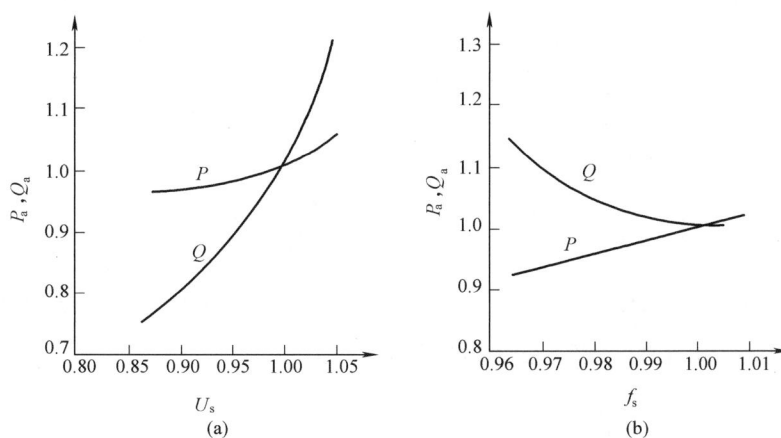

图 1-19　6kV 综合中小工业负荷的静态特性
（a）电压特性；（b）频率特性

电力系统的负荷特性可以用来分析有功、无功负荷变化对电压、频率的影响，与研究调压、调频的措施有着直接的关系。

第六节　电力系统中性点运行方式

电力系统的中性点是指星形接线的变压器或发电机的中性点。

电力系统中性点的运行方式是一个复杂的系统工程问题，它涉及短路电流大小、供电的可靠性、过电压的大小、继电保护与自动装置的配置及动作状态、通信干扰、系统稳定等许多方面的综合技术问题，故需经合理的技术经济比较后确定。

电力系统中性点运行方式可分为两大类：

（1）电力系统的中性点有效接地，即中性点直接接地（常把中性点经小电阻接地也归入此类）。

（2）电力系统的中性点非有效接地，即包括中性点不接地、中性点经消弧线圈接地、中性点经电阻接地等。

一、各种中性点运行方式的特点

1. 中性点不接地系统

中性点不接地系统等值电路和相量图如图 1-20 所示。在正常运行中，线路各相对地电压 $\dot{U}_a$、$\dot{U}_b$ 和 $\dot{U}_c$ 是对称的，其大小为相电压。如线路经过完整的换位，三相对地电容相等都等于 C_0，则各相对地电容电流对称且平衡（大小相等、相位相差 120°），三相电容电流相量和为零，地中没有电容电流通过，中性点对地电压 $\dot{U}_N=0$。

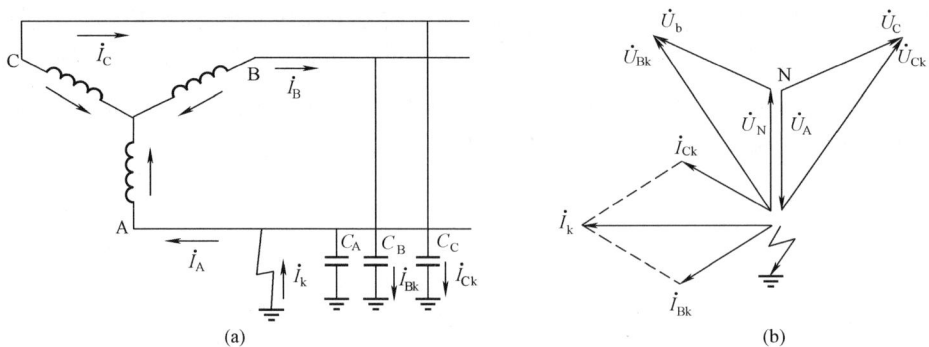

图 1-20　中性点不接地系统
(a) 等值电路；(b) 相量图

当 A 相接地短路时，故障相对地电压变为零，中性点对地电压值为相电压，未故障两相对地电压值升高为原来的 $\sqrt{3}$ 倍，变为线电压，即

$$\dot{U}_{Ak} = 0$$

$$\dot{U}_N = -\dot{U}_A$$

$$\dot{U}_{Bk} = \dot{U}_N + \dot{U}_B = -\dot{U}_A + \dot{U}_B$$

$$\dot{U}_{Ck} = \dot{U}_N + \dot{U}_C = -\dot{U}_A + \dot{U}_C$$

$$U_{Bk} = U_{Ck} = \sqrt{3}U_A$$

在 A 相接地短路情况下，A 相电容被短接，流过短路点的电流是 B、C 两相对地电容电流的和，即 $\dot{I}_k = \dot{I}_{Bk} + \dot{I}_{Ck}$，由 $\dot{U}_{Bk}$ 和 $\dot{U}_{Ck}$ 产生的 $\dot{I}_{Bk}$ 和 $\dot{I}_{Ck}$ 分别超前它们 90°，大小为正常运行时各相对地电容的 $\sqrt{3}$ 倍，由图 1-20 可知，$\dot{I}_k$ 又为 $\dot{U}_{Bk}$ 或 $\dot{U}_{Ck}$ 的 $\sqrt{3}$ 倍。因此，短路点接地电流有效值为

$$I_k = \sqrt{3}\sqrt{3}U_{ph}/X_C = 3U_{ph}\omega C_0 \tag{1-5}$$

式中　U_{ph}——相电压；

　　　　X_C——线路容抗；

　　　　C_0——每相对地电容。

由图 1-20 可见，单相接地短路时，线间电压不变，三相用电设备工作不受影响，系统

可继续供电。但此时应发出信号，工作人员应尽快查清并清除故障。一般允许继续运行时间不超过 2h。

从式（1-5）可以看到，单相接地短路电流大小与网络电压和相对地电容大小（即线路长度）有关。网络电压等级高、线路长，单相接地短路电流就大；电流大到一定程度，电弧将难以熄灭，形成稳定性电弧或间歇性电弧。稳定性电弧可能烧坏设备或引起两相、三相短路。间歇性电弧可能使电网电容、电感形成振荡回路而产生弧光接地过电压，从而危及电气设备的绝缘，所以都必须设法解决。

2. 中性点经消弧线圈接地系统

为了解决中性点不接地系统单相接地电流大、电弧不能熄灭的问题，最常用的方法是在中性点装设消弧线圈。消弧线圈是一个有铁心的电感线圈，其铁心柱有很多间隙，以避免磁饱和，使消弧线圈有一个稳定的电抗值。中性点经消弧线圈接地系统的等值电路和相量图如图 1-21 所示。正常运行时，中性点电位为零，没有电流流过消弧线圈。当某相（如图 1-21 所示 A 相）发生单相接地时，则作用在消弧线圈两端的电压为相电压，此时就有电感电流 $\dot{I}_L$ 通过消弧线圈和接地点。$\dot{I}_L$ 滞后电压 $90°$，与接地点电容电流 $\dot{I}_k$ 方向相反，互相补偿、抵消。接地点电流是 $\dot{I}_L$ 和 $\dot{I}_k$ 的相量和。因此，如果适当选择消弧线圈的电感，可使接地点的电流变得很小，甚至等于零。这样，接地点电弧就会很快熄灭。

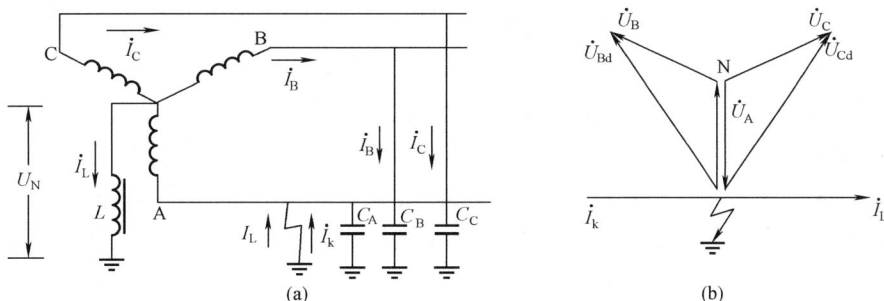

图 1-21　中性点经消弧线圈接地系统
(a) 等值电路；(b) 相量图

中性点经消弧线圈接地系统和中性点不接地系统不一样，发生单相接地时，接地相对地电压为零，未故障相对地电压为原来的 $\sqrt{3}$ 倍。

根据消弧线圈的电感电流对接地电容电流补偿程度不同，有三种补偿方式。

（1）全补偿（$I_L = I_k$），接地点电流为零。从消弧观点来看，全补偿最好，但实际上并不采用这种补偿方式。因为在正常运行中，由于各种原因造成电网三相电压不对称，中性点出现一定的电压时，可能引起串联谐振过电压，危及电网的绝缘。

（2）欠补偿（$I_L < I_k$），接地点尚有未补偿的电容性电流。欠补偿方式也较少采用，原因是在检修、故障切除线路或系统频率降低等情况下，可能使系统接近或达到全补偿，从而出现串联谐振过电压。

（3）过补偿（$I_L > I_k$），接地点具有多余的电感性电流。过补偿可避免谐振过电压的产生，因此得到广泛应用。过补偿接地点的电感性电流也不能超过规定值，否则电弧不能可靠地熄灭。

3. 中性点直接接地系统

防止单相接地故障电弧不能自动熄灭的另一种方法是将系统的中性点直接接地，如图 1-22 所示。在这种系统中发生 A 相单相接地时，故障相经过大地形成单相短路回路。由于单相短路电流 $I_k^{(1)}$ 很大，继电保护装置立即动作，将接地相线路切除，不会产生稳定电弧或间歇性电弧。同时中性点接地，其零电位不变，非故障相对地电压也不会升高，仍为相电压，这样就可以使电力网的绝缘水平和造价降低。

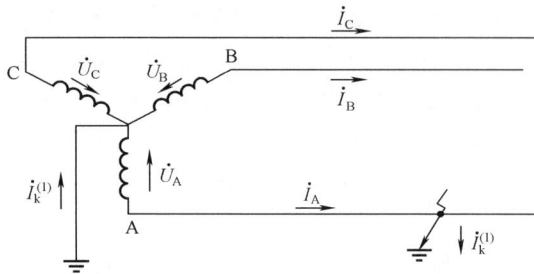

图 1-22 中性点直接接地系统

4. 中性点经小电阻接地系统

从 20 世纪 80 年代起，在我国沿海地区一些经济发达城市，为了提高供电可靠性以及美化城市，在城网供电中开始用电缆线路来逐步代替架空线路。近年来，这种趋势发展很快，许多城市和大型工业区的中、低压网络都在朝着以电缆供电方式为主的方向转变。

对于电缆供电的中、低压网络而言，传统的消弧线圈接地方式存在着下列主要缺点：

（1）由于电缆单位长度的对地电容通常较架空线路大得多，因而电缆网络的电容电流大增，有的地区甚至达到 100～150A 及以上，相应就要求补偿用消弧线圈的容量很大，再加上运行中电容电流的随机性变化范围很大，即使采用自动跟踪调谐的消弧线圈，在机械寿命、响应时间、调节限位等方面，也难以满足在这种情况下需要频繁地、适时地大范围调节的需要。

（2）电缆线路为非自恢复性绝缘，发生单相接地多为永久性故障。如采用的消弧线圈运行在单相接地情况下，其非故障相将处在稳态的工频过电压下，持续运行可能超过 2h，其结果不仅会导致绝缘的过早老化，甚至将引起多点接地之类的事故扩大，所以电缆线路在发生单相接地后是不允许继续运行的，必须迅速切断电源，避免扩大事故。应当看到这是电缆线路与架空线路的最大不同之处。

（3）消弧线圈接地系统的内部过电压倍数较高，可达 3.5～4 倍相电压，特别是弧光接地过电压与铁磁谐振过电压，已超过了避雷器容许的承载能力，从而势必提高整个电网的绝缘水平。

（4）人身触电不能立即跳闸，甚至因接触电阻大而发不出信号，因此对运行人员的安全不能保证。

为了克服上述缺点，目前对主要由电缆线路所构成的电网，当电容电流超过 10A 时，均建议采用经小电阻接地，其电阻值一般不大于 10Ω。例如，DL/T 620—1997《交流电气装置的过电压保护和绝缘配合》（1997 年 10 月 1 日实施）中明确规定："6kV～35kV 主要由电缆线路构成的配送电系统，单相接地故障电容电流较大时，可采用中性点经小电阻接地方式"。

中性点经小电阻接地方式的原理如图 1-23 所示。其基本运行性能接近于上述中性点直接接地方式，当发生单相接地故障时，将经

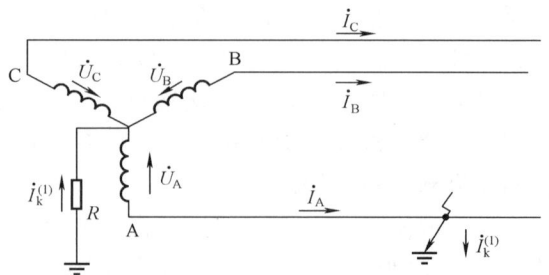

图 1-23 中性点经小电阻接地方式的原理

小电阻流过较大的单相接地（短路）电流，与此同时依靠单相接地的继电保护装置将使出口断路器立即断开并切除故障。这样非故障相的电压一般不会升高，也不致发生前述的内部过电压，因而电网的绝缘水平较之采用消弧线圈接地方式要低。

但是，由于接地电阻值较小，故发生故障时的单相接地（短路）电流值较大，从而对接地电阻元件的材料及其动、热稳定性能也提出了较高的要求。目前我国有不少厂家都已生产了这种小电阻接地的成套装置，其运行性能良好。

综上可知，中性点经小电阻接地应当属于"有效接地系统"或"大接地电流系统"。

二、各种中性点运行方式的优缺点

1. 电气设备和线路的绝缘水平

中性点运行方式对电力网的过电压与绝缘水平有着很大影响。在电力网发展初期，人们首先是从过电压与绝缘的角度来考虑中性点接地问题的。电气设备和线路的绝缘水平除与长期最大工作电压有关外，主要取决于各种过电压的大小。对非有效接地的电力网而言，无论是最大长期工作电压或遭受的过电压，均较中性点直接接地时要大。研究表明，中性点直接接地电力网的绝缘水平与不直接接地时相比，大约可降低 20%。归结起来，从过电压与绝缘水平的观点看。采用接地程度越高（有效接地）的中性点接地方式越有利。

降低绝缘水平的经济意义随设备额定电压的不同而异，在 110kV 以上的高电压电力网中，变压器等电气设备的造价大约与其绝缘水平成比例地增加。因此，在采用中性点直接接地时，设备造价可降低 20% 左右。但是，在 3～10kV 的电力网中，绝缘费用占总造价的比例较小，采用中性点直接接地方式来降低绝缘水平的意义并不大。

2. 继电保护工作的可靠性

在中性点不接地或经消弧线圈（非有效接地）的电力网中，单相接地电流往往比正常负荷电流小，因而要实现有选择性的接地保护就比较困难，特别是经过消弧线圈接地的电力网困难更大一些。而在中性点直接接地的电力网中，实现有选择性的接地保护就比较容易，且保护装置结构简单、工作可靠。因此，从继电保护的观点出发，显然采用中性点直接接地方式更有利。

3. 供电可靠性与故障范围

众所周知，单相接地是电力网中最常见的一种故障。根据分析，中性点直接接地电力网在单相接地时将产生很大的单相接地电流，个别情况下甚至比三相短路电流还大，因此它相对于非有效接地的电力网而言，存在下列缺点：

（1）电力系统的任何部分发生单相接地时，都必须将其切除，即使采用自动重合闸装置，在发生永久性故障时，供电也将较长时间中断。

（2）巨大的接地短路电流将产生很大的力效应和热效应，可能造成故障范围的扩大和损坏设备。

（3）一旦发生单相接地，断路器就跳闸，从而增大了断路器的维修工作量。

（4）大的接地短路电流将引起电压急剧降低，可能导致系统暂态稳定的破坏。

反之，非有效接地电力网不仅避免了上述缺点，而且在发生单相接地故障后，还容许电力网继续工作一段时间。因此，总的来说，从供电可靠性和故障范围的观点来看，非有效接地具有明显的优越性。

4. 对通信和信号系统的干扰

当电力网正常运行时，只要三相对称，则不管中性点接地方式如何，中性点的位移电压都等于零，各相电流及对地电压数值相等，相位互差120°。因而它们在线路周围空间各点所形成的电场和磁场均彼此抵消，不会对通信和信号系统产生干扰影响。但是，当电力网发生单相接地时，所出现的单相接地电流将形成强大的干扰源（主要由故障电流中的零序分量产生）。电流越大，干扰越严重。因而，从干扰的角度来看，中性点直接接地的方式当然最为不利，而非有效接地的电力网一般不会产生较严重的干扰问题。

当干扰严重时虽然可以增大通信线路和电力线路之间的距离来减少干扰的程度或采取其他抗干扰措施，但有时受环境、地理位置等条件的限制而难以实现，或使投资大量增加。特别是随着工农业生产的发展和现代化程度的提高，这种干扰的影响将日益突出。因此，在有的地区或国家，把对通信干扰的考虑，甚至视为选择中性点接地方式的主要限制条件。

三、各种中性点运行方式的使用范围

上面分析了选择中性点运行方式的各种因素，下面将根据电压等级的不同，说明各种中性点运行方式的使用范围。

（1）220kV及以上的电力网。对于超高压电网，从降低电压与绝缘水平方面考虑占首要地位，因为它对设备价格和整个电力网建设的投资影响甚大。而且在这种电力网中接地电流具有很大的有功分量，实际上已使消弧线圈不能起到消弧的作用，所以目前世界各国在超高压电力网中都无例外地采用中性点直接接地方式。

（2）110～154kV的电力网。对这样的电压等级而言，前述几个因素都对选择中性点接地方式有影响。各国由于具体的条件和考虑的侧重点不同，所采用的方式是不一样的。有的国家采用直接接地方式，而有的国家则采用经消弧线圈接地方式。在我国，有的154kV电力网是经消弧线圈接地的，而110kV电力网则大部分采用直接接地方式。在一些雷击活动强烈的地区或没有装设避雷线的地区，采用经消弧线圈接地可以大大减小雷击跳闸率，从而提高了供电的可靠性。

（3）20～60kV电力网。这类电力网一般说来线路长度不大，网路结构不太复杂，电压也不算很高，绝缘水平对电力网建设费用和设备投资的影响不如110kV及以上电力网那样显著。另外，这种电力网一般都不是沿全线装设架空地线，所以通常总是从提高供电可靠性出发，采用经消弧线圈接地或不接地方式。对大量采用电缆供电的城市电网，则可采用经小电阻接地的方式。

（4）3～10kV电力网。对于这类电力网，考虑供电可靠性与故障后果是主要因素，一般均采用中性点不接地的方式。当电网的接地电流大于30A时，则采用经消弧线圈接地的方式。

（5）1kV以下的电力网。由于这类电力网绝缘水平低，保护设备通常只有熔断器，故障范围所带来的影响也不大，因此前述几个方面都不会有显著影响，可以选择中性点接地方式，也可选择中性点不接地的方式。唯一例外的是对电压为380/220V的三相四线制电力网，从安全的观点出发，其中性点是直接接地的，这样可以防止一相接地时出现超过250V的危险电压。

本 章 小 结

本章概述了电力系统的以下几个基本问题：

（1）电力系统的基本构成。电力系统主要是由电源（发电机）、电能的电压变换和不同电压等级电网的联络元件（变压器）、电能的传输元件（输电线路）以及用电设备（电力负荷）构成的。

（2）电力系统运行的特点和要求。电力系统的特点主要是电能不能大量储存、过渡过程非常迅速、与国民经济各部门密切相关。电力系统运行的性能指标是安全可靠性、电能质量和经济性能。

（3）电能的变换与传输。电力变压器的主要作用是进行电压的变换和将不同电压等级的电网联系起来。电能的传输形式有交流输电和直流输电两类。输电线路有架空线路和电缆线路。

（4）电力网络的接线与额定电压。电力网络的结构具有分层的特点。根据电压等级的高低，主要划分为一级输电网络、二级输电网络、高压配电网络、低压配电网络。具体的接线形式分为有备用接线和无备用接线。电力系统中的主要元件是发电机、变压器、输电线、用电设备，它们都应按一定要求规定有额定电压。

（5）电力系统的负荷。电力系统的负荷就是指电力系统中的各种用电设备运行时消耗的电功率之和。电力系统负荷曲线主要描述了负荷功率随时间变化的规律。负荷特性曲线描述负荷功率随系统运行参数（电压、频率）变化的规律。

（6）电力系统中性点运行方式。电力系统中性点是指星形接线的变压器或发电机的中性点。我国中性点运行方式主要分为有效接地方式（直接接地）和非有效接地方式（包括不接地和经消弧线圈、电阻接地等）。电力系统中性点运行方式主要应从绝缘水平、继电保护、供电可靠性、通信干扰等方面加以考虑。

思 考 题 与 习 题

1-1　动力系统、电力系统和电力网络的定义是什么？

1-2　以火力发电厂为例，说明发电厂的电能生产过程。

1-3　电力系统运行的特点和基本要求是什么？

1-4　衡量电能质量的指标是什么？

1-5　电力变压器的主要作用是什么？主要有哪些类别？

1-6　架空线路与电缆线路各有什么特点？

1-7　架空输电线路由哪几部分组成？各部分的作用是什么？

1-8　电缆线路的构造包括哪几部分？

1-9　电力系统接线方式有哪几种？比较有备用接线和无备用接线的优缺点。

1-10　为什么规定电力系统的电压等级？主要的电压等级有哪些？

1-11　电力系统各主要元件的额定电压如何确定？

1-12　试确定图1-24所示电力系统中发电机和各变压器的额定电压（图中所示是电力线路的额定电压）。

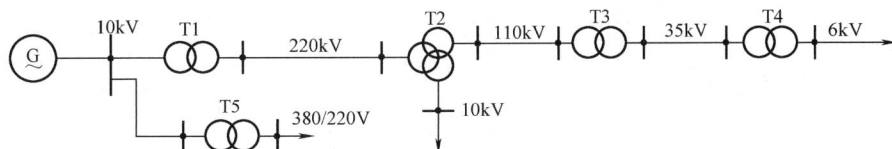

图1-24　题1-12图

1-13 什么是电力系统的负荷曲线？最大负荷利用小时数 $T_{\max}$ 指的是什么？

1-14 电力系统负荷特性的定义是什么？

1-15 我国电力系统中性点的接地方式有哪几种？各有什么特点？

1-16 分析各接地方式的适用范围。

1-17 电力系统中性点经消弧线圈接地时，消弧线圈的作用是什么？

第二章　电力系统的等值电路及潮流计算

第一节　电力线路的参数及其等值电路

电力线路包括架空线路和电缆线路两大类，电缆线路的参数难以用公式计算，可根据厂家提供的数据或通过实测求得，在此不予讨论。本节主要介绍架空线路的参数及其等值电路的计算。架空线路的电气参数包括电阻、电导（与电晕、泄漏电流有关）、电感和电容（由交变磁场和交变电场引起的）。线路电感以电抗的形式表示，电容以电纳的形式表示。

架空线路是均匀分布的参数电路，也就是说其电阻、电导、电抗、电纳都是沿线路均匀分布的。

一、架空线路的参数

1. 电阻

电阻是一个用来反映导线中流通电流时产生有功功率损耗效应的参数。单位长度导线的电阻（Ω/km）用 r_1 表示，并可按下式计算

$$r_1 = \frac{\rho}{S} \tag{2-1}$$

式中　ρ——导线电阻率，铜为 18.8，铝为 31.5，$\Omega \cdot mm^2/km$；

S——导线载流部分的标称截面积，mm^2。

注意：在电力系统计算中使用的铜和铝的电阻率比直流电阻率略大，物理手册中给出的铜材料的直流电阻率为 $17.5\Omega \cdot mm^2/km$，铝材料的直流电阻率为 $28.5\Omega \cdot mm^2/km$，主要有以下几个原因：

（1）电力线路绝大部分为多股绞线，实际长度比测量值长 2%～3%。

（2）导线的实际截面比标称截面略小。

（3）三相交变电流产生集肤效应和邻近效应，使导线有效截面减小，电阻增大。

在实际应用中，导线单位长度的电阻值可从产品目录或手册中查得，然后乘以导线的总长度 L（km），可知线路电阻（Ω）

$$R = r_1 L \tag{2-2}$$

需要注意的是，由式（2-1）算得或查得的电阻值均是指周围空气温度为 20℃时的电阻值。而当线路实际温度不是 20℃而为 t 时，其电阻值（Ω/km）应按实际运行的环境温度进行修正，即

$$r_t = r_{20}[1 + \alpha(t - 20)] \tag{2-3}$$

式中　r_t、r_{20}——导线 t、20℃时的电阻，Ω；

α——电阻温度系数，铜的 $\alpha = 0.00382/℃$，铝的 $\alpha = 0.0036/℃$。

2. 电抗

电抗是用来反映导线通过交变电流时产生磁场效应的参数。这个磁场效应不仅包括导线通过交流电时本身产生的自感作用，还包括其他相导线对它的互感作用。

三相导线排列不对称，则三相线路电抗参数就不相等，就难以用单相电路来表达三相电

路，所以三相导线对称排列或三相导线不对称排列经整循环换位后，每相导线单位长度电抗的计算式如下：

（1）普通单导线每相导线的单位长度电抗（Ω/km）计算式为

$$x_1 = 0.1445 \lg \frac{D_m}{r} + 0.0157\mu \qquad (2-4)$$

式中　D_m——三相导线间的几何均距，mm；

　　　r——导线的计算半径，mm；

　　　μ——导线材料的相对磁导系数。

对非磁性的铜和铝而言，$\mu = 1$，代入式（2-4）得到采用铜和铝做导电材料的普通单导线电抗计算式为

$$x_1 = 0.1445 \lg \frac{D_m}{r} + 0.0157 \qquad (2-5)$$

如图 2-1（a）所示，当三相导线间的距离分别为 D_{AB}、D_{BC}、D_{CA} 时有

$$D_m = \sqrt[3]{D_{AB} D_{BC} D_{CA}}$$

当导线排列为一些特殊形式时，上式可简化为：

1）当三相导线为等边三角形排列［见图 2-1（b）］，导线间距离为 D 时，则 $D_m = \sqrt[3]{DDD} = D$。

2）当三相导线为水平排列［见图 2-1（c）］，相邻导线间距离为 D 时，则 $D_m = \sqrt[3]{DD \times 2D} = 1.26D$。

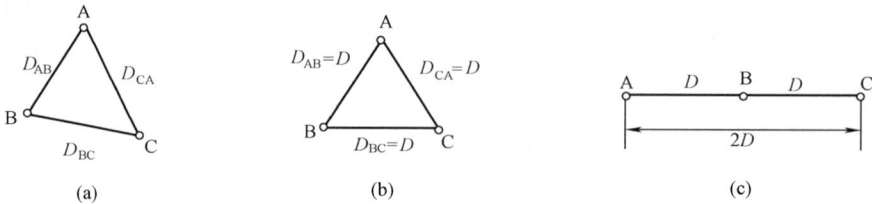

图 2-1　三相导线的排列方式

（a）任意三角形排列；（b）等边三角形排列；（c）水平排列

从式（2-5）分析可知：

1）同型号电力线路单位长度电抗的大小，与三相导线间的几何均距（即线间距离）有关。几何均距 D_m 越大，电抗 x_1 越大。则一般高压线路的电抗大，低压线路的电抗小；架空线路的电抗大，电缆线路的电抗小。

2）导线半径 r 越大，则电抗 x_1 越小，所以可采用分裂导线、扩径导线来减小线路电抗。

3）线间距离、导线计算半径对电抗大小的影响是对数关系，故 D_m、r 对 x_1 影响不大，各种线路的电抗值变化不大。在工程近似计算时，35kV 及以上线路可取 $x_1 = 0.4\Omega/\text{km}$。

（2）分裂导线每相导线的单位长度电抗。在超高压架空线路中，为避免发生电晕（电晕现象将在后面叙述），每相导线常用同规格、相互间隔一定距离的数根导线成正多边形排列，构成所谓的分裂导线，如图 2-2 所示。普通的分裂导线的分裂数一般不超过 4，各导线布置在正多边形的顶点上，正多边形的边长 d 称为分裂间距。

二分裂　　　　　　　　　三分裂　　　　　　　　　四分裂

(a)

(b)

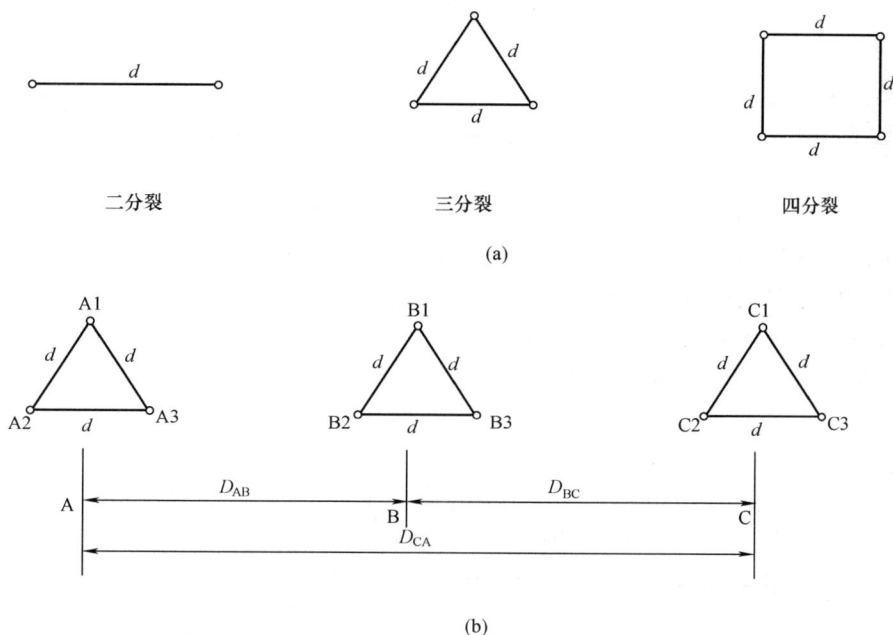

图 2-2　分裂导线的布置方式

(a) 一相分裂导线的布置；(b) 三相三分裂导线的布置

分裂导线每相单位长度的电抗用下式计算

$$x_1 = 0.1445\lg\frac{D_{\mathrm{m}}}{r_{\mathrm{eq}}} + \frac{0.0157}{n} \tag{2-6}$$

式中　r_{eq}——每相分裂导线的等值半径，mm；

n——每相分裂导线的根数。

等值半径 r_{eq} 可用下式计算

$$r_{\mathrm{eq}} = \sqrt[n]{r(d_{12}d_{13}\cdots d_{1n})} = \sqrt[n]{r\prod_{i=2}^{n}d_{1i}} \tag{2-7}$$

式中　r——分裂导线中每一根导线半径，mm；

d_{1i}——每相分裂导线中第 1 根与第 i 根间的距离，$i=2$，3，…，n；

$\prod$——连乘运算符号。

对于二分裂导线，$r_{\mathrm{eq}} = \sqrt{rd}$；

对于三分裂导线，$r_{\mathrm{eq}} = \sqrt[3]{rdd} = \sqrt[3]{rd^2}$；

对于四分裂导线，$r_{\mathrm{eq}} = \sqrt[4]{r\sqrt{2}ddd} = \sqrt[4]{r\sqrt{2}d^3}$。

分裂导线的等值半径 r_{eq} 比单根导线的半径 r 大得多，所以分裂导线的等值电抗 x_1 较单根导线的 x_1 小，分类根数越多，x_1 越小。但分裂根数超过 4 根时，x_1 下降大为减缓，却使导线结构变得复杂很多，所以，实际的分裂根数一般不超过 4 根。可近似认为，当取二分裂、三分裂、四分裂导线时，单位长度的电抗分别可取为 0.33、0.30、0.28Ω/km。

实际工程中计算电抗时，可从有关手册或产品目录中查得单位长度电抗值 x_1，然后按下式计算出长度为 L（km）的线路电抗

$$X = x_1 L \ (\Omega) \tag{2-8}$$

3. 电导

电导是一个用来反映架空线路的泄漏电流和电晕所引起的有功损耗的参数。一般情况下，线路绝缘良好，泄漏电流很小，可以忽略，因此线路的电导主要由电晕所引起的有功损耗决定。

电晕就是架空线路在高电压的情况下，当导线表面的电场强度超过空气的击穿场强时，使导线周围的空气发生电离的现象。电晕发生时可听到"咝咝"声，夜间还可看到紫色的晕光，有时还可闻到臭氧的气味。在阴雨天气，电晕现象就比较明显。

线路开始出现电晕的电压称为电晕临界电压 U_{cr}。当三相导线为等边三角形排列时，发生电晕的临界线电压可由经验公式确定

$$U_{cr} = 49.3 m_1 m_2 \delta r \lg \frac{D_m}{r} \tag{2-9}$$

式中　m_1——导线表面光滑系数（对于光滑的单导线 $m_1 = 1$，对于绞线 $m_1 = 0.9$）；

　　　m_2——气象系数（对于干燥或晴朗天气 $m_2 = 1$，对于雨雾雪等恶劣天气 $m_2 = 0.8$）；

　　　δ——空气相对密度，晴天一般取 $\delta = 1$；

　　　r——导线计算半径，mm；

　　　D_m——三相线路几何均距，mm。

当线路为水平排列时，两根边线的电晕临界电压比式（2-9）计算值高 6%；中间相导线的则低 4%。

当实际运行电压超过电晕临界电压时将产生电晕。运行电压超过临界电压越多，电晕损耗也越大。当三相线路每千米的电晕损耗总有功功率为 ΔP_g 时，则每相导线单位长度电导（S/km）为

$$g_1 = \frac{\Delta P_g}{U^2} \times 10^{-3} \tag{2-10}$$

式中　U——电力线路运行的线电压，通常可取为 U_N，kV。

电晕发生时，要损耗有功功率，干扰附近的无线电通信，而且还会使导线表面产生电腐蚀。因此，在设计线路时，应尽量避免线路在正常气象条件下发生电晕。

提高电晕临界电压，避免导线发生电晕的措施有：

（1）增大导线半径，为此可采用分裂导线、扩径导线和空芯导线等。

（2）施工时不要磨损导线，保持导线表面光滑，以防止电场分布不均匀。

在实际设计电力线路时，由于电晕损耗受气候因素的变化影响较大，不容易计算且数值较小，并且在设计时已采取相应的防止电晕的措施，一般不会使导线在晴天发生电晕，所以一般计算时可以忽略电导，即 $g_1 = 0$。

4. 电纳

电纳是一个用来反映导线之间和导线对大地之间电容效应的参数。三相对称排列或经整循环换位后的电力线路单位长度电纳的计算式如下：

（1）普通单导线每相的单位长度电纳（S/km）为

$$b_1 = \frac{7.58}{\lg \dfrac{D_m}{r}} \times 10^{-6} \tag{2-11}$$

（2）分裂导线每相的单位长度电纳（S/km）为

$$b_1 = \frac{7.58}{\lg \dfrac{D_m}{r_{eq}}} \times 10^{-6} \qquad (2-12)$$

以上两式中各符号的意义与感抗计算中的相同。从这两个计算式可知，由于影响电纳大小的 D_m、r、r_{eq} 均在对数关系式内，因此各种电压等级的单位长度电纳值变化也不大。

在实际计算时，b_1 可从产品目录或手册中查得。

求出单位长度电纳之后，长度为 L（km）的架空线路的每相电纳（S）为

$$B = b_1 L \qquad (2-13)$$

二、架空线路的等值电路

线路在经过完整换位后，三相电路的参数是对称的，可用单相等值电路来表示三相等值电路。线路的电阻、电导、电抗、电纳都是沿线路均匀分布的，但分布参数电路的计算比较复杂，一般多用于较长线路的计算分析中。为了简化计算，对于 300km 以下的架空线路和 100km 以下的电缆线路，一般都用集中参数电路来表示。如图 2-3 所示的 Π 型等值电路，其中 R、X、B 分别为线路总的电阻、电抗和电纳值。因为电力线路正常运行时不发生电晕，所以 $G=0$。注意，在等值电路中的电纳 B 作为两条支路分别置于线路阻抗的两端。

对于 35kV 及以下电压等级的架空线路和 10kV 及以下的电缆线路，由于电压较低、线路较短，电纳或电容功率很小，一般可将电纳支路忽略不计，从而采用更简化的一字形等值电路，如图 2-4 所示。

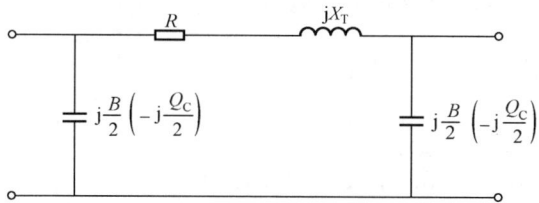

图 2-3　电力线路的 Π 形等值电路

图 2-4　电力线路的简化一字形等值电路

【例 2-1】　某条 110kV 架空电力线路的导线型号为 LGJ-185，长度为 100km，计算半径为 9.5mm，相间距离为 4m，导线水平排列，求该线路的参数并画出其等值电路图。

解　（1）计算线路的参数。

1）电阻 R

$$r_1 = \frac{\rho}{S} = \frac{31.5}{185} = 0.17 \ (\Omega/km)$$

$$R = r_1 L = 0.17 \times 100 = 17 \ (\Omega)$$

2）电抗 X

$$x_1 = 0.1445 \lg \frac{D_m}{r} + 0.0157$$

$$= 0.1445 \lg \frac{1.26 \times 4000}{9.5} + 0.0157 = 0.41 \ (\Omega/km)$$

$$X = x_1 L = 0.41 \times 100 = 41 \ (\Omega)$$

3）电纳 B

$$b_1 = \frac{7.58}{\lg \dfrac{D_m}{r}} \times 10^{-6} = \frac{7.58}{\lg \dfrac{1.26 \times 4000}{9.5}} \times 10^{-6} = 2.78 \times 10^{-6} \ (S/km)$$

$$B = b_1 L = 2.78 \times 10^{-6} \times 100 = 2.78 \times 10^{-4} \text{ (S)}$$

（2）画出线路的等值电路，如图 2-5 所示。

【例 2-2】 已知某电压为 220kV、长为 120km 的架空线路，每相采用双分裂导线，分裂导线型号为 LGJ-185，计算外径为 19mm，分裂间距 $d=300$mm，导线为不等边三角形排列，$D_{AB}=7$m，$D_{BC}=5$m，$D_{CA}=6$m。试计算该线路的参数并画出其等值电路图。

解 （1）计算线路的参数

1）电阻 R

$$r_1 = \frac{\rho}{S} = \frac{31.5}{185 \times 2} = 0.085 \text{ (}\Omega/\text{km)}$$

$$R = r_1 L = 0.085 \times 120 = 10.22 \text{ (}\Omega\text{)}$$

2）电抗 X

$$D_m = \sqrt[3]{D_{AB} D_{BC} D_{CA}} = \sqrt[3]{7 \times 5 \times 6} = 5.94 \text{ (m)}$$

$$r_{eq} = \sqrt{rd} = \sqrt{19/2 \times 300} = 53.39 \text{ (mm)}$$

$$x_1 = 0.1445 \lg \frac{D_m}{r_{eq}} + \frac{0.0157}{n}$$

$$= 0.1445 \lg \frac{5940}{53.39} + \frac{0.0157}{2} = 0.303 \text{ (}\Omega/\text{km)}$$

$$X = x_1 L = 0.303 \times 120 = 36.36 \text{ (}\Omega\text{)}$$

3）电纳 B

$$b_1 = \frac{7.58}{\lg \dfrac{D_m}{r_{eq}}} \times 10^{-6} = \frac{7.58}{\lg \dfrac{5940}{53.39}} \times 10^{-6} = 3.7 \times 10^{-6} \text{ (S/km)}$$

$$B = b_1 L = 3.7 \times 10^{-6} \times 120 = 4.45 \times 10^{-4} \text{ (S)}$$

（2）画出线路的等值电路，如图 2-6 所示。

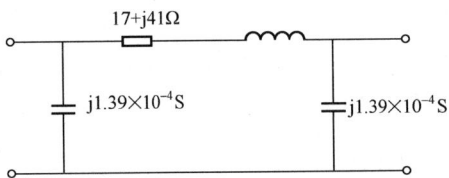

图 2-5 ［例 2-1］线路等值电路　　　　图 2-6 ［例 2-2］线路等值电路

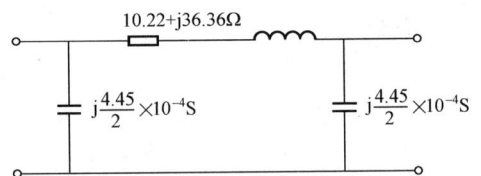

第二节　变压器、电抗器的参数及其等值电路

一、变压器的等值电路

在电机学中已经介绍了双绕组变压器的 T 形等值电路和 Γ 形近似等值电路。T 形等值电路多了一中间节点，为了减少网络的节点数，简化计算，在电力系统计算中都采用 Γ 形等值电路。将 T 形等值电路的励磁支路前移到电源侧，并将变压器二次绕组的电阻和漏抗

折算到一次绕组后，再和一次绕组的电阻和漏抗合并，用等值阻抗 R_T+jX_T 表示，便得到如图 2-7 (a) 所示的 Γ 形等值电路。在实际的潮流计算中，常将变压器的励磁导纳用励磁有功功率和无功功率损耗来表示，如图 2-7 (b) 所示。对于 35kV 及以下电压等级的变压器，因为其励磁支路功率损耗较小，可忽略不计，其等值电路可表示成如图 2-7 (c) 所示的简化形式。

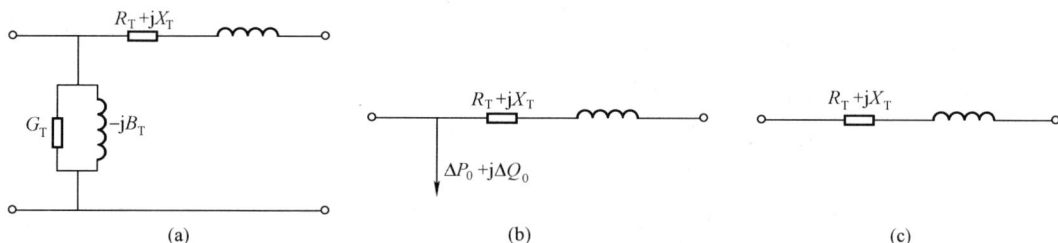

图 2-7　双绕组变压器的 Γ 形等值电路
(a) 励磁支路用导纳表示；(b) 励磁支路用功率表示；(c) 略去励磁支路

对于三绕组变压器，采用励磁支路前移的 Γ—星形等值电路，如图 2-8 所示。自耦变压器的等值电路与普通变压器的相同。

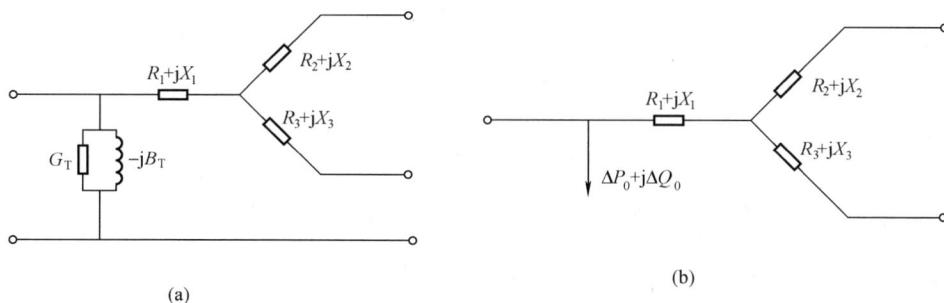

图 2-8　三绕组变压器的等值电路
(a) 励磁支路用导纳表示；(b) 励磁支路用功率表示

需要注意的是，变压器等值电路与线路等值电路中的电纳性质不同。变压器的电纳 B_T 是感性的，在等值电路中以负号出现，而线路电纳是容性的，在等值电路中以正号出现。用功率表示时，变压器是感性无功功率，线路是容性无功功率。

二、变压器的参数计算

(一) 双绕组变压器的参数

双绕组变压器的参数有 4 个，分别是等值电路中的电阻 R_T、电抗 X_T、电导 G_T 和电纳 B_T。这 4 个参数可由变压器给出的 4 个特性数据——短路损耗 ΔP_k、短路电压百分数 $U_k\%$、空载损耗 ΔP_0 和空载电流百分数 $I_0\%$ 计算得到。变压器的 4 个特性数据常标在铭牌上，也可以从产品说明书或手册上查到。

1. 电阻 R_T

电阻 R_T 是用来表示变压器绕组中铜耗的参数，由短路损耗 ΔP_k 求得。

变压器作短路试验时，将一侧绕组短接，在另一侧绕组施加电压，使短路绕组的电流达到额定值，这时变压器的有功损耗即为短路损耗 ΔP_k。

短路损耗包括铁心损耗和绕组损耗两部分，由于短路电压较低，相应的铁损也较小，可近似认为短路损耗等于变压器通过额定电流时在一、二次绕组电阻中的总损耗（铜耗），即 $\Delta P_k \approx 3 I_N^2 R_T$，于是有

$$R_T = \frac{\Delta P_k}{3 I_N^2} = \frac{\Delta P_k U_N^2}{S_N^2}$$

式中 ΔP_k——变压器的短路耗损，W；

         U_N——变压器的额定电压，V；

         I_N——变压器的额定电流，A；

         S_N——变压器的额定容量，VA。

当上式各量使用其常用的单位，ΔP_k 用 kW，U_N 用 kV，S_N 用 kVA 时，计算式变为

$$R_T = \frac{\Delta P_k U_N^2}{S_N^2} \times 10^3 \tag{2-14}$$

2. 电抗 X_T

电抗 X_T 是用来表示变压器绕组中电压损耗的参数，由短路电压百分数 $U_k \%$ 求得。$U_k \%$ 是指变压器通过额定电流时在阻抗上产生的电压降占额定电压的百分数，即

$$U_k \% = \frac{\sqrt{3} I_N Z_T}{U_N} \times 100$$

得到阻抗表达式

$$Z_T = \frac{U_N}{\sqrt{3} I_N} \times \frac{U_k \%}{100} = \frac{U_k \% U_N^2}{100 S_N}$$

对于大中型容量的变压器，$X_T \gg R_T$，所以认为 $X_T \approx Z_T$，即

$$X_T = \frac{U_k \% U_N^2}{100 S_N} \tag{2-15}$$

式中 $U_k \%$——短路电压百分数；

         U_N——变压器的额定电压，V；

         S_N——变压器的额定容量，VA。

如果式（2-15）中各量使用其常用单位，U_N 用 kV，S_N 用 kVA，则计算式变为

$$X_T = \frac{U_k \% U_N^2}{100 S_N} \times 10^3 \tag{2-16}$$

3. 电导 G_T

电导 G_T 是用来表示变压器铁心损耗的一个参数，由空载损耗 ΔP_0 求得。变压器作空载试验时，一侧绕组开路，在另一侧绕组加额定电压，此时变压器的有功损耗即为空载损耗 ΔP_0。

空载损耗 ΔP_0 包括空载电流通过绕组时一侧绕组的铜耗及铁心中的损耗。由于空载电流很小，绕组中的铜耗也很小，所以可近似认为空载损耗等于铁心损耗，即 $\Delta P_0 \approx U_N^2 G_T$，因此

$$G_T = \frac{\Delta P_0}{U_N^2}$$

如果 ΔP_0 用 kW、U_N 用 kV 为单位，则上式变为

$$G_T = \frac{\Delta P_0}{U_N^2} \times 10^{-3} \qquad (2-17)$$

4. 电纳 B_T

电纳 B_T 是用来表示变压器的励磁功率的一个参数，由空载电流百分数 $I_0\%$ 求得。变压器空载电流包含有功分量 I_a 和无功分量 I_r。由于有功分量很小，可近似认为无功分量就等于空载电流，因此有

$$I_0\% = \frac{I_0}{I_N} \times 100 \approx \frac{I_r}{I_N} \times 100 = \frac{U_N B_T}{\sqrt{3} I_N} \times 100$$

因此

$$B_T = \frac{I_0\% \sqrt{3} I_N}{100 U_N} = \frac{I_0\% S_N}{100 U_N^2}$$

如果 S_N 用 kVA、U_N 用 kV 为单位，则上式变为

$$B_T = \frac{I_0\% S_N}{100 U_N^2} \times 10^{-3} \qquad (2-18)$$

电纳 B_T 也可用其对应的功率 ΔQ_0（kvar）来表示

$$\Delta Q_0 = \frac{I_0\% S_N}{100}$$

值得注意的是，在使用上述计算公式时，用变压器哪一侧绕组的额定电压，就相当于把变压器参数折算到该侧。

【例 2-3】 某降压变电站装有两台型号为 SFL$_1$-20000/110 的变压器，变比为 110/11，铭牌给出的试验数据为：$\Delta P_k = 135\text{kW}$，$U_k\% = 10.5$，$\Delta P_0 = 22\text{kW}$，$I_0\% = 0.8$。试求两台变压器并联运行时折算到高压侧的参数，并画出等值电路。

解 （1）计算参数

1）电阻 R_T

$$R_T = \frac{1}{2}\left(\frac{\Delta P_k U_N^2}{S_N^2} \times 10^3\right) = \frac{1}{2} \times \left(\frac{135 \times 110^2}{20\,000^2} \times 10^3\right)$$
$$= 2.04\,(\Omega)$$

2）电抗 X_T

$$X_T = \frac{1}{2}\left(\frac{U_k\% U_N^2}{100 S_N} \times 10^3\right) = \frac{1}{2} \times \left(\frac{10.5 \times 110^2}{100 \times 20\,000} \times 10^3\right)$$
$$= 31.76\,(\Omega)$$

3）电导 G_T

$$G_T = 2\left(\frac{\Delta P_0}{U_N^2} \times 10^{-3}\right) = 2 \times \left(\frac{22}{110^2} \times 10^{-3}\right)$$
$$= 3.64 \times 10^{-6}\,(\text{S})$$

4）电纳 B_T

$$B_T = 2\left(\frac{I_0\% S_N}{100 U_N^2} \times 10^{-3}\right) = 2 \times \left(\frac{0.8 \times 20\,000}{100 \times 110^2} \times 10^{-3}\right)$$
$$= 26.45 \times 10^{-6}\,(\text{S})$$

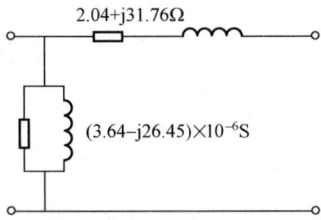

图 2-9 [例 2-3] 变压器
等值电路图

（2）画等值电路图，如图 2-9 所示。

（二）三绕组变压器的参数计算

1. 电阻 R_{T1}、R_{T2}、R_{T3}

要计算 3 个绕组的电阻就必须求得与每个绕组相应的短路损耗 ΔP_{k1}、ΔP_{k2}、ΔP_{k3}。三绕组变压器的短路试验是在两两绕组间进行的，即依次让一个绕组开路，其余两绕组按双绕组变压器的方法作短路试验。由此得到的短路损耗分别为 ΔP_{k12}、ΔP_{k23}、ΔP_{k31}

$$\left.\begin{array}{l} \Delta P_{k12} = \Delta P_{k1} + \Delta P_{k2} \\ \Delta P_{k23} = \Delta P_{k2} + \Delta P_{k3} \\ \Delta P_{k31} = \Delta P_{k1} + \Delta P_{k3} \end{array}\right\} \tag{2-19}$$

由此解得

$$\left.\begin{array}{l} \Delta P_{k1} = \dfrac{1}{2}(\Delta P_{k12} + \Delta P_{k31} - \Delta P_{k23}) \\[2mm] \Delta P_{k2} = \dfrac{1}{2}(\Delta P_{k12} + \Delta P_{k23} - \Delta P_{k31}) \\[2mm] \Delta P_{k3} = \dfrac{1}{2}(\Delta P_{k31} + \Delta P_{k23} - \Delta P_{k12}) \end{array}\right\} \tag{2-20}$$

仿照双绕组变压器计算 R_T 的公式，可写出三绕组变压器各绕组电阻的计算公式

$$\left.\begin{array}{l} R_{T1} = \dfrac{\Delta P_{k1} U_N^2}{S_N{}^2} \times 10^3 \\[3mm] R_{T2} = \dfrac{\Delta P_{k2} U_N^2}{S_N^2} \times 10^3 \\[3mm] R_{T3} = \dfrac{\Delta P_{k3} U_N^2}{S_N{}^2} \times 10^3 \end{array}\right\} \tag{2-21}$$

式中　ΔP_{k1}、ΔP_{k2}、ΔP_{k3}——高、中、低压绕组的损耗，kW；

S_N——三绕组变压器的额定容量，kVA；

U_N——三绕组变压器的额定电压，kV。

注意，上述电阻的计算式对应于高、中、低压绕组容量比为 100/100/100 的三绕组变压器。我国目前生产的变压器三个绕组的容量比有 100/100/100、100/100/50、100/50/100 三种。变压器铭牌上的额定容量是指容量最大的绕组的容量。对于容量比不是 100/100/100 的三绕组变压器，做短路试验时试验电流只能按小容量绕组的额定电流来做。也就是说厂家或手册上所提供的短路损耗是两个绕组中容量较小的一侧达到其额定电流时的值。如果要按式（2-19）和式（2-20）计算，就必须先将短路损耗折算到三绕组变压器的额定容量下才可以。

（1）对于容量比为 100/100/50 的三绕组变压器，在计算电阻时，必须先将厂家未经折算的中低、高低绕组间的短路损耗 $\Delta P'_{k23}$、$\Delta P'_{k31}$ 折算到变压器额定容量下的数值 ΔP_{k23}、ΔP_{k31}。因为功率损耗与电流（即视在功率）的平方成正比，所以其折算的公式为

$$\left.\begin{aligned} \Delta P_{k23} &= \Delta P'_{k23}\left(\frac{S_N}{S_{3N}}\right)^2 \\ \Delta P_{k31} &= \Delta P'_{k31}\left(\frac{S_N}{S_{3N}}\right)^2 \end{aligned}\right\} \qquad (2-22)$$

式中　S_N——三绕组变压器的额定容量，kVA；

　　　S_{3N}——三绕组变压器的低压绕组的额定容量，kVA。

（2）对容量比为 100/50/100 的三绕组变压器，必须先将未经折算的短路损耗 $\Delta P'_{k12}$、$\Delta P'_{k23}$ 进行折算，折算公式为

$$\left.\begin{aligned} \Delta P_{k12} &= \Delta P'_{k12}\left(\frac{S_N}{S_{2N}}\right)^2 \\ \Delta P_{k23} &= \Delta P'_{k23}\left(\frac{S_N}{S_{2N}}\right)^2 \end{aligned}\right\} \qquad (2-23)$$

式中　S_{2N}——三绕组变压器的中压绕组的额定容量，kVA。

2. 电抗 X_{T1}、X_{T2}、X_{T3}

与计算三绕组变压器的电阻相似，先求得每个绕组的电压百分数，再用其计算各绕组的电抗。因为

$$\left.\begin{aligned} U_{k12}\% &= U_{k1}\% + U_{k2}\% \\ U_{k23}\% &= U_{k2}\% + U_{k3}\% \\ U_{k31}\% &= U_{k3}\% + U_{k1}\% \end{aligned}\right\}$$

由此解得

$$\left.\begin{aligned} U_{k1}\% &= \frac{1}{2}(U_{k12}\% + U_{k31}\% - U_{k23}\%) \\ U_{k2}\% &= \frac{1}{2}(U_{k12}\% + U_{k23}\% - U_{k31}\%) \\ U_{k3}\% &= \frac{1}{2}(U_{k23}\% + U_{k31}\% - U_{k12}\%) \end{aligned}\right\} \qquad (2-24)$$

则可写出各绕组电抗的计算式为

$$\left.\begin{aligned} X_{T1} &= \frac{U_{k1}\% U_N^2}{100 S_N} \times 10^3 \\ X_{T2} &= \frac{U_{k2}\% U_N^2}{100 S_N} \times 10^3 \\ X_{T3} &= \frac{U_{k3}\% U_N^2}{100 S_N} \times 10^3 \end{aligned}\right\} \qquad (2-25)$$

应该指出，不论三绕组变压器的容量比如何，厂家提供的短路电压百分数一般已经折算至变压器额定容量下，不需再进行折算。

三绕组变压器高、中、低压绕组有两种不同的排列方式，如图 2-10 所示。

各绕组电抗的大小与 3 个绕组在铁心上的排列方式有关。高压绕组因绝缘要求高，一般排在外层，中、低压绕组的排列方式应根据具体使用条件进行选择。升压变压器常用

图 2-10 (a) 所示的绕组排列方式。因为低压绕组位于中间，它与中压、高压绕组均有较

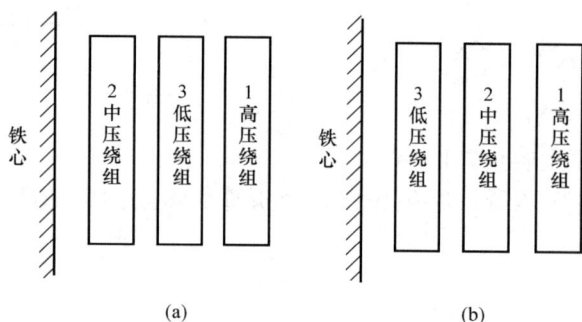

图 2-10 三绕组变压器的绕组排列方式
(a) 低压绕组在中间；(b) 中压绕组在中间

紧密的联系，即中低、高低压绕组间的电抗较小，有利于功率从低压侧向高、中压绕组传送。对于降压变压器，若功率主要是由高压侧向中压侧传送，则采用图 2-10 (b) 所示的排列方式；若功率主要是由高压侧向低压侧传送，则采用图 2-10 (a) 所示的排列方式。若按调压的角度考虑，则应在功率交换较大的两绕组间，选用短路电压百分数较小的排列方式；若从限制短路电流考虑，则应选择两绕组间短路电压百分数大的排列方式。

3. 导纳 G_T 和 B_T

三绕组变压器导纳的计算与双绕组变压器相同。

（三）自耦变压器的参数计算

自耦变压器的等值电路及参数计算方法和三绕组变压器相同。需要注意的是，一般厂家提供的试验数据中，不仅短路损耗未经折算，短路电压百分数也未经折算，需先将两者折算至额定容量下的值，再计算电阻和电抗。短路损耗的折算与三绕组变压器的方法相同。短路电压百分数的折算为

$$\left.\begin{array}{l} U_{k23}\% = U'_{k23}\%\left(\dfrac{S_N}{S_{3N}}\right) \\[3mm] U_{k31}\% = U'_{k31}\%\left(\dfrac{S_N}{S_{3N}}\right) \end{array}\right\} \tag{2-26}$$

式中 S_{3N}——自耦变压器低压绕组的额定容量，kVA。

【例 2-4】 某降压变电站有一台三绕组变压器，型号为 $SSPSL_1-120000/220$ 型，容量比为 120 000/120 000/60 000，各种试验数据为 $\Delta P_0 = 123.1 \text{kW}$，$I_0\% = 1.0$，$\Delta P_{k12} = 1023 \text{kW}$，$\Delta P'_{k23} = 165 \text{kW}$，$\Delta P'_{k31} = 227 \text{kW}$，$U_{k12}\% = 24.7$，$U_{k23}\% = 8.8$，$U_{k31}\% = 14.7$。试计算此变压器折算至高压侧的参数并画出其等值电路。

解 (1) 计算参数。

1) 电阻。先折算有关的短路损耗

$$\Delta P_{k23} = \Delta P'_{k23}\left(\frac{S_N}{S_{3N}}\right)^2 = 165 \times \left(\frac{120\ 000}{60\ 000}\right)^2 = 660\ (\text{kW})$$

$$\Delta P_{k31} = \Delta P'_{k31}\left(\frac{S_N}{S_{3N}}\right)^2 = 227 \times \left(\frac{120\ 000}{60\ 000}\right)^2 = 908\ (\text{kW})$$

各绕组的短路损耗分别为

$$\Delta P_{k1} = \frac{1}{2}(\Delta P_{k12} + \Delta P_{k31} - \Delta P_{k23}) = \frac{1}{2} \times (1023 + 908 - 660) = 635.5\ (\text{kW})$$

$$\Delta P_{k2} = \frac{1}{2}(\Delta P_{k12} + \Delta P_{k23} - \Delta P_{k31}) = \frac{1}{2} \times (1023 + 660 - 908) = 387.5\ (\text{kW})$$

$$\Delta P_{k3} = \frac{1}{2}(\Delta P_{k31} + \Delta P_{k23} - \Delta P_{k12}) = \frac{1}{2} \times (908 + 660 - 1023) = 272.5 \ (\text{kW})$$

各绕组的电阻分别为

$$R_{T1} = \frac{\Delta P_{k1} U_N^2}{S_N^2} \times 10^3 = \frac{635.5 \times 220^2}{120\ 000^2} \times 10^3 = 2.14 \ (\Omega)$$

$$R_{T2} = \frac{\Delta P_{k2} U_N^2}{S_N^2} \times 10^3 = \frac{387.5 \times 220^2}{120\ 000^2} \times 10^3 = 1.30 \ (\Omega)$$

$$R_{T3} = \frac{\Delta P_{k3} U_N^2}{S_N^2} \times 10^3 = \frac{272.5 \times 220^2}{120\ 000^2} \times 10^3 = 0.916 \ (\Omega)$$

2）电抗。各绕组短路电压百分数分别为

$$U_{k1}\% = \frac{1}{2}(U_{k12}\% + U_{k31}\% - U_{k23}\%) = \frac{1}{2} \times (24.7 + 14.7 - 8.8) = 15.3$$

$$U_{k2}\% = \frac{1}{2}(U_{k12}\% + U_{k23}\% - U_{k31}\%) = \frac{1}{2} \times (24.7 + 8.8 - 14.7) = 9.4$$

$$U_{k3}\% = \frac{1}{2}(U_{k31}\% + U_{k23}\% - U_{k12}\%) = \frac{1}{2} \times (14.7 + 8.8 - 24.7) = -0.6$$

各绕组电抗分别为

$$X_{T1} = \frac{U_{k1}\% U_N^2}{100 S_N} \times 10^3 = \frac{15.3 \times 220^2}{100 \times 120\ 000} \times 10^3 = 61.71 \ (\Omega)$$

$$X_{T2} = \frac{U_{k2}\% U_N^2}{100 S_N} \times 10^3 = \frac{9.4 \times 220^2}{100 \times 120\ 000} \times 10^3 = 37.91 \ (\Omega)$$

$$X_{T3} = \frac{U_{k3}\% U_N^2}{100 S_N} \times 10^3 = \frac{-0.6 \times 220^2}{100 \times 120\ 000} \times 10^3 = -2.42 \ (\Omega)$$

3）导纳

$$G_T = \frac{\Delta P_0}{U_N^2} \times 10^{-3} = \frac{123.1}{220^2} \times 10^{-3} = 2.54 \times 10^{-6} \ (\text{S})$$

$$B_T = \frac{I_0\% S_N}{100 U_N^2} \times 10^{-3} = \frac{1.0 \times 120\ 000}{100 \times 220^2} \times 10^{-3} = 2.48 \times 10^{-5} \ (\text{S})$$

（2）画出等值电路，如图 2-11 所示。

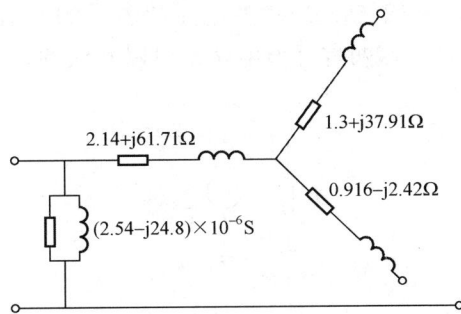

图 2-11　［例 2-4］三绕组变压器的等值电路

三、电抗器的参数和等值电路

制造厂是以电抗的百分数 $X_R\%$ 给出电抗的，其定义为

$$X_R\% = \frac{\sqrt{3}I_N X_R}{U_N} \times 100$$

所以
$$X_R = \frac{X_R\% U_N}{100\sqrt{3}I_N}\tag{2-27}$$

式中　X_R——电抗器的电抗，Ω；

　　　$X_R\%$——电抗器电抗的百分数；

　　　U_N——电抗器的额定电压，kV；

　　　I_N——电抗器的额定电流，kA。

电抗器的电阻一般忽略不计，所以电抗器的等值电路为纯电抗电路。

第三节　发电机和负荷的参数及其等值电路

发电机和负荷是电力系统中两个重要的元件，分别位于电路的首端和末端，它们的数学模型非常复杂（特别是暂态模型）。由于电力系统稳态运行分析计算时往往以发电机的端点为起点，则计算可不包括发电机元件。负荷又往往以恒定功率或阻抗表示，只在需要深入研究的场合，才计及负荷的静态电压特性。这里仅介绍最基本的概念和计算公式。

一、发电机的参数及等值电路

由于发电机定子绕组的电阻相对于电抗较小，一般可以忽略不计，因此在计算中通常只计及其电抗。制造厂一般给出以发电机额定容量为基准的电抗百分数，其定义为

$$X_G\% = \frac{\sqrt{3}I_N X_G}{U_N} \times 100\%$$

从而可得发电机电抗有名值为

$$X_G = \frac{X_G\%}{100} \times \frac{U_N}{\sqrt{3}I_N} = \frac{X_G\%}{100} \times \frac{U_N^2}{S_N} = \frac{X_G\%}{100} \times \frac{U_N^2 \cos\varphi_N}{P_N}\tag{2-28}$$

式中　U_N——发电机额定电压，kV；

　　　S_N——发电机额定视在功率，kVA；

　　　P_N——发电机额定有功功率，MW；

　　$\cos\varphi_N$——发电机额定功率因数。

发电机的等值电路由图 2-12（a）所示的电压源表示的等值电路和图 2-12（b）所示的电流源表示的等值电路，显然这两种等值电路是可以互换的。

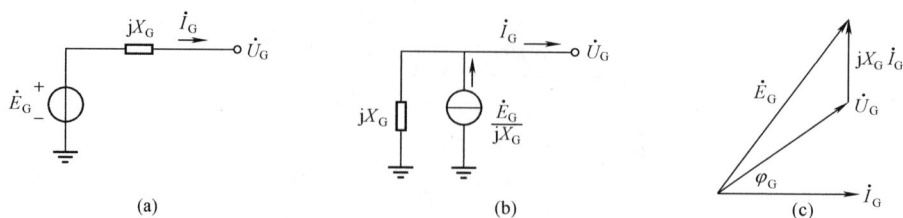

图 2-12　发电机等值电路及相量图

（a）电压源表示；（b）电流源表示；（c）相量图

发电机电动势 $\dot{E}_G$ 可以由式（2 - 29）计算得到，其相量关系如图 2 - 12（c）所示

$$\dot{E}_G = \dot{U}_G + jX_G \dot{I}_G \tag{2 - 29}$$

式中　$\dot{E}_G$——发电机电动势，kV；

　　　$\dot{U}_G$——发电机端电压，kV；

　　　$\dot{I}_G$——发电机定子电流，kA。

二、负荷的参数及等值电路

在电力系统的稳态分析计算中，负荷常用恒定的复功率表示［见图 2 - 13（a）］，有时也用阻抗表示［见图 2 - 13（b）］，或用导纳表示［见图 2 - 13（c）］。

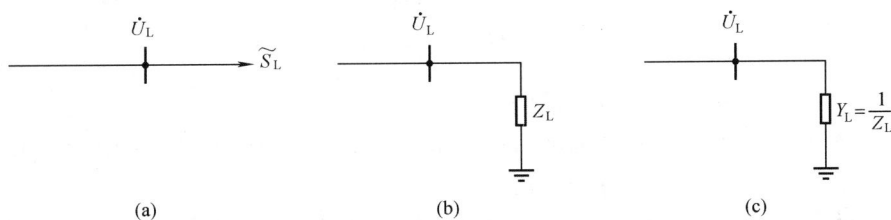

(a)　　　　　　　　　　(b)　　　　　　　　　　(c)

图 2 - 13　负荷的等值电路

（a）恒定复功率表示；（b）阻抗表示；（c）导纳表示

负荷用恒定功率或恒定阻抗表示时，规定有以下关系

$$\widetilde{S}_L = \dot{U}_L \overset{*}{I}_L = S_L(\cos\varphi_L + j\sin\varphi_L) = P_L + jQ_L \tag{2 - 30}$$

$$Z_L = \frac{\dot{U}_L}{\dot{I}_L} = \frac{U_L^2}{\overset{*}{S}_L} = \frac{U_L^2}{P_L - jQ_L} = \frac{U_L^2}{S_L^2}P_L + j\frac{U_L^2}{S_L^2}Q_L = R_L + jX_L \tag{2 - 31}$$

式中　　　$\widetilde{S}_L$——负荷复功率，MVA；

$\overset{*}{S}_L$、$\dot{I}_L$——$\widetilde{S}_L$ 和 $\dot{I}_L$ 的共轭值，MVA，kA；

　　　U_L——负荷端点电压，kV；

P_L、Q_L——负荷有功功率和无功功率，MW，Mvar；

Z_L、R_L、X_L——负荷等值阻抗、电阻、电抗，Ω。

第四节　电力系统的等值网络

一、电压级的归算及以有名值表示的等值网络

在求得电力系统各元件参数和等值电路后，根据电力系统接线图制定整个系统的等值电路时，还要注意解决不同电压等级之间的归算问题。

在多电压等级网络计算中，常需要将阻抗、导纳以及相应的电压、电流归算到同一电压等级——基本级。通常取网络中最高电压级为基本级，如图 2 - 14 中的 220kV 级。在把系

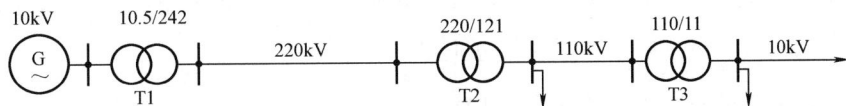

图 2 - 14　多电压等级电力系统

统各电压级中元件的参数都归算至基本级后，就可按系统电气接线图将各元件的等值电路直接连接成电力系统等值网络，此等值网络称为以有名值表示的电力系统等值网络。

元件参数的归算按下式计算

$$\left.\begin{array}{l} R = R'(k_1 k_2 \cdots k_n)^2 \\[2mm] X = X'(k_1 k_2 \cdots k_n)^2 \\[2mm] G = G'\left(\dfrac{1}{k_1 k_2 \cdots k_n}\right)^2 \\[3mm] B = B'\left(\dfrac{1}{k_1 k_2 \cdots k_n}\right)^2 \\[3mm] U = U'(k_1 k_2 \cdots k_n) \end{array}\right\} \qquad (2-32)$$

相应地

$$\left.\begin{array}{l} U = U'(k_1 k_2 \cdots k_n) \\[2mm] I = I'\left(\dfrac{1}{k_1 k_2 \cdots k_n}\right) \end{array}\right\} \qquad (2-33)$$

式中　　k_1，k_2，$\cdots$，k_n——各变压器的变比；

R'、X'、G'、B'、U'、I'——归算前的电阻、电抗、电导、电纳和相应的电压、电流值；

R、X、G、B、U、I——归算后的值。

计算变比 k_1，k_2，$\cdots$，k_n 时，应从基本级到待归算的一级，即变比的分子为靠近基本级一侧的电压，分母为待归算级一侧的电压。

变比的具体取值：在需要精确计算的场合应取各变压器的实际变比；在近似计算的场合可取变压器两侧的平均额定电压之比。所谓平均额定电压就是对应国家规定的每个电压级再规定一个电压，并认为这个电压就是所有属于这一电压级的各元件的额定电压，见表 2-1。

表 2-1　　　　　　　　　我国规定的各电压级的平均额定电压

额定电压（kV）	3	6	10	35	110	220	500
平均额定电压（kV）	3.15	6.3	10.5	37	115	230	525

可见，平均额定电压大体较相应额定电压级的数值高 5%。因此，在近似计算中，图 2-14 中各变压器的变比可取为 230/10.5、230/115、115/10.5。

近似计算中引入平均额定电压后，电力系统各元件参数的归算可大为简化，其表达式为

$$\left.\begin{array}{l} R = R'\left(\dfrac{U_{\mathrm{av.\,b}}}{U_{\mathrm{av.\,n}}}\right)^2 \\[4mm] X = X'\left(\dfrac{U_{\mathrm{av.\,b}}}{U_{\mathrm{av.\,n}}}\right)^2 \\[4mm] G = G'\left(\dfrac{U_{\mathrm{av.\,n}}}{U_{\mathrm{av.\,b}}}\right)^2 \\[4mm] B = B'\left(\dfrac{U_{\mathrm{av.\,n}}}{U_{\mathrm{av.\,b}}}\right)^2 \\[4mm] U = U'\left(\dfrac{U_{\mathrm{av.\,b}}}{U_{\mathrm{av.\,n}}}\right) \\[4mm] I = I'\left(\dfrac{U_{\mathrm{av.\,b}}}{U_{\mathrm{av.\,n}}}\right) \end{array}\right\} \qquad (2-34)$$

式中　$U_{\mathrm{av.\,b}}$——基本级的平均额定电压，kV；

$U_{\mathrm{av.\,n}}$——待归算级的平均额定电压，kV。

此时，电力系统各元件的额定电压等于各元件所在电压级的平均额定电压，因此在发电机、变压器和负荷的阻抗、导纳的计算中，均应以平均额定电压代替其额定电压。

【例 2-5】 试用有名值表示如图 2-15 所示的电力系统，若不计变压器的电阻和导纳，要求：

(1) 所有参数都归算至 110kV 侧，并画出等值电路；

(2) 所有参数都归算至 10kV 侧。

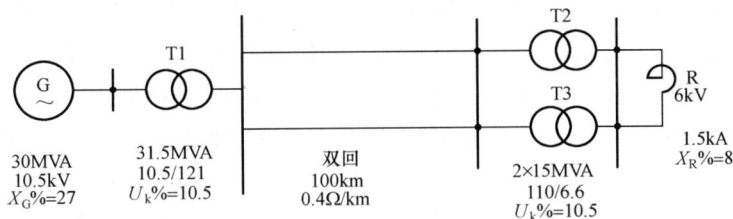

图 2-15 〔例 2-5〕中电力系统中接线图

解 (1) 将参数都归算至 110kV 侧，变压器变比用实际变比，则

$$X_G = \frac{X_G\%U_N^2}{100S_N} \times k_1^2 = \frac{27 \times 10.5^2}{100 \times 30} \times \left(\frac{121}{10.5}\right)^2 = 131.77\ (\Omega)$$

$$X_{T1} = \frac{U_k\%U_N^2}{100S_N} = \frac{10.5 \times 121^2}{100 \times 31.5} = 48.8\ (\Omega)$$

$$X_L = x_1L = 0.4 \times 100 = 40\ (\Omega)$$

$$X_{T2} = X_{T3} = \frac{U_k\%U_N^2}{100S_N} = \frac{10.5 \times 110^2}{100 \times 15} = 84.7\ (\Omega)$$

$$X_R = \frac{X_R\%U_N}{100\sqrt{3}I_N}k_2^2 = \frac{8 \times 6}{100 \times \sqrt{3} \times 1.5} \times \left(\frac{110}{6.6}\right)^2 = 51.32\ (\Omega)$$

系统用有名值表示的等值电路如图 2-16 所示。

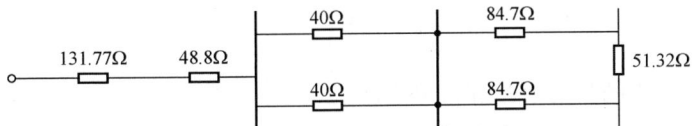

图 2-16 用有名值表示的等值电路图

(2) 将参数归算至 10kV 侧，变压器变比用实际变比，则

$$X_G = \frac{X_G\%U_N^2}{100S_N} = \frac{27 \times 10.5^2}{100 \times 30} = 0.99\ (\Omega)$$

$$X_{T1} = \frac{U_k\%U_N^2}{100S_N} = \frac{10.5 \times 10.5^2}{100 \times 31.5} = 0.37\ (\Omega)$$

$$X_L = x_1Lk_1^2 = 0.4 \times 100 \times \left(\frac{10.5}{121}\right)^2 = 0.30\ (\Omega)$$

$$X_{T2} = X_{T3} = \frac{U_k\%U_N^2}{100S_N}k_1^2 = \frac{10.5 \times 110^2}{100 \times 15} \times \left(\frac{10.5}{121}\right)^2 = 0.64\ (\Omega)$$

$$X_R = \frac{X_R\%U_N}{100\sqrt{3}I_N}k_1^2k_2^2 = \frac{8 \times 6}{100 \times \sqrt{3} \times 1.5} \times \left(\frac{110}{6.6}\right)^2 \times \left(\frac{10.5}{121}\right)^2 = 0.39\ (\Omega)$$

二、标幺值及标幺值表示的等值网络

在电力系统计算中，除了上面介绍的运用具有单位的阻抗、导纳、电压、电流、功率进行有名值运算外，还广泛地使用没有单位的阻抗、导纳、电压、电流、功率的相对值，即所谓的标幺值运算。标幺值由于具有计算结果清晰、便于迅速判断计算结果的正确性、可以简化计算等特点，已在相当广泛的范围内取代了有名值。

标幺值中各量都以标幺值出现，用标幺值表示一个量，在其他领域中也经常采用。例如，新闻中常听到，"今年的粮食产量比去年同期增加了 20%"，这就是说，把去年的产量当做 100，今年的产量增加值就是 20。这个 20% 实际是一个比值，并不是一个有单位量纲的有名值，但这种无量纲的比例数值也能够表达所要描述的事物特性，其实也就是我们所说的标幺值。

当用标幺值来表示一个量时，就是把这个量的实际有名值与一个被选为基准的数值进行比较后的值，即

$$标幺值 = \frac{实际有名值（任意单位）}{与实际有名值单位相同基准值}$$

很显然，如果当我们提到一个量的标幺值时，就必须同时说明其基准值。否则，只说一个量的标幺值是没有任何意义的。

因此，采用标幺值首先应选定基准值。基准值的单位与有名值的单位相同，这是选择基准值的一个限制条件。选择基准值的另外一个限制条件是阻抗、导纳、电压、电流、功率等基准值之间也要符合电路的基本定律。若阻抗、导纳的基准值为每相阻抗、导纳，电压、电流的基准值为线电压、线电流，功率的基准值为三相功率，则这些基准值之间应符合电路的有关定律，具有以下关系

$$\left.\begin{array}{l} S_B = \sqrt{3}U_B I_B \\ U_B = \sqrt{3}I_B Z_B \\ Z_B = \dfrac{1}{Y_B} \end{array}\right\} \tag{2-35}$$

式中　Z_B、Y_B——每相阻抗、导纳的基准值；

　　　U_B、I_B——线电压、线电流的基准值；

　　　S_B——三相功率的基准值。

由式（2-35）可见，这 5 个基准值间受 3 个方程式的约束，因此只有两个基准值可以任意选择，其余 3 个基准值由式（2-36）决定。在电力系统计算中，通常先选定三相功率和线电压的基准值 S_B、U_B，然后按式（2-36）求出阻抗、导纳和线电流的基准值，即

$$\left.\begin{array}{l} Z_B = \dfrac{U_B^2}{S_B} \\ Y_B = \dfrac{S_B}{U_B^2} \\ I_B = \dfrac{S_B}{\sqrt{3}U_B} \end{array}\right\} \tag{2-36}$$

　　功率的基准值通常就取系统中某一发电厂的总功率或系统的总功率，也可取某发电机或变压器的额定功率，有时也取某一整数，如 100、1000MVA 等。电压的基准值往往就取被选为基本级的额定电压或各级的平均额定电压。

　　选定了功率、电压的基准值，求得了阻抗、导纳、电流的基准值后，对单一电压级的网络，就可根据标幺值的定义，直接求取各量的标幺值。而对于多电压等级网络，还有一个不同电压等级之间的归算问题。根据计算要求的不同，可分为按变压器实际变比计算和按平均额定电压之比计算两种方法，下面分别加以说明。

　　1. 按变压器实际变比计算

　　这种方法用于要求计算结果精确的场合，具体计算时可以有两种计算方式。

　　（1）将系统各元件阻抗、导纳以及网络中各点电压、电流的有名值都归算到同一电压级——基本级，然后除以与基本级相对应的阻抗、导纳、电压、电流基准值，即

$$\left.\begin{aligned}
Z_* &= \frac{Z}{Z_B} = Z\frac{S_B}{U_B^2} \\[2mm]
Y_* &= \frac{Y}{Y_B} = Y\frac{U_B^2}{S_B} \\[2mm]
U_* &= \frac{U}{U_B} \\[2mm]
I_* &= \frac{I}{I_B} = I\frac{\sqrt{3}U_B}{S_B}
\end{aligned}\right\} \qquad (2-37)$$

式中　Z_*、Y_*、U_*、I_*——阻抗、导纳、电压、电流的标幺值；

　　　　Z、Y、U、I——归算到基本级的阻抗、导纳、电压、电流的有名值；

Z_B、Y_B、U_B、I_B、S_B——与基本级相对应的阻抗、导纳、电压、电流、功率的基准值。

　　（2）将未经归算的各元件阻抗、导纳以及网络中各点电压、电流的有名值，除以由基本级归算到这些量所在电压级的阻抗、导纳、电压、电流基准值，即

$$\left.\begin{aligned}
Z_* &= \frac{Z'}{Z_B'} = Z'\frac{S_B'}{U_B'^2} \\[2mm]
Y_* &= \frac{Y'}{Y_B'} = Y'\frac{U_B'^2}{S_B'} \\[2mm]
U_* &= \frac{U'}{U_B'} \\[2mm]
I_* &= \frac{I'}{I_B'} = I'\frac{\sqrt{3}U_B'}{S_B'}
\end{aligned}\right\} \qquad (2-38)$$

式中　Z_*、Y_*、U_*、I_*——阻抗、导纳、电压、电流的标幺值；

　　　Z_B'、Y_B'、U_B'、I_B'——由基本级归算到 Z'、Y'、U'、I' 所在电压级的各基准值；

　　　Z'、Y'、U'、I'——未经归算的阻抗、导纳、电压、电流的有名值。

　　式（2-37）与式（2-38）中 Z_B、Y_B、U_B、I_B 与 Z_B'、Y_B'、U_B'、I_B' 的关系为

$$Z'_B = Z_B \left(\frac{1}{k_1 k_2 \cdots k_n} \right)^2$$

$$Y'_B = Y_B (k_1 k_2 \cdots k_n)^2$$

$$\left. U'_B = U_B \left(\frac{1}{k_1 k_2 \cdots k_n} \right) \right\} \qquad (2-39)$$

$$I'_B = I_B (k_1 k_2 \cdots k_n)$$

$$S'_B = S_B$$

式（2-39）中的最后一式表明基准功率不存在不同电压级之间的归算问题，因为 $\sqrt{3} U_B I_B = \sqrt{3} U'_B I'_B$。

最后指出，以上按变压器实际变比计算的两种计算方式所得的各量的标幺值是完全相等的。

2. 按平均额定电压之比计算

在电力系统近似计算中，常用平均额定电压之比代替变压器的实际变比，此时各量标幺值的计算可大为化简。

这种算法首先将各元件阻抗、导纳以及网络中各点电压、电流归算至基本级，它们的标幺值表达式为

$$Z_* = Z \frac{S_B}{U_{av.b}^2}$$

$$Y_* = Y \frac{U_{av.b}^2}{S_B}$$

$$\left. U_* = \frac{U}{U_{av.b}} \right\} \qquad (2-40)$$

$$I_* = I \frac{\sqrt{3} U_{av.b}}{S_B}$$

式中　$U_{av.b}$——基本级的平均额定电压；

Z、Y、U、I——按平均额定电压之比归算至基本级的阻抗、导纳、电压、电流的有名值。

其次，将阻抗、导纳、电压、电流的基准值由基本级归算至各元件所在电压级，其标幺值的表达式为

$$Z_* = Z' \frac{S_B}{U_{av.n}^2}$$

$$Y_* = Y' \frac{U_{av.n}^2}{S_B}$$

$$\left. U_* = \frac{U'}{U_{av.n}} \right\} \qquad (2-41)$$

$$I_* = I' \frac{\sqrt{3} U_{av.n}}{S_B}$$

式中　$U_{av.n} = U'_B$——Z'、Y'、U'、I' 所在电压级的平均额定电压；

Z'、Y'、U'、I'——未经归算的阻抗、导纳、电压、电流的有名值。

由上可见，在选定了三相功率的基准值 S_B 后，由元件所在电压级的平均额定电压及其各级电压的 Z'、Y'、U'、I'，就可以直接求取其标幺值。

采用标幺值进行计算，所得的结果最后还要换算成有名值，其换算公式为

$$
\left.
\begin{aligned}
U &= U_* U_{\mathrm{B}} \\
I &= I_* I_{\mathrm{B}} = I_* \frac{S_{\mathrm{B}}}{\sqrt{3}U_{\mathrm{B}}} \\
S &= S_* S_{\mathrm{B}} \\
Z &= Z_* \frac{U_{\mathrm{B}}^2}{S_{\mathrm{B}}} = (R_* + \mathrm{j}X_*)\frac{U_{\mathrm{B}}^2}{S_{\mathrm{B}}} \\
Y &= Y_* \frac{S_{\mathrm{B}}}{U_{\mathrm{B}}^2} = (G_* - \mathrm{j}B_*)\frac{S_{\mathrm{B}}}{U_{\mathrm{B}}^2}
\end{aligned}
\right\}
\tag{2-42}
$$

在电力系统的实际计算中，制定标幺值的等值电路时，各元件的参数必须按统一的基准值进行归算。然而，从手册或产品说明书中查得的电机和电器的阻抗值，一般都是以各自的额定容量（或额定电流）和额定电压为基准值的标幺值。由于系统各元件的额定值一般并不相同，因此必须把不同基准值的标幺值换算成统一基准值的标幺值。

进行换算时，先把以额定容量、额定电压为基准的标幺值阻抗还原成有名值。例如，对于电抗，按式（2-42）有

$$
X = X_{\mathrm{N}*} \frac{U_{\mathrm{N}}^2}{S_{\mathrm{N}}}
$$

若统一选定的基准功率和基准电压为 S_{B} 和 U_{B}，则以其基准值的标幺值电抗应为

$$
X_{\mathrm{B}*} = X \frac{S_{\mathrm{B}}}{U_{\mathrm{B}}^2} = X_{\mathrm{N}*} \frac{U_{\mathrm{N}}^2}{S_{\mathrm{N}}}\frac{S_{\mathrm{B}}}{U_{\mathrm{B}}^2}
\tag{2-43}
$$

式（2-43）可用于发电机和变压器标幺值电抗的换算。对于电抗器，由于其额定标幺值电抗是以额定电流和额定电压为基准值来表示的，因此，其换算公式为

$$
X_{\mathrm{R}} = X_{\mathrm{RN}*} \frac{U_{\mathrm{N}}}{\sqrt{3}I_{\mathrm{N}}}
$$

$$
X_{\mathrm{RB}*} = X_{\mathrm{R}} \frac{S_{\mathrm{B}}}{U_{\mathrm{B}}^2} = X_{\mathrm{RN}*} \frac{U_{\mathrm{N}}S_{\mathrm{B}}}{\sqrt{3}I_{\mathrm{N}}U_{\mathrm{B}}^2}
\tag{2-44}
$$

【例 2-6】 电力系统接线图同图 2-15。试画出不同基准值时用标幺值表示的等值电路，不计变压器的电阻和导纳，也不计线路电阻和导纳：

（1）取 $S_{\mathrm{B}} = 100\mathrm{MVA}$，$U_{\mathrm{B}} = 110\mathrm{kV}$ 为基准值；

（2）取 $S_{\mathrm{B}} = 100\mathrm{MVA}$，$U_{\mathrm{B}} = U_{\mathrm{av}}$ 为基准值。

解 （1）取 $S_{\mathrm{B}} = 100\mathrm{MVA}$，$U_{\mathrm{B}} = 110\mathrm{kV}$。

10kV 电压等级的基准电压

$$
U_{\mathrm{B}}' = \frac{U_{\mathrm{B}}}{k_1} = 110 \times \frac{10.5}{121} = 9.55\ (\mathrm{kV})
$$

6kV 电压等级的基准电压

$$
U_{\mathrm{B}}'' = \frac{U_{\mathrm{B}}}{k_2} = 110 \times \frac{6.6}{110} = 6.6\ (\mathrm{kV})
$$

$$
X_{\mathrm{G}} = \frac{X_{\mathrm{G}}\%}{100} \times \frac{U_{\mathrm{N}}^2}{S_{\mathrm{N}}} \times \frac{S_{\mathrm{B}}}{U_{\mathrm{B}}'^2} = \frac{27 \times 10.5^2 \times 100}{100 \times 30 \times 9.55^2} = 1.09
$$

$$X_{T1} = \frac{U_k\%U_N^2}{100S_N} \times \frac{S_B}{U_B^2} = \frac{10.5 \times 121^2 \times 100}{100 \times 31.5 \times 110^2} = 0.40$$

则

$$X_L = x_1 L \frac{S_B}{U_B^2} = 0.4 \times 100 \times \frac{100}{110^2} = 0.33$$

$$X_{T2} = X_{T3} = \frac{U_k\%U_N^2}{100S_N} \frac{S_B}{U_B^2} = \frac{10.5 \times 110^2}{100 \times 15} \times \frac{100}{110^2} = 0.7$$

$$X_R = \frac{X_R\%U_N}{100\sqrt{3}I_N} \frac{S_B}{U_B''^2} = \frac{8 \times 6 \times 100}{100 \times \sqrt{3} \times 1.5 \times 6.6^2} = 0.42$$

用标幺值电抗表示的电力系统等值电路如图 2-17 所示。

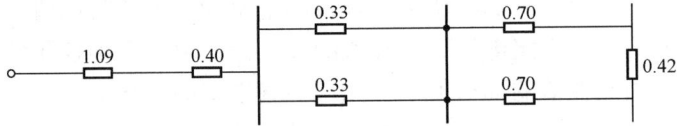

图 2-17　用标幺值表示的电力系统等值电路图

（2）取 $S_B = 100\text{MVA}$，$U_B = U_{av}$

$$X_G = \frac{X_G\%}{100} \times \frac{S_B}{S_N} = \frac{27 \times 100}{100 \times 30} = 0.9$$

$$X_{T1} = \frac{U_k\%}{100} \times \frac{S_B}{S_N} = \frac{10.5 \times 100}{100 \times 31.5} = 0.33$$

$$X_L = x_1 L \frac{S_B}{U_B^2} = 0.4 \times 100 \times \frac{100}{115^2} = 0.30$$

$$X_{T2} = X_{T3} = \frac{U_k\%}{100} \frac{S_B}{S_N} = \frac{10.5 \times 100}{100 \times 15} = 0.70$$

$$X_R = \frac{X_R\%U_N}{100\sqrt{3}I_N} \frac{S_B}{U_B^2} = \frac{8 \times 6 \times 100}{100 \times \sqrt{3} \times 1.5 \times 6.3^2} = 0.47$$

三、电力系统等值网络的使用和简化

对于电力系统稳态运行的分析和计算，一般多用精确的、以有名值表示的等值网络，对较大的网络可用精确的、以标幺值表示的等值网络。对于电力系统故障的分析和计算，一般多用近似的、以标幺值表示的等值网络；而在电力系统稳定性的分析和计算中，一般用精确的、以标幺值表示的等值网络。

在电力系统计算中，由于计算内容和要求不同，有时可将某些元件的有些参数略去，以简化等值网络。例如，一般可以略去发电机定子绕组的电阻；有时可以略去变压器的电阻和导纳；而当电力线路的电阻小于电抗的 1/4 时，一般也可略去线路电阻；线路的电导通常不计；对 100km 以下的架空电力线路，其电纳也可略去；系统中电抗器的电阻也都略去。

第五节　电力线路和变压器的功率损耗和电压降落

当电能沿电力网的线路传输时，线路中就会产生功率损耗。如果电力网中的电能是用不同等级的电压输送和分配时，除在线路内产生功率损耗外，在变压器内也要产生功率损耗。

　　电力网中的有功功率损耗，是由发电厂的发电机供给的，因而就要增加发电设备的容量及能源消耗。电力网内消耗的无功功率，要影响到电力系统无功功率的平衡关系，因此可能造成电力系统无功功率不足的情况，而需要增加特殊的无功功率电源进行补偿。所以电力网的功率损耗直接影响到电力系统的建设费用和运行费用。

　　电力网的功率损耗与电力网的参数和通过电力网功率的大小密切相关。在讨论功率损耗之前，先介绍一下电力网的功率表示方法。

一、电力网功率的表示方法

　　在电力系统的潮流分布计算中，功率是一个重要的变量，用恰当的形式表示它，将给计算带来很大的方便。设已知系统中一条线路某一端点的相电压相量为 $\dot{U}_{ph}$、电流相量为 $\dot{I}$（一般三相交流电力系统常用星形等值电路来模拟，相电流等于线电流），则该点的单相功率 $\widetilde{S}_{ph}$ 可以表示为

$$\widetilde{S}_{ph} = \dot{U}_{ph} \overset{*}{\dot{I}}$$

　　当相电压相量及电流相量分别以 $\dot{U}_{ph}=U_{ph}\mathrm{e}^{j\alpha}$、$\dot{I}=I\mathrm{e}^{j\beta}$ 表示，电流共轭相量以 $\overset{*}{\dot{I}}=I\mathrm{e}^{-j\beta}$ 表示时，单相功率又可以写为

$$\widetilde{S}_{ph} = U_{ph}I\mathrm{e}^{j\varphi}$$

$\varphi=\alpha-\beta$ 是相电压相量与电流相量的相位差。将上式分解成实部和虚部

$$\widetilde{S}_{ph} = U_{ph}I\cos\varphi + jU_{ph}I\sin\varphi = P_{ph} + jQ_{ph}$$

而三相功率的表达式只要在上式的等号两侧同乘以 3 便可得

$$3\widetilde{S}_{ph} = 3U_{ph}I\cos\varphi + j3U_{ph}I\sin\varphi$$

$$\widetilde{S} = \frac{3U}{\sqrt{3}}I\cos\varphi + j3\frac{U}{\sqrt{3}}I\sin\varphi$$

$$= \sqrt{3}UI\cos\varphi + j\sqrt{3}UI\sin\varphi$$

$$= P + jQ \tag{2-45}$$

　　式（2-45）中 $P=\sqrt{3}UI\cos\varphi$、$Q=\sqrt{3}UI\sin\varphi$，分别表示三相有功功率和无功功率。Q 为正值时，代表感性的无功功率；Q 为负值时，代表容性无功功率。U 为三相系统的线电压。

　　电力系统中任何一点电压、功率、电流，只要已知其中的两个值，即可求得第三个值。电力系统的潮流分布，一般是用各节点的电压和功率表示。因为在工程上，已知的负荷通常均是以功率给出的，若用电流来表示，需要依据负荷点的电压进行相应的换算，从而增加了计算量。

二、电力线路的功率损耗和电压降落

　　对称运行的三相交流电力系统一般是用星形连接的单相等值电路来模拟。因此，在等值电路中的分析计算可以用单相功率和相电压来进行，也可以用三相功率和线电压来进行。在电力系统的潮流分布计算中，习惯上是直接用三相功率和线电压来进行计算，所以本章以后的计算若没有特别说明时，功率即是指三相功率，电压则是指线电压。

图 2-18 表示一段电力线路及其 π 型等值电路。若已知线路末端的电压 $\dot{U}_2$ 和功率 $\widetilde{S}_2$，则线路功率损耗和电压降落的计算如下。

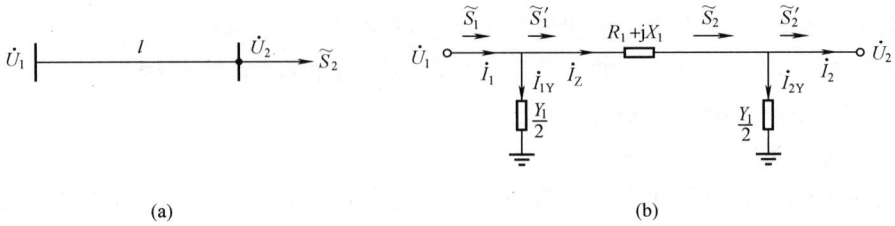

(a)　　　　　　　　　　　　(b)

图 2-18　电力线路及等值电路
(a) 线路图；(b) 等值电路图

1. 功率损耗

输电线路和功率损耗是指电流通过阻抗 Z_1 所产生的损耗 $\Delta\widetilde{S}_Z$ 和电流通过导纳 $Y_1/2$ 所产生的损耗 $\Delta\widetilde{S}_{1Y}$ 和 $\Delta\widetilde{S}_{2Y}$。

若假设：$\dot{U}_2 = U_2 \underline{/0°}$，$\widetilde{S}_2 = P_2 + jQ_2$（感性负荷），则由等值电路可得

$$\Delta\widetilde{S}_{2Y} = \overset{*}{\dot{I}}_{2Y}\dot{U}_2 = \left(\frac{Y_1}{2}\dot{U}_2\right)^*\dot{U}_2 = \frac{\overset{*}{Y_1}}{2}U_2^2$$

$$= \frac{1}{2}G_1U_2^2 - j\frac{1}{2}B_1U_2^2 = \Delta P_{2Y} - j\Delta Q_{2Y} \tag{2-46}$$

$$\widetilde{S}_2' = \widetilde{S}_2 + \Delta\widetilde{S}_{2Y} = (P_2 + jQ_2) + (\Delta P_{2Y} - j\Delta Q_{2Y})$$

$$= P_2' + jQ_2'$$

$$\Delta\widetilde{S}_Z = (\dot{I}_Z Z_1)\overset{*}{\dot{I}}_Z = \left(\frac{\widetilde{S}_2'}{U_2}\right)^2 Z_1$$

$$= \frac{P_2'^2 + Q_2'^2}{U_2^2}R_1 + j\frac{P_2'^2 + Q_2'^2}{U_2^2}X_1$$

$$= \Delta P_Z + j\Delta Q_Z \tag{2-47}$$

$$\widetilde{S}_1' = \widetilde{S}_2' + \Delta\widetilde{S}_Z = (P_2' + jQ_2') + (\Delta P_Z + j\Delta Q_Z) = P_1' + jQ_1'$$

同理有
$$\Delta\widetilde{S}_{1Y} = \overset{*}{\dot{I}}_{1Y}\dot{U}_1 = \frac{1}{2}G_1U_1^2 - j\frac{1}{2}B_1U_1^2 = \Delta P_{1Y} - j\Delta Q_{1Y} \tag{2-48}$$

由式（2-48）可知，欲求得 $\Delta\widetilde{S}_{1Y}$，必须先求得 U_1（后述），则

$$\widetilde{S}_1 = \widetilde{S}_1' + \Delta\widetilde{S}_{1Y} = (P_1' + jQ_1') + (\Delta P_{1Y} - j\Delta Q_{1Y}) = P_1 + jQ_1$$

由输电线路导纳支路的功率损耗 $\Delta\widetilde{S}_{2Y}$、$\Delta\widetilde{S}_{1Y}$ 的计算式（2-46）及式（2-48）可见，无功功率损耗为负值，即线路损耗容性的无功功率可视为是向电网供给感性的无功功率。

2. 电压降落

输电线路的电压降落是指线路两端电压的相量差（$d\dot{U}_2 = \dot{U}_1 - \dot{U}_2$），则由图 2-18 等值电路有（$\dot{U}_2 = U_2 \underline{/0°}$）

$$\dot{U}_1 = \dot{U}_2 + \dot{I}_Z Z_1 = \dot{U}_2 + \left(\frac{\tilde{S}_2'}{\dot{U}_2}\right) Z_1$$

$$= \dot{U}_2 + \frac{P_2' - jQ_2'}{\dot{U}_2}(R_1 + jX_1)$$

$$= U_2 + \frac{P_2' R_1 + Q_2' X_1}{U_2} + j\frac{P_2' X_1 - Q_2' R_1}{U_2}$$

即

$$\dot{U}_1 = U_2 + \Delta U_2 + j\delta U_2 = U_1 \angle \delta_1 \qquad (2-49)$$

其中

$$\left.\begin{aligned} \Delta U_2 &= \frac{P_2' R_1 + Q_2' X_1}{U_2} \quad \text{电压降落的纵向分量} \\ \delta U_2 &= \frac{P_2' X_1 - Q_2' R_1}{U_2} \quad \text{电压降落的横向分量} \end{aligned}\right\} \qquad (2-50)$$

则

$$\left.\begin{aligned} U_1 &= \sqrt{(U_2 + \Delta U_2)^2 + (\delta U_2)^2} \\ \delta_1 &= \arctan\frac{\delta U_2}{U_2 + \Delta U_2} \end{aligned}\right\} \qquad (2-51)$$

作出电压降落的相量图，如图 2-19 所示。

在工程计算中，有时为了简化计算，也可以按式（2-52）计算，一般仍有足够的准确度

$$\dot{U}_1 \approx U_2 + \Delta U_2 + \frac{(\delta U_2)^2}{2U_2} \qquad (2-52)$$

当 δ 角较小时，进一步简化计算可以按式（2-53）进行，即可近似地认为电压损耗就等于电压降落的纵分量。

图 2-19　电压降落相量图

$$U_1 \approx U_2 + \Delta U_2 \qquad (2-53)$$

值得指出的是：当 $\tilde{S}_2 = P_2 + jQ_2$（即为感性负荷）时，$\Delta U_2 > 0$，也就是说，首端电压将高于末端电压（$U_1 > U_2$）；但是，当 $\tilde{S}_2 = P_2 - jQ_2$（即为容性负荷时，如线路空载，只有充电功率的情况下），由于 $X_1 \gg R_1$，因此有可能出现 $\Delta U_2 < 0$ 的情况，即首端电压将低于末端电压（$U_1 < U_2$）。

如果已知的是输电线路首端电压 U_1 和首端功率 $\tilde{S}_1$，则可以采用类似于前述的方法，从首端开始推算末端的电压及计算功率损耗。此内容要求读者自行分析，但应注意

$$\dot{U}_2 = \dot{U}_1 - d\dot{U}_1$$

$$\tilde{S}_2 = \tilde{S}_1 - \Delta\tilde{S}_{1Y} - \Delta\tilde{S}_Z - \Delta\tilde{S}_{2Y}$$

如果已知的是不同点的功率和电压（如已知 $\tilde{S}_2$、$\dot{U}_1$ 或 $\tilde{S}_1$、$\dot{U}_2$），要计算功率损耗和电压降落，则只能采用近似的简化计算方法，此内容将在下一节中讲解。

下面就线路电压计算的几个名词加以说明。

（1）电压降落。是指输电线路始末两端电压的相量差，即

$$d\dot{U} = \dot{U}_1 - \dot{U}_2 = \Delta U + j\delta U \qquad (2-54)$$

（2）电压损耗。是指输电线路始末两端电压的数值差（$U_1 - U_2$）。在近似计算中电压损

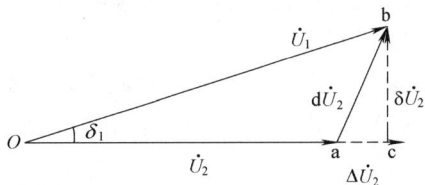

耗就等于电压降落的纵分量（ΔU）。为了便于比较电压损耗的大小，常采用电压损耗百分值表示，即为电压损耗与相应的线路额定电压之比的百分值

$$\Delta U\% = \frac{U_1 - U_2}{U_N} \times 100\% \tag{2-55}$$

（3）电压偏移。是指线路始端或末端母线的实际运行电压与线路额定电压的数值差，即（$U_1 - U_N$）或（$U_2 - U_N$），常用百分值表示为

$$\left.\begin{array}{l}\text{始端电压偏移}(\%) = \dfrac{U_1 - U_N}{U_N} \times 100\% \\[2mm] \text{末端电压偏移}(\%) = \dfrac{U_2 - U_N}{U_N} \times 100\%\end{array}\right\} \tag{2-56}$$

（4）电压调整。是指线路末端空载电压与负载电压的数值差，即（$U_{20} - U_2$），常用百分值表示为

$$\text{电压调整}(\%) = \frac{U_{20} - U_2}{U_{20}} \times 100\% \tag{2-57}$$

可见，电压降落和电压损耗均是指线路两端节点的量，而电压偏移和电压调整则是指某一节点的量。

三、变压器的功率损耗和电压降落

1. 功率损耗

变压器的功率损耗计算通常可以有两种方法。

（1）根据变压器的等值电路和给定的电压和负荷功率直接求得。如图 2-20 所示的双绕组变压器等值电路，若已知末端电压 U_2 和功率 $\widetilde{S}_2$

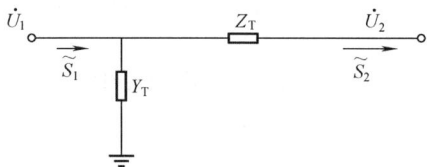

图 2-20　双绕组变压器等值电路

（或已知首端电压 U_1 和功率 $\widetilde{S}_1$），即可按式（2-46）～式（2-48）的有关公式计算阻抗 Z_T 和导纳 Y_T 上的功率损耗。对于三绕组变压器也可以按相应的等值电路求得其功率损耗。

（2）直接由制造厂提供的铭牌数据求得。双绕组变压器

$$\Delta P_T = \frac{\Delta P_k U_N^2 S^2}{1000 U_2^2 S_N^2} + \frac{\Delta P_0 U_1^2}{1000 U_N^2}$$

式中，前项是阻抗支路的有功功率损耗，后项是励磁支路的有功功率损耗

$$\Delta Q_T = \frac{U_k\% U_N^2 S^2}{100 U_2^2 S_N} + \frac{I_0\% U_1^2 S_N}{100 U_N^2}$$

式中，前项是阻抗支路的无功功率损耗，后项是励磁支路的无功功率损耗

实际计算时，一般近似地认为 $U_1 \approx U_N$，$U_2 \approx U_N$，因而上两式可简化为

$$\left.\begin{array}{l}\Delta P_T = \dfrac{\Delta P_k}{1000}\left(\dfrac{S}{S_N}\right)^2 + \dfrac{\Delta P_0}{1000} \\[3mm] \Delta Q_T = \dfrac{U_k\%}{100}\left(\dfrac{S}{S_N}\right)^2 + \dfrac{I_0\%}{100}S_N\end{array}\right\} \tag{2-58}$$

式中　S——双绕组变压器运行时的负荷视在功率。

ΔP_k、ΔP_0 的单位为 kW；按式（2-58）计算，ΔP_T 的单位为 MW，ΔQ_T 的单位为 Mvar。

对于三绕组变压器，同理可得

$$\left.\begin{aligned}\Delta P_T &= \frac{\Delta P_{k1}}{1000}\left(\frac{S_1}{S_N}\right)^2 + \frac{\Delta P_{k2}}{1000}\left(\frac{S_2}{S_N}\right)^2 + \frac{\Delta P_{k3}}{1000}\left(\frac{S_3}{S_N}\right)^2 + \frac{\Delta P_0}{1000}\\[2mm]\Delta Q_T &= \frac{U_{k1}\%S_N}{100}\left(\frac{S_1}{S_N}\right)^2 + \frac{U_{k2}\%S_N}{100}\left(\frac{S_2}{S_N}\right)^2 + \frac{U_{k3}\%S_N}{100}\left(\frac{S_3}{S_N}\right)^2 + \frac{I_0\%}{100}S_N\end{aligned}\right\} \quad (2-59)$$

式中　ΔP_{k1}、ΔP_{k2}、ΔP_{k3}——折算到额定容量 S_N 的 1、2、3 绕组等值短路损耗；

$\quad\quad U_{k1}\%$、$U_{k2}\%$、$U_{k3}\%$——折算到额定容量 S_N 的 1、2、3 绕组的短路电压百分值；

$\quad\quad S_1$、S_2、S_3——1、2、3 绕组实际运行时的视在功率。

在电力系统潮流分布计算时，通常是按第（1）种方法来计算变压器的功率损耗；若仅仅需要计算变压器的功率损耗，则采用第（2）种方法来计算可能比较方便（注意：变压器励磁支路的无功功率损耗与线路导纳支路的无功功率损耗的符号相反，即变压器励磁支路是消耗感性的无功功率）。

2．电压降落

按照变压器的等值电路图 2-20，根据式（2-49）～式（2-53）即可计算双绕组变压器阻抗上的电压降落。同样，三绕组变压器的电压降落可以通过三绕组变压器的等值电路求得。

【例 2-7】　有一额定电压为 220kV 的输电线路如图 2-21（a）所示。线路末端接有负荷 $\widetilde{S}_B = 40 + j30\,\text{MVA}$。已知线路首端电压 $U_A = 224\,\text{kV}$，线路参数为：$R = 16.9\,\Omega$，$X = 83.1\,\Omega$，$B = j5.79\times10^{-4}\,\text{S}$。

试计算：（1）正常运行情况下，线路末端的电压；

（2）当线路末端的断路器 QF 跳开时，线路末端的电压。

解　（1）作该线路的等值电路如图 2-21（b）所示。

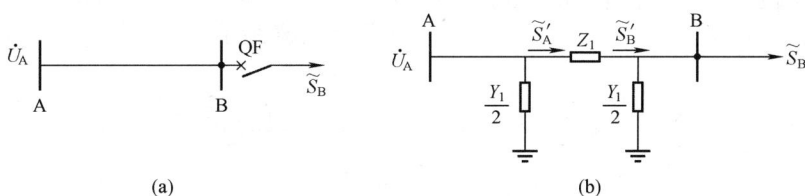

图 2-21　[例 2-7] 的线路及等值电路
(a) 线路图；(b) 等值电路

（2）计算功率分布。

1）正常运行时

$$\widetilde{S}'_B = \widetilde{S}_B + j\frac{B}{2}U_N^2 = 40 + j30 + j\frac{1}{2}\times(-5.79\times10^{-4})\times220^2$$

$$= 40 + j16\,(\text{MVA})$$

$$\Delta\widetilde{S}_{Z1} = \frac{40^2 + 16^2}{220^2}\times16.9 + j\frac{40^2 + 16^2}{220^2}\times83.1$$

$$= 0.65 + j3.18\,(\text{MVA})$$

$$\widetilde{S}'_A = (40 + j16) + (0.65 + j3.18)$$
$$= 40.65 + j19.18 \text{ (MVA)}$$

2）QF 跳开后

$$\widetilde{S}'_B = j\frac{B}{2}U_N^2 = -j\frac{1}{2} \times 5.79 \times 10^{-4} \times 220^2 = -j14 \text{ (Mvar)}$$

$$\Delta\widetilde{S}_{Z1} = \frac{14^2}{220^2} \times 16.9 + j\frac{14^2}{220^2} \times 83.1 = 0.0685 + j0.337 \text{ (MVA)}$$

$$\widetilde{S}'_A = -j14 + (0.0685 + j0.337) = 0.0685 - j13.66 \text{ (MVA)}$$

（3）计算电压。

1）正常运行时

$$\dot{U}_B = 224 - \left(\frac{40.65 \times 16.9 + 19.18 \times 83.1}{224} + j\frac{40.65 \times 83.1 - 19.18 \times 16.9}{224}\right)$$
$$= 224 - 10.2 - j13.7 = 213.8 - j13.7 \text{ (kV)}$$
$$U_B = 213.8 \text{ (kV)}$$

2）QF 跳开时

$$\dot{U}_B = 224 - \left[\frac{0.0685 \times 16.9 - 13.66 \times 83.1}{224} + j\frac{0.0685 \times 83.1 - (-13.66) \times 16.9}{224}\right]$$
$$= 224 + 5.07 - j1.05 = 229.07 - j1.05 \text{ (kV)}$$
$$U_B \approx 229.07 \text{ (kV)}$$

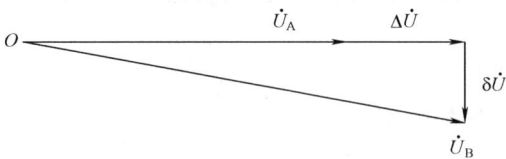

图 2-22 ［例 2-7］线路空载时电压相量图

由本例题可见，当输电线路空载时，线路末端电压将高于首端电压，若以线路首端电压作参考相量，则电压相量图如图 2-22 所示。

四、运算功率和运算负荷

即使是简单的电力系统，如图 2-23 所示，其等值电路也比较复杂，若是实际网络，那就更为复杂了。

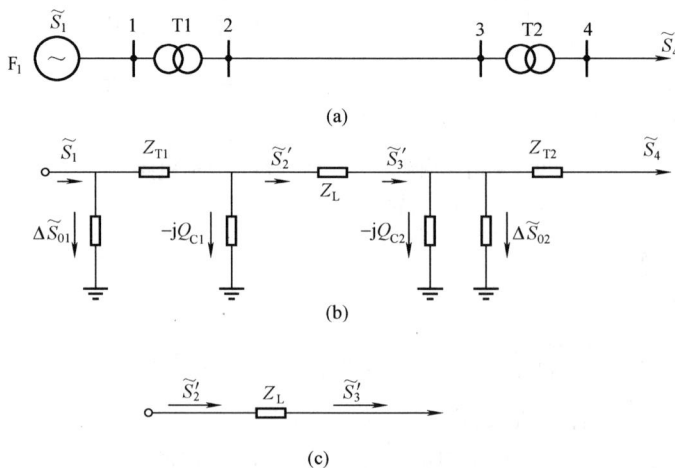

图 2-23　运算功率和运算负荷

（a）简单电力系统图；（b）等值电路图；（c）简化等值电路图

为使等值电路简化便于计算，通常都是先用运算电源功率和运算负荷功率得到一个只有线路阻抗和集中负荷的简单等值电路，然后再作必要的简化和计算。通常对发电厂常采用运算功率表示，而对变电站常采用运算负荷表示。发电厂的运算功率 $\widetilde{S}'_2$ 等于发电机的功率 $\widetilde{S}_1$ 减去变压器中的功率损耗和线路电纳功率，即

$$\widetilde{S}'_2 = \widetilde{S}_1 - \Delta\widetilde{S}_{01} - \Delta\widetilde{S}_{T1} + jQ_{C1} \qquad (2-60)$$

式中线路电纳上的无功功率 jQ_{C1} 为容性，作为无功电源向电网输出容性无功，因此发电厂运算功率中应加入这部分无功。

变电站的运算负荷 $\widetilde{S}'_3$ 等于变电站的负荷 $\widetilde{S}_4$ 加上变压器中的功率消耗和线路电纳功率，即

$$\widetilde{S}'_3 = \widetilde{S}_4 + \Delta\widetilde{S}_{02} + \Delta\widetilde{S}_{T2} - jQ_{C2} \qquad (2-61)$$

第六节　开式网络的潮流分析

开式网是指网络中的负荷只能由一个方向获得电能的电力网。开式网的潮流计算主要是求取元件首端功率、电压和末端功率、电压 4 个参数中的未知量。因为电压降落和功率损耗计算公式中的电压、功率均须采用同一点的值，所以根据已知条件的不同，潮流计算的方法也有所区别。

若已知同一端的电压和功率时，则可直接利用功率损耗和电压降落的计算公式，由已知端向未知端推算功率分布和各点电压。

若已知不同端的电压和功率，例如已知末端负荷功率和首端电源电压，则要求电力网中的功率分布和各点电压。在近似计算时，可用末端已知的功率和电力网的额定电压，由末端向首端推算功率分布，再用首端已知的电压和算出的功率，由首端向末端推算出各点的电压即可。如果需要精确计算时，可重复上述计算过程，直到求出的首端电压与末端功率和已知值相等或相差在允许范围之内为止。

在实际计算中，一般的情况是：对于负荷点，已知功率，要计算其电压；对于电源点，已知电压，要计算其功率。

一、已知网络同一端的功率和电压，求另一端的功率和电压

以图 2-24 所示网络为例，简单介绍电力网的潮流计算步骤。

如图 2-24 所示，已知 $\widetilde{S}_{Lc}$、U_c，求 $\widetilde{S}_A$、U_A

$$\widetilde{S}''_2 = \widetilde{S}_c$$

$$\Delta\widetilde{S}_2 = \left(\frac{P''^2_2 + Q''^2_2}{U_c^2}\right)(R_2 + jX_2)$$

$$= \frac{P''^2_2 + Q''^2_2}{U_c^2}R_2 + j\frac{P''^2_2 + Q''^2_2}{U_c^2}X_2$$

$$\widetilde{S}'_2 = \widetilde{S}''_2 + \Delta\widetilde{S}_2$$

$$\widetilde{S}''_1 = \widetilde{S}'_2 + \widetilde{S}_b$$

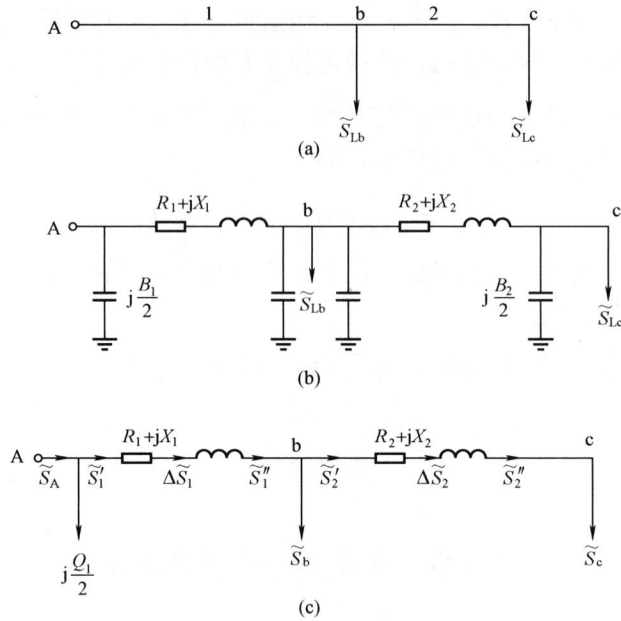

图 2 - 24　开式网及其等值电路（一）

(a) 系统图；(b) 等值电路；(c) 化简后的等值电路

$$\Delta U_2 = \frac{P_2'' R_2 + Q_2'' X_2}{U_c}$$

$$\delta U_2 = \frac{P_2'' X_2 - Q_2'' R_2}{U_c}$$

$$U_b = \sqrt{(U_c + \Delta U_2)^2 + (\delta U_2)^2}$$

对于第 1 段线路

$$\Delta \widetilde{S}_1 = \left(\frac{P_1''^2 + Q_1''^2}{U_b^2} \right)(R_1 + jX_1)$$

$$\widetilde{S}_1' = \widetilde{S}_1'' + \Delta \widetilde{S}_1$$

$$\widetilde{S}_A = \widetilde{S}_1' - j\frac{Q_1}{2}$$

$$\Delta U_1 = \frac{P_1'' R_1 + Q_1'' X_1}{U_b}$$

$$\delta U_1 = \frac{P_1'' X_1 - Q_1'' R_1}{U_b}$$

$$U_A = \sqrt{(U_b + \Delta U_1)^2 + (\delta U_1)^2}$$

上述过程中，由末端向首端逐段推算，并且各点的功率和电压计算同时进行。

二、已知网络不同端的功率和电压

通过图 2 - 25 所示的简单电力网来介绍潮流计算步骤。

图 2 - 25（a）所示是由供电电源 A 及两段电力线路组成的简单开式网。已知电源 A 的电压为 U_A，节点 b 和 c 的负荷功率分别为 $\widetilde{S}_{Lb}$ 及 $\widetilde{S}_{Lc}$，欲求各段线路首末端的功率及 b、c 节点的电压。

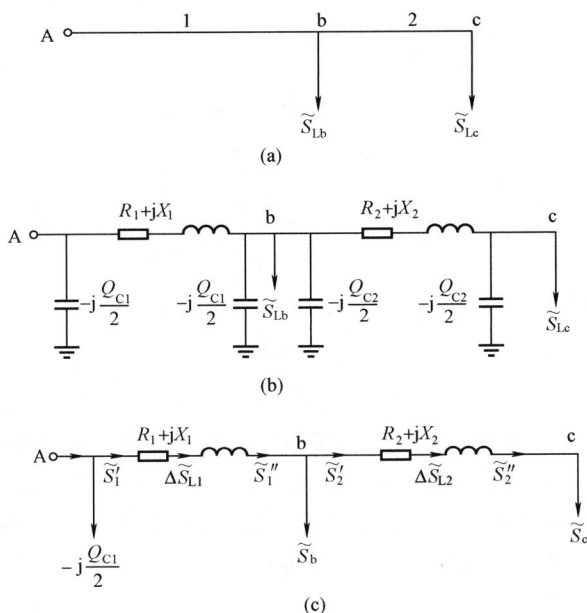

图 2 - 25　开式网及其等值路（二）

(a) 简单开式网；(b) 等值电路；(c) 化简后的等值电路

（1）根据网络接线图 2 - 25（a）作出网络的等值电路如图 2 - 25（b）所示，计算各元件的参数并将其标在等值电路图上。

（2）化简电路。将节点 b 的电容充电功率 $-\mathrm{j}\dfrac{Q_{C1}}{2}$、$-\mathrm{j}\dfrac{Q_{C2}}{2}$ 与该节点的负荷功率 $\widetilde{S}_{Lb}$ 合并成 b 点的计算负荷 $\widetilde{S}_b$；节点 c 的电容充电功率 $-\mathrm{j}\dfrac{Q_{C2}}{2}$ 与该节点的负荷功率 $\widetilde{S}_{Lc}$ 合并成计算负荷 $\widetilde{S}_c$，如图 2 - 25（c）所示。

$$\widetilde{S}_b = \widetilde{S}_{Lb} - \mathrm{j}\frac{Q_{C1}}{2} - \mathrm{j}\frac{Q_{C2}}{2}$$

$$\widetilde{S}_c = \widetilde{S}_{Lc} - \mathrm{j}\frac{Q_{C2}}{2}$$

（3）从网络末端开始，利用线路额定电压和末端负荷依次算出各线段阻抗中的功率损耗及线路末端的功率。

$$\widetilde{S}_2'' = \widetilde{S}_c$$

$$\Delta\widetilde{S}_{L2} = \frac{(P_2'')^2 + (Q_2'')^2}{U_N^2}(R_2 + \mathrm{j}X_2)$$

$$\widetilde{S}_2' = \widetilde{S}_2'' + \Delta\widetilde{S}_{L2}$$

$$\widetilde{S}_1'' = \widetilde{S}_2' + \widetilde{S}_b$$

$$\Delta\widetilde{S}_{L1} = \frac{(P_1'')^2 + (Q_1'')^2}{U_N^2}(R_1 + \mathrm{j}X_1)$$

$$\widetilde{S}_1' = \widetilde{S}_1'' + \Delta\widetilde{S}_{L1}$$

（4）从电源点 A 开始，利用求得的功率分布和已知的电源电压 U_A 逐段计算电压降落的纵、横分量数值，然后再求得各节点的电压

$$\Delta U_{Ab} = \frac{P'_1 R_1 + Q'_1 X_1}{U_A}$$

$$\delta U_{Ab} = \frac{P'_1 X_1 - Q'_1 R_1}{U_A}$$

$$U_b = \sqrt{(U_A - \Delta U_{Ab})^2 + (\delta U_{Ab})^2}$$

$$\Delta U_{bc} = \frac{P'_2 R_2 + Q'_2 X_2}{U_b}$$

$$\delta U_{bc} = \frac{P'_2 X_2 - Q'_2 R_2}{U_b}$$

$$U_c = \sqrt{(U_b - \Delta U_{bc})^2 + (\delta U_{bc})^2}$$

从上述计算过程可知，因为已知的是首端电压和末端功率，在计算功率损耗时用额定电压代替了末端的实际电压，这样虽然会产生一定的误差，但一般都能满足工程上要求的准确度。

【例 2 - 8】　有一简单开式电力网，如图 2 - 26（a）所示。额定电压为 110kV 的双回输电线路向一降压变电站供电。线路长度为 100km，采用 LGJ - 185 导线，几何均距为 5m；

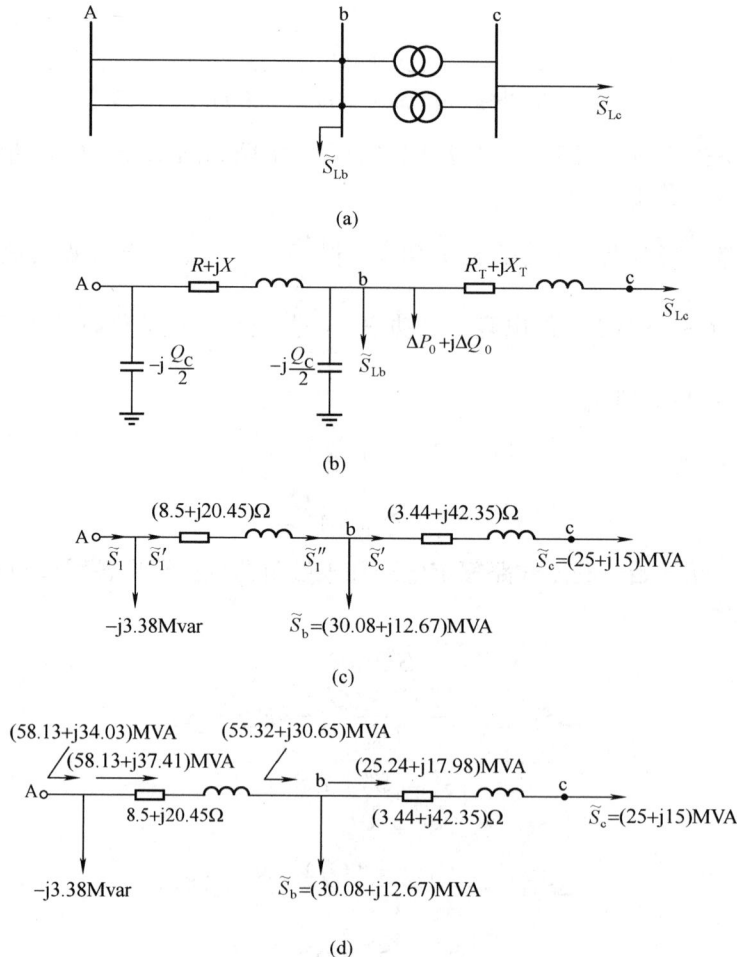

(a)

(b)

(c)

(d)

图 2 - 26　[例 2 - 8] 图

（a）电网接线图；（b）电网等值电路图；（c）电网化简等值电路图；（d）功率分布图

变电站中装有 2 台降压变压器，每台容量为 15MVA，变比为 110/11，$\Delta P_0=40.5\text{kW}$，$\Delta P_k=128\text{kW}$，$U_k\%=10.5$，$I_0\%=3.5$。母线 A 的实际电压为 118kV，负荷功率 $\widetilde{S}_{Lb}=30+j15\text{MVA}$ 和 $\widetilde{S}_{Lc}=25+j15\text{MVA}$，求此电网的功率分布与节点电压分布。

解　（1）根据电网接线图作等值电路图，如图 2 - 26（b）所示。

（2）计算各元件参数。

1）线路参数。根据导线型号及几何均距，查得线路单位长度参数为

$$r_0+jx_0=0.17+j0.409\ (\Omega/\text{km})$$

$$b_0=2.79\times10^{-6}\text{S/km}$$

$$R=\frac{1}{2}r_0l=\frac{1}{2}\times100\times0.17=8.5\ (\Omega)$$

$$X=\frac{1}{2}x_0l=\frac{1}{2}\times100\times0.409=20.45\ (\Omega)$$

$$B=2b_0l=2\times2.79\times10^{-6}\times100=5.58\times10^{-4}\ (\text{S})$$

$$\frac{1}{2}Q_C=\frac{1}{2}BU_N^2=\frac{1}{2}\times110^2\times5.58\times10^{-4}=3.38\ (\text{Mvar})$$

2）变压器参数为

$$R_T=\frac{1}{2}\frac{\Delta P_kU_N^2}{S_N^2}\times10^3=\frac{1}{2}\times\frac{128\times110^2}{15\ 000^2}\times10^3=3.44\ (\Omega)$$

$$X_T=\frac{1}{2}\frac{U_k\%U_N^2}{100S_N}\times10^3=\frac{1}{2}\times\frac{10.5\times110^2}{100\times15\ 000}\times10^3=42.35\ (\Omega)$$

$$\Delta P_0+j\Delta Q_0=2\times\left(0.0405+j\frac{3.5\times15}{100}\right)=0.08+j1.05\ (\text{MVA})$$

（3）简化等值电路。将节点 b 的负荷 $\widetilde{S}_{Lb}$ 与该处电容充电功率 $-j\dfrac{Q_C}{2}$、变压器的励磁功率 $\Delta P_0+j\Delta Q_0$ 合并成 b 点的总负荷 $\widetilde{S}_b$

$$\widetilde{S}_b=\widetilde{S}_{Lb}+\left(-j\frac{Q_C}{2}\right)+\Delta P_0+j\Delta Q_0$$
$$=30+j15-j3.38+0.08+j1.05$$
$$=30.08+j12.67\ (\text{MVA})$$

从而，就可将图 2 - 26（b）所示电路图化简成图 2 - 26（c）所示电路。

（4）计算功率分布。由于末端实际电压未知，在此假定电网各点电压为额定电压，由末端向首端推算功率分布。

变压器阻抗中的功率损耗为

$$\Delta\widetilde{S}_T=\frac{25^2+15^2}{110^2}\times(3.44+j42.35)=0.24+j2.98\ (\text{MVA})$$

变压器阻抗支路首端功率为

$$\widetilde{S}'_c=\widetilde{S}_c+\Delta\widetilde{S}_T=25+j15+0.24+j2.98$$
$$=25.24+j17.98\ (\text{MVA})$$

线路末端功率为

$$\widetilde{S}_1'' = \widetilde{S}_c' + \widetilde{S}_b = 25.24 + j17.98 + 30.08 + j12.67$$
$$= 55.32 + j30.65 \ (MVA)$$

线路阻抗中的功率损耗为

$$\Delta \widetilde{S}_1 = \frac{55.32^2 + 30.65^2}{110^2} \times (8.5 + j20.45) = 2.81 + j6.67 \ (MVA)$$

线路首端功率为

$$\widetilde{S}_1' = \widetilde{S}_1'' + \Delta \widetilde{S}_1 = 55.32 + j30.65 + 2.81 + j6.67$$
$$= 58.13 + j37.41 \ (MVA)$$

(5) 计算电压分布。由给定的首端电压和以上求得的功率分布，从首端往末端推算各节点电压。

线路电压降落的纵、横分量的数值为

$$\Delta U = \frac{P_1'R + Q_1'X}{U_A} = \frac{58.13 \times 8.5 + 37.41 \times 20.45}{118}$$
$$= 10.67 \ (kV)$$

$$\delta U = \frac{P_1'X + Q_1'R}{U_A} = \frac{58.13 \times 20.45 - 37.41 \times 8.5}{118}$$
$$= 7.38 \ (kV)$$

变电站高压母线电压为

$$U_b = \sqrt{(118 - 10.67)^2 + 7.38^2} = 107.58 \ (kV)$$

变压器中电压降落纵、横分量的数值为

$$\Delta U_T = \frac{P_c'R_T + Q_c'X_T}{U_b} = \frac{25.24 \times 3.44 + 17.98 \times 42.35}{107.58}$$
$$= 7.89 (kV)$$

$$\delta U_T = \frac{P_c'X_T - Q_c'R_T}{U_b} = \frac{25.24 \times 42.35 - 17.98 \times 3.44}{107.58}$$
$$= 9.36 \ (kV)$$

变电站低压母线折算到高压侧的电压为

$$U_c = \sqrt{(107.58 - 7.89)^2 + 9.36^2} = 100.13 \ (kV)$$

变电站低压母线的实际电压为

$$u_c = 100.13 \times \frac{11}{100} = 10.01 \ (kV)$$

如果忽略电压降落的横分量，各点电压为

$$U_b = 118 - 10.67 = 107.33 \ (kV)$$

$$U_c = 107.33 - \frac{25.24 \times 3.44 + 17.98 \times 42.35}{107.33}$$
$$= 99.43 \ (kV)$$

$$u_c = 99.43 - \frac{11}{100} = 9.94 \ (kV)$$

比较上面计及和忽略电压降落横分量数值的计算结果，发现误差很小。因此，在电压为

110kV 及以下的电网中，计算电压损耗时可以忽略电压降落横分量。

第七节 简单闭式网络的潮流分析

闭式网络是指网络中的每一个负荷都能从两个及两个以上方向获取电能的电力网。如果网络中的负荷只能从两个方向取得电能的，则称为简单闭式网；如果负荷能从三个及以上的方向取得电能的，则称为复杂闭式网。

闭式网络的潮流计算包括计算网络的各点电压和功率分布。在闭式网络的计算中，为了计算各点电压又必须先确定功率分布。计算开式网络时，由于开式网络的功率方向是确定的，所以其功率分布容易计算，而闭式网络的功率方向和量值都待确定，要精确求出其功率分布比较困难，因此一般在实用计算中都采用近似计算方法。对于简单闭式网，首先忽略线路上的功率损耗，认为网络各点的电压都等于额定电压，在此条件下计算出网络各段的功率方向和量值，从而找出功率分点，然后把闭式网络在功率分点处拆开，变成两个开式网络，并按开式网络进行计算，进而计算出闭式网络的功率分布和各点电压。对于复杂闭式网，首先通过网络等值变换将复杂网化成简单闭式网，在不考虑功率损耗的情况下求得化简后网络的功率分布，然后通过网络还原算出原网络的功率分布。在此，仅讨论简单闭式网的电压和功率分布计算。

简单闭式网包括两端供电网和环网两种基本形式。环网实质上就是两端电源电压相量相等的两端供电网。

一、两端供电网的初步功率分布

不考虑电力网中功率损耗的功率分布称为初步功率分布。

在图 2-27 所示的两端供电网中，电源 A、B 的电压分别为 $\dot{U}_A$、$\dot{U}_B$，$\dot{I}_a$ 和 $\dot{I}_b$ 为两个集中负荷的负荷电流。图中各线段功率（$\widetilde{S}_A$、$\widetilde{S}_2$、$\widetilde{S}_B$）的方向为假定正方向。

根据基尔霍夫电流定律和电压定律，可写出下列方程

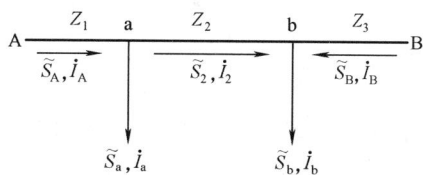

图 2-27 两端供电网

$$
\left.
\begin{aligned}
\dot{I}_A - \dot{I}_2 &= \dot{I}_a \\
\dot{I}_2 + \dot{I}_B &= \dot{I}_b \\
\dot{U}_A - \dot{U}_B &= \sqrt{3}(\dot{I}_A Z_1 + \dot{I}_2 Z_2 - \dot{I}_B Z_3)
\end{aligned}
\right\}
\tag{2-62}
$$

从这个方程组中，解出 $\dot{I}_A$ 和 $\dot{I}_B$ 为

$$
\left.
\begin{aligned}
\dot{I}_A &= \frac{\dot{U}_A - \dot{U}_B}{\sqrt{3}(Z_1 + Z_2 + Z_3)} + \frac{\dot{I}_a(Z_2 + Z_3) + \dot{I}_b \dot{Z}_3}{Z_1 + Z_2 + Z_3} \\
\dot{I}_B &= \frac{\dot{U}_B - \dot{U}_A}{\sqrt{3}(Z_1 + Z_2 + Z_3)} + \frac{\dot{I}_a Z_1 + \dot{I}_b(Z_1 + Z_2)}{Z_1 + Z_2 + Z_3}
\end{aligned}
\right\}
\tag{2-63}
$$

在电网的实际计算中，各负荷点的已知量一般是功率而不是电流，因此必须把式（2-63）化成功率形式。如果忽略网络中的功率损耗，则可认为电网中各点电压都等于 U_N，令 $\dot{U}_N =$

$U_N\angle 0°$，对式（2-63）中的各量取共轭值，然后等式两边同乘以$\sqrt{3}\overset{*}{U}_N$，便得到功率

$$
\left.\begin{aligned}
\widetilde{S}_A &= \frac{(\overset{*}{U}_A-\overset{*}{U}_B)U_N}{\overset{*}{Z}_1+\overset{*}{Z}_2+\overset{*}{Z}_3} + \frac{\widetilde{S}_a(\overset{*}{Z}_2+\overset{*}{Z}_3)+\widetilde{S}_b\overset{*}{Z}_3}{\overset{*}{Z}_1+\overset{*}{Z}_2+\overset{*}{Z}_3} \\
\widetilde{S}_B &= \frac{(\overset{*}{U}_B-\overset{*}{U}_A)U_N}{\overset{*}{Z}_1+\overset{*}{Z}_2+\overset{*}{Z}_3} + \frac{\widetilde{S}_a\overset{*}{Z}_1+\widetilde{S}_b(\overset{*}{Z}_1+\overset{*}{Z}_2)}{\overset{*}{Z}_1+\overset{*}{Z}_2+\overset{*}{Z}_3}
\end{aligned}\right\} \tag{2-64}
$$

将上式写成简化形式为

$$
\left.\begin{aligned}
\widetilde{S}_A &= \frac{(\overset{*}{U}_A-\overset{*}{U}_B)U_N}{\overset{*}{Z}_{AB}} + \frac{\widetilde{S}_a\overset{*}{Z}_a+\widetilde{S}_b\overset{*}{Z}_b}{\overset{*}{Z}_{AB}} \\
\widetilde{S}_B &= \frac{(\overset{*}{U}_B-\overset{*}{U}_A)U_N}{\overset{*}{Z}_{AB}} + \frac{\widetilde{S}_a\overset{*}{Z}'_a+\widetilde{S}_b\overset{*}{Z}'_b}{\overset{*}{Z}_{AB}}
\end{aligned}\right\} \tag{2-65}
$$

式中　$\overset{*}{Z}_a$、$\overset{*}{Z}_b$——负荷$\widetilde{S}_a$、$\widetilde{S}_b$到电源 B 的复阻抗共轭值；

　　　$\overset{*}{Z}'_a$、$\overset{*}{Z}'_b$——负荷$\widetilde{S}_a$、$\widetilde{S}_b$到电源 A 的复阻抗共轭值；

　　　$\overset{*}{Z}_{AB}$——A、B 电源间复阻抗共轭值。

将式（2-65）推广到有 m 个集中负荷的两端供电网时，则有

$$
\left.\begin{aligned}
\widetilde{S}_A &= \frac{(\overset{*}{U}_A-\overset{*}{U}_B)U_N}{\overset{*}{Z}_{AB}} + \frac{\sum_{i=1}^{m}\widetilde{S}_i\overset{*}{Z}_i}{\overset{*}{Z}_{AB}} \\
\widetilde{S}_B &= \frac{(\overset{*}{U}_B-\overset{*}{U}_A)U_N}{\overset{*}{Z}_{AB}} + \frac{\sum_{i=1}^{m}\widetilde{S}_i\overset{*}{Z}'_i}{\overset{*}{Z}_{AB}}
\end{aligned}\right\} \tag{2-66}
$$

式中　$\widetilde{S}_A$、$\widetilde{S}_B$——电源 A、B 向网络输出的功率；

　　　$\widetilde{S}_i$——两端网中的第 i 个负荷；

　　　$\overset{*}{Z}_i$、$\overset{*}{Z}'_i$——第 i 个负荷到电源 B 和 A 的复阻抗共轭值。

　　式（2-66）即为两端供电网电源输出功率的一般表达式。由式（2-66）可见，每个电源点送出的功率都包含两部分：第一部分与负荷无关，只与两端电源电压差和网络阻抗有关，称之为循环功率，用$\widetilde{S}_c$表示；第二部分与负荷功率和网络阻抗有关，称为供载功率，用$\widetilde{S}_L$表示。在计算两端供电网的初步功率分布时，可以利用叠加原理将循环功率与供载功率分开计算。令两端电源电压相量相等，用式（2-66）可求出供载功率；再令负荷功率为零，用式（2-66）可求出循环功率，最后将两者叠加得出初步功率分布。

　　用式（2-66）计算初步功率分布要进行复数的四则运算，通常称这种计算方法为复功率法。用复功率法计算功率分布时，循环功率的计算较简单，但供载功率的计算在网络中有较多负荷点时很繁琐，下面介绍两种可简化计算供载功率的情况。

　　1. 均一网的供载功率计算

　　如果网络中各段线路的材料、截面和几何均距都相同，则称这种电力网为均一网。对于

均一网，各段线路单位长度的阻抗相等，因而有

$$\widetilde{S}_A = \frac{\sum_{i=1}^{m} \widetilde{S}_i \overset{*}{Z}_i}{\overset{*}{Z}_{AB}} = \frac{(r_0 - jx_0)\sum_{i=1}^{m} \widetilde{S}_i L_i}{(r_0 - jx_0)L_{AB}} = \frac{\sum_{i=1}^{m} \widetilde{S}_i L_i}{L_{AB}}$$

因为 $\widetilde{S}_A = P_A + jQ_A$，$\widetilde{S}_i = P_i + jQ_i$，将其代入上式并利用复数相等的条件，对实部和虚部可列出以下方程组

$$\left. \begin{array}{l} P_A = \dfrac{\sum_{i=1}^{m} P_i L_i}{L_{AB}} \\[4mm] Q_A = \dfrac{\sum_{i=1}^{m} Q_i L_i}{L_{AB}} \end{array} \right\} \tag{2-67}$$

式中　L_i——第 i 个负荷到电源 B 的线路长度。

同理有

$$\left. \begin{array}{l} P_B = \dfrac{\sum_{i=1}^{m} P_i L_i'}{L_{AB}} \\[4mm] Q_B = \dfrac{\sum_{i=1}^{m} Q_i L_i'}{L_{AB}} \end{array} \right\} \tag{2-68}$$

式中　L_i'——第 i 个负荷到电源 A 的线路长度。

2. 近似均一网的供载功率计算

实际电力网完全符合均一网条件的情况很少，较多的情况是，各段线路的材料相同，几何均距近似相等，导线截面相差不超过 2～3 个标准截面等级，称这种电力网为近似均一网。近似均一网可采用如下所述的网络拆开法计算供载功率，计算公式为

$$\left. \begin{array}{l} P_A = \dfrac{\sum_{i=1}^{m} P_i X_i}{X_{AB}} \\[4mm] Q_A = \dfrac{\sum_{i=1}^{m} Q_i R_i}{R_{AB}} \end{array} \right\} \tag{2-69}$$

$$\left. \begin{array}{l} P_B = \dfrac{\sum_{i=1}^{m} P_i X_i'}{X_{AB}} \\[4mm] Q_B = \dfrac{\sum_{i=1}^{m} Q_i R_i'}{R_{AB}} \end{array} \right\} \tag{2-70}$$

式中　X_i、R_i——第 i 个负荷到电源 B 的感抗和电阻；

　　　　X_i'、R_i'——第 i 个负荷到电源 A 的感抗和电阻。

网络拆开法的意义是将具有复数阻抗输送复功率的电力网拆成两个电力网，一个只有感

抗输送有功功率，另一个只有电阻输送无功功率，分别计算功率分布后再叠加得到供载功率分布。网络拆开法是一种近似求解潮流分布的方法，但它能满足一般工程计算的准确度要求。

对两端供电网，在求出任一个电源向网络输出的功率后，各段线路输送的功率可由节点的基尔霍夫电流定律求出。在图 2-27 中，如果已经求得 $\widetilde{S}_A$，则可求得 $\widetilde{S}_2$。

因为对于节点 a，因

$$\widetilde{S}_A = \widetilde{S}_a + \widetilde{S}_2$$

故

$$\widetilde{S}_2 = \widetilde{S}_A - \widetilde{S}_a$$

值得注意的是，在求闭式网的初步功率分布时，由于大多数线路的实际功率方向未知，必须先假设其功率方向，再运用基尔霍夫电流定律求出各段线路上的功率。如果求得线路的功率为正值，则表明其实际方向与假设方向一致；否则，方向与假设的相反。在闭式网中，有些节点的功率由两个方向流入，此类节点称为功率分点，用符号▼标示。有时有功功率分点和无功功率分点出现在不同的节点，这时，有功功率分点用符号▼标示，无功功率分点用符号▽标示。

【例 2-9】 有一额定电压 110kV 的简单环网，如图 2-28 所示。线路 Ab 和 Ac 采用 LGJ-95 导线，其单位长度阻抗 $r_0+jx_0=0.33+j0.429$ （Ω/km），线路 bc 采用 LGJ-70 导线，单位长度阻抗 $r_0+jx_0=0.45+j0.44$ （Ω/km），变电站 b、c 的计算负荷和各线路长度均在图中已示出，求该网络的初步功率分布。

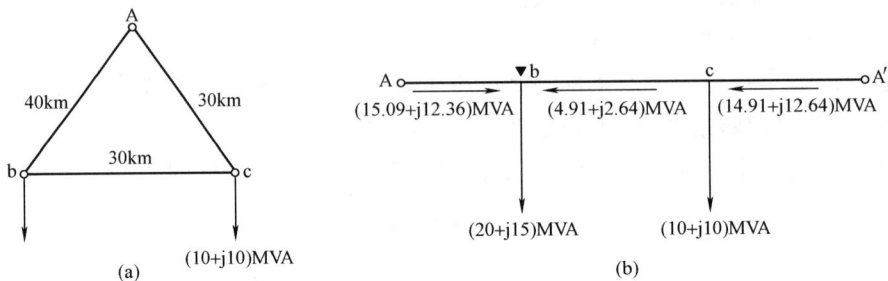

图 2-28 ［例 2-9］图
(a) 简单环网接线图；(b) 环网解开成两端网

解 假设各线路的功率方向如图 2-28 (b) 所示。显然，此电力网属于近似均一网，可用简化方法求供载功率。在此，同时用复功率法和网络拆分法求解初步功率分布，以此来作比较。

(1) 计算线路参数

$$Z_{bA'} = Z_{bc} + Z_{cA'} = (0.45+j0.44) \times 30 + (0.33+j0.429) \times 30$$
$$= 23.4+j26.07 \ (\Omega)$$

$$Z_{cA'} = (0.33+j0.429) \times 30 = 9.9+j12.87 \ (\Omega)$$

$$Z_{AA'} = Z_{Ab} + Z_{bc} + Z_{cA'} = (0.33+j0.429) \times (40+30) + (0.45+j0.44) \times 30$$
$$= 36.6+j43.23 \ (\Omega)$$

（2）计算功率分布。

1）复功率法。电源 A 通过线路 Ab 向网络输出的功率

$$\widetilde{S}_{Ab} = \frac{\sum_{i=1}^{2} \widetilde{S}_i \overset{*}{Z}_i}{\overset{*}{Z}_{AA'}} = \frac{\widetilde{S}_b \overset{*}{Z}_{AA'} + \widetilde{S}_c \overset{*}{Z}_{cA'}}{\overset{*}{Z}_{AA'}}$$

$$= \frac{(20+j15)(23.4-j26.07) + (10+j10)(9.9-j12.87)}{36.6-j43.23}$$

$$= \frac{1086.75-j200.1}{36.6-j43.23} = 15.09+j12.36 \ (MVA)$$

通过线路 A'c、cb 的功率可由节点的基尔霍夫电流定律求得

$$\widetilde{S}_{cb} = \widetilde{S}_b - \widetilde{S}_{Ab} = 20+j15-(15.09+j12.36)$$

$$= 4.91+j2.64 \ (MVA)$$

$$\widetilde{S}_{A'c} = \widetilde{S}_b + \widetilde{S}_{cb} = 10+j10+4.91+j2.64$$

$$= 14.91+j12.64 \ (MVA)$$

根据计算结果，可作出电网的初步功率分布如图 2-28（b）所示。

2）网络拆分法

$$P_{Ab} = \frac{\sum_{i=1}^{2} P_i X_i}{X_{AA'}} = \frac{P_b X_{bA'} + P_c X_{cA'}}{X_{AA'}}$$

$$= \frac{20 \times 26.07 + 10 \times 12.87}{43.23} = 15.04 \ (MW)$$

$$Q_{Ab} = \frac{\sum_{i=1}^{2} Q_i R_i}{R_{AA'}} = \frac{Q_b R_{bA'} + Q_c R_{cA'}}{R_{AA'}}$$

$$= \frac{15 \times 23.4 + 10 \times 9.9}{36.6} = 12.3 \ (Mvar)$$

$$\widetilde{S}_{Ab} = P_{Ab} + jQ_{Ab} = 15.04+j12.3 \ (MVA)$$

$$\widetilde{S}_{cb} = \widetilde{S}_b - \widetilde{S}_{Ab} = 20+j15-(15.04+j12.3)$$

$$= 4.96+j2.7 \ (MVA)$$

$$\widetilde{S}_{A'c} = \widetilde{S}_b + \widetilde{S}_{cb} = 10+j10+4.96+j2.7$$

$$= 14.96+j12.7 \ (MVA)$$

从上面的计算结果可知，b 点的有功、无功功率是由线路的两个方向汇合而成的，是有功、无功功率的分点；另外的两种方法计算所得的结果相差很小，因而对于近似均一网，可采用网络拆分法来简化计算。

【例 2-10】 有一额定电压为 110kV 的两端供电网，全线采用 LGJ-95 导线，其单位长度阻抗 $r_0+jx_0=0.33+j0.429$（Ω/km），各段线路长度和各点负荷均已标示在图 2-29（a）中。$\dot{U}_A=115.5\underline{/0°}kV$，$\dot{U}_B=115\underline{/0°}kV$，求该网络的初步功率分布。

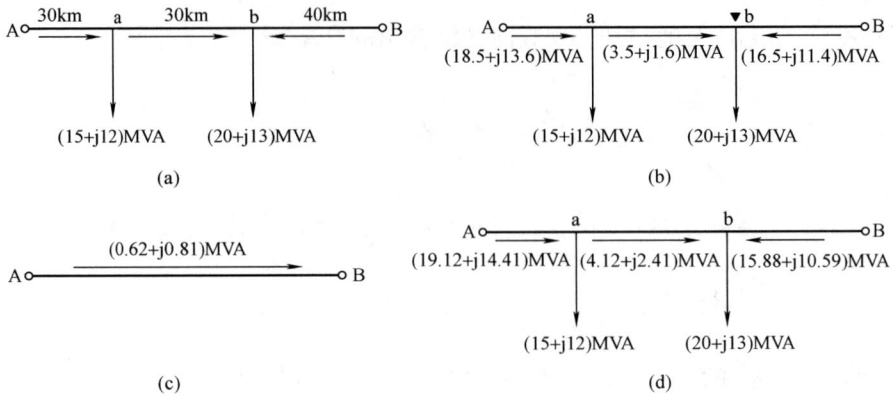

图 2 - 29 ［例 2 - 10］图

(a) 电网接线图；(b) 供载功率分布图；(c) 循环功率分布图；(d) 初步功率分布图

解 假定各线路功率的正方向如图 2 - 29 (a) 所示。

(1) 计算供载功率（均一电网）

$$P_{Aa} = \frac{\sum_{i=1}^{2} P_i L_i}{L_{AB}} = \frac{P_a L_{aB} + P_b L_{bB}}{L_{AB}}$$

$$= \frac{15 \times (30 + 40) + 20 \times 40}{30 + 30 + 40} = 18.5 \text{ (MW)}$$

$$Q_{Aa} = \frac{\sum_{i=1}^{2} Q_i L_i}{L_{AB}} = \frac{Q_a L_{aB} + Q_b L_{bB}}{L_{AB}}$$

$$= \frac{12 \times (30 + 40) + 13 \times 40}{30 + 30 + 40} = 13.6 \text{ (Mvar)}$$

$$\widetilde{S}_{Aa} = 18.5 + j13.6 \text{ (MVA)}$$

$$\widetilde{S}_{ab} = \widetilde{S}_{Aa} - \widetilde{S}_a = 18.5 + j13.6 - (15 + j12)$$

$$= 3.5 + j1.6 \text{ (MVA)}$$

$$\widetilde{S}_{Bb} = \widetilde{S}_b - \widetilde{S}_{ab} = 20 + j13 - (3.5 + j1.6)$$

$$= 16.5 + j11.4 \text{ (MVA)}$$

供载功率分布如图 2 - 29 (b) 所示。

(2) 计算循环功率

$$Z_{AB} = (r_0 + jx_0) L_{AB} = (0.33 + j0.429) \times 100$$

$$= 33 + j42.9 \text{ (}\Omega\text{)}$$

$$\widetilde{S}_c = \frac{\overset{*}{U}_A - \overset{*}{U}_B}{\overset{*}{Z}_{AB}} U_N = \frac{115.5 - 115}{33 - j42.9} \times 100$$

$$= 0.62 + j0.81（MVA）$$

循环功率分布如图 2 - 29（c）所示。

（3）计算实际的初步功率分布，将供载功率和循环功率叠加得到线路的实际初步功率分布

$$\widetilde{S}'_{Aa} = \widetilde{S}_{Aa} + \widetilde{S}_c = 18.5 + j13.6 + 0.62 + j0.81$$
$$= 19.12 + j14.41（MVA）$$

$$\widetilde{S}'_{ab} = \widetilde{S}_{ab} + \widetilde{S}_c = 3.5 + j1.6 + 0.62 + j0.81$$
$$= 4.12 + j2.41（MVA）$$

$$\widetilde{S}'_{Bb} = \widetilde{S}_{Bb} - \widetilde{S}_c = 16.5 + j11.4 - (0.62 + j0.81)$$
$$= 15.88 + j10.59（MVA）$$

作出该电网的初步功率分布图，如图 2 - 29（d）所示。

二、两端供电网的最终功率分布

两端网的最终功率分布，是指在计及网络的功率损耗和电压降落时的功率分布。

两端网的最终功率分布必须在完成初步功率分布后进行。作初步功率分布的目的在于确定两端网的功率分点（也就是网络的末端），然后在功率分点处把两端网解开成两个开式网络。同时功率分点处的负荷也被分成两部分，分别挂在两开式网的末端，然后按照开式网潮流计算的方法计算被解开的两开式网的功率分布和各点电压，最后将两个开式网的末端连在一起，便得到原两端网的最终功率分布和各点电压。

在图 2 - 30（a）中，假设两端网的初步功率分布已作出，并知 b 点是功率分点，则可在 b 点将此两端网解开成如图 2 - 30（b）所示的两个开式网。两开式网的末端负荷 $\widetilde{S}'_b = S_{ab}$，$\widetilde{S}''_b = S_{cb}$。

在求得两开式网计及功率损耗和电压降落的功率分布和各点电压后，再在 b 点将两开式网连起来，便得到如图 2 - 30（c）所示的最终功率分布。

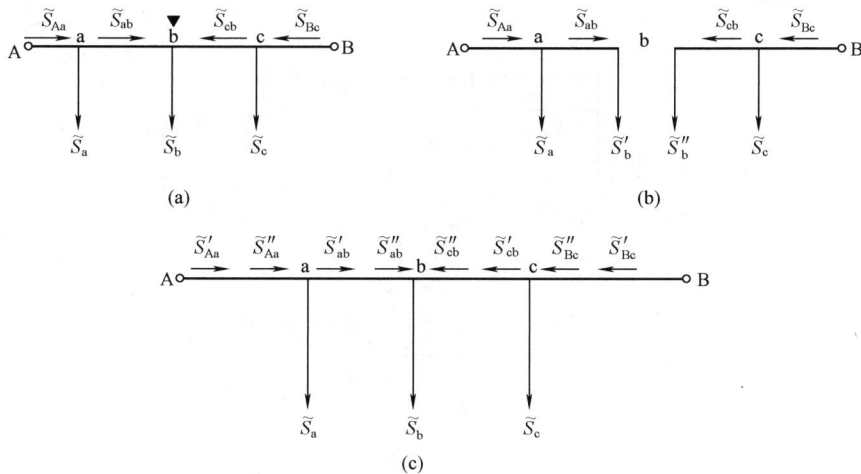

图 2 - 30　两端供电网的最终功率分布

（a）初步功率分布；（b）在功率分点处解开成两个开式网；（c）最终功率分布

对于有功分点和无功分点不重合的情况，一般在无功分点处解开，因为无功分点往往是电压最低的点。

【例 2 - 11】 如图 2 - 31 所示的 110kV 环形电力网，各条线路导线型号相同，几何均距相等，负荷及线路参数已在图中标出。变压器型号为 $SFL_1 - 40000/110$，$\Delta P_k = 200kW$，$U_k\% = 10.5$，$\Delta P_0 = 42kW$，$I_0\% = 0.7$，各线路的导纳略去不计，母线 A 的运行电压为 115kV，求该网络的潮流分布。

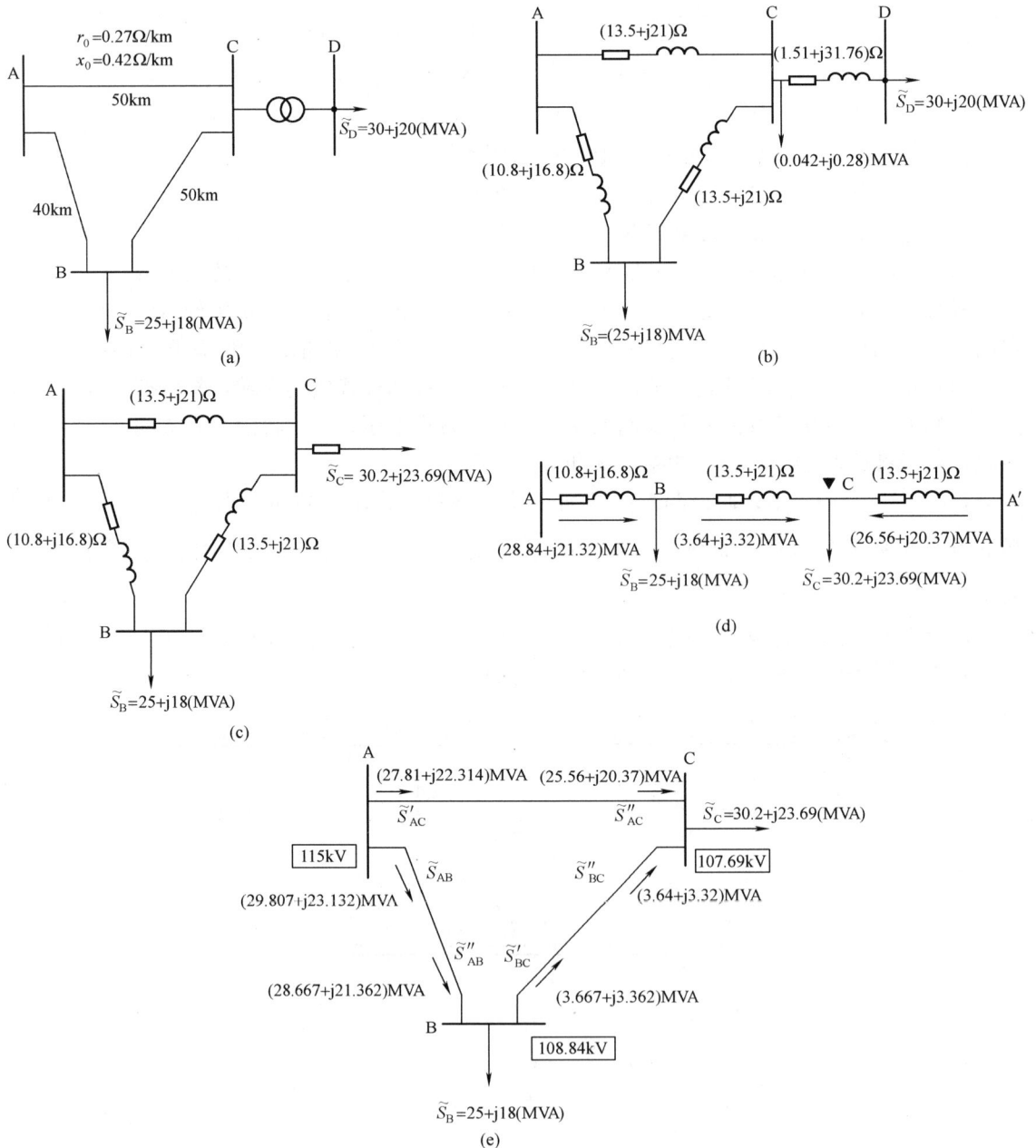

图 2 - 31 ［例 2 - 11］图

（a）电力网接线图；（b）电力网等值电路图；（c）简化等值电路图；（d）将环网解开成两端网；（e）最终功率分布图

解　(1) 作网络的等值电路图并计算参数。线路 AC、AB、BC 的阻抗为

$$Z_{AC} = (0.27 + j0.42) \times 50 = 13.5 + j21 \ (\Omega)$$

$$Z_{AB} = (0.27 + j0.42) \times 40 = 10.8 + j16.8 \ (\Omega)$$

$$Z_{BC} = Z_{AC} = 13.5 + j21 \ (\Omega)$$

变压器的参数为

$$R_B = \frac{\Delta P_k U_N^2}{S_N^2} \times 10^3 = \frac{200 \times 110^2}{40\ 000^2} \times 10^3 = 1.51 \ (\Omega)$$

$$X_B = \frac{U_k\% U_N^2}{100 S_N} \times 10^3 = \frac{10.5 \times 110^2}{100 \times 40\ 000} \times 10^3 = 31.76 \ (\Omega)$$

$$\Delta Q_B = \frac{I_0\%}{100} S_N = \frac{0.7}{100} \times 40\ 000 = 280 \ (\text{kvar})$$

等值电路及其参数如图 2-31 (b) 所示。

(2) 简化等值电路。将变电站 C 用计算负荷表示得

$$\widetilde{S}_C = \widetilde{S}_D + \Delta\widetilde{S}_B = 30 + j20 + \frac{30^2 + 20^2}{110^2} \times (1.51 + j31.76) + 0.042 + j0.28$$

$$= 30.2 + j23.69 \ (\text{MVA})$$

将等值电路图简化成图 2-31 (c) 所示。

(3) 计算初步功率分布。在电源 A 点将环网解开成两端供电网，并假定各段线路的功率正方向如图 2-31 (d) 所示。此时有

$$\widetilde{S}_{AB} = \frac{25 \times 42 + 30.2 \times 21}{58.8} + j\frac{18 \times 27 + 23.69 \times 13.5}{37.8}$$

$$= 28.64 + j21.32 \ (\text{MVA})$$

$$\widetilde{S}_{BC} = \widetilde{S}_{AB} - \widetilde{S}_B = 28.64 + j21.32 - (25 + j18)$$

$$= 3.64 + j3.32 \ (\text{MVA})$$

$$\widetilde{S}'_{AC} = \widetilde{S}_C - \widetilde{S}_{BC} = 30.2 + j23.69 - (3.64 + j3.32)$$

$$= 26.56 + j20.37 \ (\text{MVA})$$

作出初步功率分布图如图 2-31 (d) 所示，C 点是有功、无功功率分点。

(4) 计算最终功率分布。BC 线路末端功率为

$$\widetilde{S}''_{BC} = 3.64 + j3.32 \ (\text{MVA})$$

BC 线路阻抗中功率损耗为

$$\Delta\widetilde{S}_{BC} = \frac{3.64^2 + 3.32^2}{110^2} \times (13.5 + j21) = 0.027 + j0.042 \ (\text{MVA})$$

BC 线路首端功率为

$$\widetilde{S}'_{BC} = \widetilde{S}''_{BC} + \Delta\widetilde{S}_{BC} = 3.64 + j3.32 + 0.027 + j0.042$$

$$= 3.667 + j3.362 \ (\text{MVA})$$

AB 线路末端功率为

$$\widetilde{S}''_{AB} = \widetilde{S}'_{BC} + \widetilde{S}_B = 3.667 + j3.362 + 25 + j18$$

$$= 28.667 + j21.362 \ (\text{MVA})$$

AB 线路阻抗中功率损耗为

$$\Delta \widetilde{S}_{AB} = \frac{28.667^2 + 21.362^2}{110^2} \times (10.8 + j16.8)$$
$$= 1.14 + j1.77 \ (\text{MVA})$$

AB 线路首端功率为

$$\widetilde{S}'_{AB} = \widetilde{S}''_{AB} + \Delta \widetilde{S}_{AB} = 28.667 + j21.362 + 1.14 + j1.77$$
$$= 29.807 + j23.132 \ (\text{MVA})$$

A′C 线路末端功率为

$$\widetilde{S}''_{A'C} = 26.56 + j20.37 \ (\text{MVA})$$

A′C 线路阻抗中功率损耗为

$$\Delta \widetilde{S}_{A'C} = \frac{26.56^2 + 20.37^2}{110^2} \times (13.5 + j21)$$
$$= 1.25 + j1.944 \ (\text{MVA})$$

A′C 线路首端功率为

$$\widetilde{S}_{A'C} = \widetilde{S}''_{A'C} + \Delta \widetilde{S}_{A'C} = 26.56 + j20.37 + 1.25 + j1.944$$
$$= 27.81 + j22.314 \ (\text{MVA})$$

最终功率分布如图 2-31 （e）所示。

（5）计算各高压母线电压。此时有

$$\dot{U}_B = U_A - \frac{P'_{AB}R_{AB} + Q'_{AB}X_{AB}}{U_A} - j\frac{P'_{AB}X_{AB} - Q'_{AB}R_{AB}}{U_A}$$
$$= 115 - \frac{29.807 \times 10.8 + 23.132 \times 16.8}{115} - j\frac{29.807 \times 16.8 - 23.132 \times 10.8}{115}$$
$$= 108.82 - j2.18 \ (\text{kV})$$
$$U_B = 108.84\text{kV}$$

$$\dot{U}_C = U_A - \frac{P_{AC}R_{AC} + Q_{AC}X_{AC}}{U_A} - j\frac{P_{AC}X_{AC} - Q_{AC}R_{AC}}{U_A}$$
$$= 115 - \frac{27.81 \times 13.5 + 22.314 \times 21}{115} - j\frac{27.81 \times 21 - 22.314 \times 13.5}{115}$$
$$= 107.66 - j2.46 \ (\text{kV})$$
$$U_C = 107.69\text{kV}$$

本 章 小 结

本章主要讲述电力系统元件包括电力线路、变压器、发电机和负荷的等值电路及参数计算，电力网元件的电压降落和功率损耗的计算，开式电力网和简单闭式电力网的电压及功率分布计算的方法。

关于电力网元件参数，不仅要会计算，还要能理解各个参数的物理意义；对于等值电路而言，不仅能够画单个元件的等值电路，还要会画出整个电力网络的等值电路。

电力线路的参数包括电阻、电抗、电导和电纳；电导对应的是线路的电晕损耗和绝缘子的泄漏损耗，正常情况下，一般忽略不计为零；架空线路的参数可由公式计算或查表得到；

电缆线路的参数一般由产品目录手册给出。

变压器的参数有电阻、电抗、电导和电纳，都可以根据变压器试验得到的短路损耗、短路电压百分数、空载损耗和空载电流百分数计算得到；而对于三绕组变压器和自耦变压器，要注意各个绕组在不同的容量比下的短路损耗和短路电压百分数的折算问题；变压器参数计算公式中的额定电压可采用任一侧的数值，同时计算得到的参数也已经折算到相应电压等级之下了。

关于电压降落、电压损耗、电压偏移、电压调整的概念，必须准确理解它们的含义。

电力系统潮流计算的重要基础是串联阻抗支路的功率损耗和电压降落，必须采用同一点的功率和电压。在近似计算中，可以用电网的额定电压代替。

开式网的潮流计算可根据不同已知条件，利用功率损耗和电压降落的公式逐级推算而得，有时可忽略电压的横分量。

简单闭式网可分为两端供电网和环网形式。在潮流计算中，首先计算供载功率和循环功率，将两者叠加得到初步功率分布并找到功率分点；然后在分点处解开为两个开式网，再按照开式网的潮流分析方法计算功率分布和各点电压；最后再在功率分点处将两个开式网连在一起得到原网络的最终功率分布。

思 考 题 与 习 题

2-1　在电力网计算中，单位长度架空线路常采用哪种等值电路？等值电路有哪些主要参数？这些参数各反映什么物理现象？

2-2　什么是导线的几何均距？它与导线的计算半径有什么关系？

2-3　架空线路的导线换位有什么作用？

2-4　架空线路采用分裂导线有什么好处？

2-5　什么是电力线路的电晕？它与哪些因素有关？

2-6　什么是变压器的短路试验和空载试验？如何用这两个试验得到的数据计算变压器等值电路中的参数？

2-7　双绕组、三绕组变压器的等值电路分别如何表示？与电力线路的等值电路有什么不同？

2-8　发电机的电抗百分数 $X_G\%$ 的含义是什么？

2-9　什么是标幺值？有哪些特点？基准值如何选取？不同基准值下的标幺值如何换算？

2-10　在电力系统等值电路的参数计算中，如何进行精确计算？如何进行近似计算？

2-11　110kV 架空线路长 70km，导线采用 LGJ-120 型钢芯铝绞线，计算半径 $r=7.6$mm，相间距离为 3.3m，导线分别按等边三角形和水平排列。试计算该线路的等值电路参数，并作等值电路。

2-12　长度为 600km 的 500kV 架空线路，使用 $4\times$LGJQ-400 型四分裂导线，$r_1=0.018\Omega$/km，$x_1=0.275\Omega$/km，$b_1=4.05\times10^{-6}$S/km，$g_1=0$。试计算该线路的 π 型等值电路参数，并作等值电路。

2-13　某 10kV 变电站装有一台 SJL$_1$-630/10 型变压器，其铭牌数据为：$S_N=630$kVA，电压 10kV/0.4kV，$\Delta P_k=8.4$kW，$\Delta P_0=1.3$kW，$U_k\%=4$，$I_0\%=2$。求归算到变压器高压侧的各参数值，并作等值电路。

2-14 某 SFSL₁-20000/110 型三相三绕组变压器，其铭牌数据为：容量比 100/100/100，电压比为 121/38.5/10.5，$\Delta P_0 = 43.3\text{kW}$，$I_0\% = 3.46$，$\Delta P_{k12} = 145\text{kW}$、$\Delta P_{k23} = 117\text{kW}$、$\Delta P_{k31} = 158\text{kW}$，$U_{k12}\% = 10.5$、$U_{k23}\% = 6.5$、$U_{k31}\% = 18$。试计算归算到变压器高压侧的参数，并作等值电路。

2-15 某电路中安装一台 $X_R\% = 5$（额定参数为 $I_N = 150\text{A}$，$U_N = 6\text{kV}$）的电抗器，现在用另外一台电抗器（$I_N = 300\text{A}$，$U_N = 10\text{kV}$）来代替。若须使代替前后电路的电抗值保持不变，问电抗器的电抗百分数应选为多少？

2-16 图 2-32 是某电力系统的网络图，各元件的额定参数在图中标出（标幺值参数均是以自身额定值为基准）。试分别用如下两种方法计算发电机 G 到受端系统各元件的标幺值电抗（取 $S_N = 220\text{MVA}$，$U_{N(220)} = 209\text{kV}$）：①精确计算（即按变压器实际变比计算）；②近似计算（即按平均额定电压计算）。

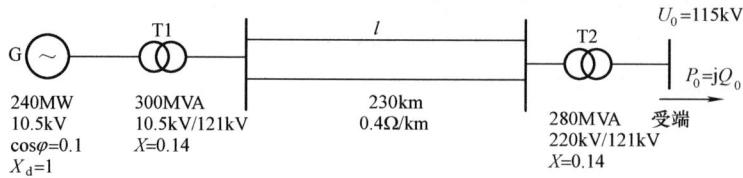

图 2-32 某电力系统网络图

2-17 试作出用标幺值表示的图 2-33 所示的电力系统的等值电路。不计变压器和线路的电阻和导纳，取 $S_N = 100\text{MVA}$、$U_N = U_{\text{av.N}}$ 作等值电路。

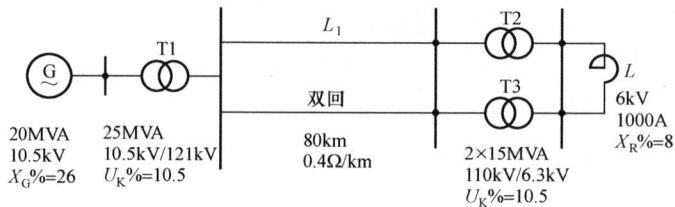

图 2-33 电力系统图

2-18 电力线路和变压器的功率损耗如何计算？它们在各导纳支路上损耗的无功功率有什么不同？

2-19 电力线路和变压器阻抗元件上的电压降落如何计算？什么情况下会出现线路末端电压高于首端电压的情况？

2-20 电压降落、电压损耗、电压偏移各是如何定义的？

2-21 运算功率是什么？运算负荷是什么？

2-22 辐射形网络潮流计算可分为哪两种类型？分别怎样计算？

2-23 简单闭式网络主要有哪两种类型？其潮流计算的主要步骤是什么？

2-24 求初步功率分布的目的是什么？

2-25 某 110kV 电力线路，长 100km，$r_1 = 0.21\Omega/\text{km}$，$x_1 = 0.409\Omega/\text{km}$，$b_1 = 2.74 \times 10^{-6}\text{S/km}$，线路末端功率为 10MW，$\cos\varphi = 0.95$ 滞后，已知末端电压为 110kV，试计算始端电压的大小、始端功率，并作相量图。

2-26 某 110kV 电力线路，长 100km，$r_1 = 0.21\Omega/\text{km}$，$x_1 = 0.409\Omega/\text{km}$，$b_1 = 2.74 \times 10^{-6}\text{S/km}$，线路末端功率为 10MW，$\cos\varphi = 0.95$ 超前，已知始端电压为 112kV，试计算末端电压的大小、始端功率，并作相量图。

2-27 一条额定电压为 110kV 的电力线路，线路的长度为 100km，导线单位长度的参数为：$r_1 = 0.21\Omega/\text{km}$，$x_1 = 0.41\Omega/\text{km}$，$b_1 = 2.74 \times 10^{-6}\text{S/km}$。已知线路末端负荷为（40+j30）MVA，线路首端电压为 115kV。试求：①正常运行时线路末端电压；②空载时线路末端电压。

2-28 110kV 简单环网系统接线图如图 2-34 所示，导线型号均为 LGJ-95，导线参数 $r_1 = 0.33\Omega/\text{km}$，$x_1 = 0.429\Omega/\text{km}$，$b_1 = 2.65 \times 10^{-6}\text{S/km}$。已知：线路 AB 段为 40km，AC 段为 30km，BC 段为 30km；变电站负荷为 $S_B = 20 + j15$（MVA），$S_C = 10 + j10$（MVA）。电源点 A 点电压为 115kV。试求：电压最低点和此网络的最大电压损耗及有功总损耗。

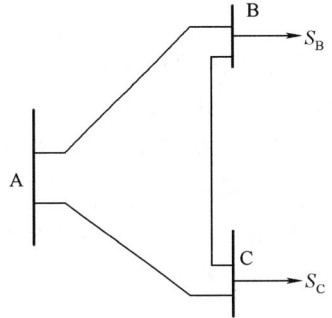

图 2-34 110kV 简单环网系统接线图

第三章 电力系统电能质量与功率平衡

第一节 电力系统电能质量

《中华人民共和国电力法》明确规定"供电企业应当保证供给用户的供电质量符合国家标准，对公用供电设施引起的供电质量问题，应当及时处理"，在《供电营业规则》中也明确规定用户的非线性负荷、冲击负荷、波动负荷、非对称负荷对供电质量产生影响或对安全运行构成干扰和妨碍时，用户必须采取措施予以消除，如不采取措施或采取措施不当，达不到国家标准，供电企业可中止对其供电。

在市场经济条件下，供电企业有依法向用户提供质量合格电能产品的责任，用户也有依法用电、不污染电网的义务，因此，如何加强电能质量管理，提高电能质量，是市场经济条件下电网建设管理中必须认真探讨的重要课题。

电能质量的具体指标有以下几个。

1. 电网频率

我国电力系统的标称频率为 50Hz，GB/T 15945—2008 中规定：电力系统正常频率偏差允许值为 ±0.2Hz，当系统容量较小时，偏差值可放宽到 ±0.5Hz，标准中没有说明系统容量大小的界限。在《全国供用电规则》中规定"供电局供电频率的允许偏差：电网容量在 300 万 kW 及以上者为 ±0.2Hz；电网容量在 300 万 kW 以下者，为 ±0.5Hz。"实际运行中，从全国各大电力系统运行情况来看，都保持在不大于 ±0.1Hz 范围内。

2. 电压偏差

电力系统电压等级有 220/380V（0.4kV）和 3，6，10，20，35，66，110，220，330，500kV，以及刚刚建设的超高压 750kV 和 1000kV。

随着电机制造工艺的提高，10kV 电动机已批量生产，所以 3、6kV 已较少使用，20、66kV 也很少使用。供电系统以 10、35kV 为主；输配电系统以 110kV 以上为主；发电厂发电机有 6kV 与 10kV 两种；现在以 10kV 为主；用户均为 220/380V（0.4kV）低压系统。

根据《城市电力网规定设计规则》规定：输电网为 500，330，220，110kV；高压配电网为 110、66kV；中压配电网为 20、10、6kV；低压配电网为 0.4kV（220V/380V）。

发电厂输出 6、10kV 电压，除发电厂厂用电之外，也可以用 10kV 电压送给发电厂附近用户。10kV 供电范围为 10km；35kV 供电范围为 20～50km；66kV 供电范围为 30～100km；110kV 供电范围为 50～150km；220kV 供电范围为 100～300km；330kV 供电范围为 200～600km；500kV 供电范围为 150～850km。

GB 12325—2008 中规定：35kV 及以上供电电压正负偏差的绝对值之和不超过额定电压的 10%；10kV 及以下三相供电电压允许偏差为额定电压的 ±7%；220V 单相供电电压允许偏差为额定电压的 +7%～-10%。

标准中供电电压为供电部门与用户产权分界处的电压或由供用电协议所规定的电能计量点的电压。

确定允许电压偏差是一个综合的技术经济问题，允许的电压偏差小，有利于用电设备的安全、经济运行，但为此要在电网中增添更多的无功电源和调压设备，需要更多的投入。反过来，如果扩大用电设备对电压的适应范围，提高设备在这方面的性能，往往也要增加设备投资。综合国外标准和我国国情制定的供电电压允许偏差的国家标准，能满足绝大部分用电设备的运行要求。

3. 三相电压不平衡度

GB/T 15543—2008 中规定：电力系统公共连接点正常电压不平衡度允许值为 2%，短时不得超过 4%。标准还规定对每个用户电压不平衡度的一般限值为 1.3%。

国标规定的三相电压不平衡度的允许值及计算、测量和取值方法只适用于电力系统正常运行方式下在电网公共连接点由负序分量引起的电压不平衡。因此故障方式引起的不平衡（例如单相接地、两相短路故障等）和零序分量引起的不平衡均不在考虑之列。由于电网中较严重的不平衡往往是由于单相或三相不平衡负荷所引起的，因此标准衡量点选在电网的公共连接点，以便在保证其他用户正常用电的基础上，给干扰源用户以最大的限值。国标在确定三相电压不平衡度指标时用 95% 概率作为衡量值。也就是说，标准中规定的"正常电压不平衡度允许值 2%"是在测量时间 95% 内的限值，而剩余 5% 时间可以超过 2%，过大的"非正常值"时间虽短，也会对电网和用电设备造成有害的干扰，特别是对有负序起动元件的快速动作的继电保护和自动装置，容易引起误动。因此标准中对最大的允许值作了"不得大于 4% 的规定"。

4. 公用电网谐波

GB/T 14549—2008 中规定：6～220kV 各级公用电网电压（相电压）总谐波畸变率是 0.38kV 为 5.0%，6～10kV 为 4.0%，35～66kV 为 3.0%，110kV 为 2.0%；用户注入电网的谐波电流允许值应保证各级电网谐波电压在限值范围内，所以国标规定各级电网谐波源产生的电压总谐波畸变率是 0.38kV 为 2.6%，6～10kV 为 2.2%，35～66kV 为 1.9%，110kV 为 1.5%。对 220kV 电网及其供电的电力用户参照本标准 110kV 执行。

5. 波动和闪变

GB 12326—2008 中规定：在公共供电点的电压波动允许值 10kV 及以下为 2.5%，35～110kV 为 2%，220kV 及以上为 1.6%。

电压闪变主要是表征人眼对灯闪主观感觉的参数。国标推荐的闪变干扰的允许值，对照明要求较高的白炽灯负荷为 0.4%，对一般性照明负荷为 0.6%。

电能质量不完全取决于电力生产部门，有的质量指标是由用户干扰所决定的，在此，我们只介绍与电力生产部门有关的电能质量指标——频率和电压，具体包括电力系统有功功率平衡和频率调整的基本概念，电力系统无功功率平衡的基本概念和电压调整的主要措施。

第二节　电力系统中的有功功率平衡

一、有功功率平衡

1. 电力系统频率偏移原因

电力系统频率的偏差主要反映电源有功功率和负荷消耗的有功功率之间的平衡关系，频率之所以有偏差，其原因是：

（1）电力系统负荷的变化。任何一处负荷的变化，都会引起系统功率的不平衡，出现频率偏差。

(2) 电力系统运行方式的改变。运行方式的改变，导致发电机出力、负荷的变化，出现频率偏差。

(3) 电力系统出现短路或断线故障。故障一旦出现，使发电机出力发生变化，出现较大的频率偏差。

2. 频率偏移对用户和系统的影响

电力系统中的发电与用电设备，都是按照额定频率设计和制造的。频率偏移过大，特别是低频运行，对用户和系统本身都将产生不利影响。

(1) 对用户的影响。系统频率降低将使电动机的转速和从系统吸收的功率降低，从而影响工业产品的质量和生产效率。频率的波动影响电子产品的准确率和工作性能，甚至使其无法工作，如使纺织品、纸张等出现厚薄不匀，雷达、计算机等无法正常工作。

(2) 对发电厂和系统的影响。火力发电厂的主要厂用电设备是泵和风机，它们由异步电动机带动，如果系统频率降低，将使电动机输出功率减少，则它们所供应的水量和风量就会迅速减少，影响锅炉和发电机的正常运行。若系统频率降低过多，电动机将停止运转，将会引起严重后果：高压给水泵停止运转，迫使锅炉停炉，汽轮机的离心式主油泵油压下降，自动关闭主汽门，造成停机。发电机通风量减少，要维持正常电压，就需增大励磁电流，这样发电机定子和转子的温升将增高，为了不超越温升限额，将迫使发电机降低所发功率。

系统频率降低，容易引起汽轮机叶片共振，缩短叶片寿命，严重时可能使叶片断裂，因此现代大型汽轮发电机组对系统频率有严格的要求。

系统处于低频状态下运行时，使异步电动机和变压器的励磁电流大为增加，从而引起无功需求的增加，引起系统电压的降低。若系统原来电压水平偏低，可能引起电压不断下降，出现电压崩溃，造成大面积停电，甚至系统瓦解。

二、有功功率电源和备用容量

1. 有功功率电源

电力系统中的有功功率电源是各类发电厂的发电机，但系统中的电源容量不一定等于所有发电机的额定容量之和。这是因为所有的发电设备并非一直在投入运行中，例如设备需做定期检修，而投入运行的发电机并不一定以额定容量发电。因此只有可投入的发电设备的可发功率之和才是真正可供调度的系统的电源容量。

2. 备用容量

为保证系统安全、优质、经济的运行，电力系统的有功功率平衡必须在额定运行参数下确立，且还应具备一定的备用容量，即系统的电源容量应大于发电厂发出的有功功率的总和，系统的电源容量超出的部分称为系统的备用容量。

系统的备用容量按其用途又可以分为以下几种：

(1) 负荷备用是指为了满足系统中短时的负荷变动和短期内计划外的负荷增加而设置的备用。负荷备用容量的大小与系统的负荷大小有关，一般为最大负荷的 2%～5%。

(2) 事故备用是指在电力系统中，当发电设备发生偶然事故时，为保证系统正常供电所需的备用。事故备用容量的大小应根据系统总容量的大小、发电机组台数的多少、单机容量的大小、机组的事故概率及系统的可靠性指标等确定，一般为最大负荷的 5%～10%。

(3) 检修备用是使系统中的发电设备能定期检修而设置的备用。发电设备运转一段时间后必须进行检修，检修分为大修和小修。大修一般安排在系统负荷的季节性低落期间；小修一般安排在节假日进行。检修容量一般为最大负荷的 8% 左右。

（4）国民经济备用是指为了满足工农业生产的超计划增长对电力的需求而设置的备用。

三、有功负荷的变化规律

电力系统的有功负荷变化规律用负荷曲线表示，负荷曲线是电力调度和运行的重要依据，如图 3-1 (a) 所示，这种不规律的曲线也可以描述成三种成分的合成。在图 3-1 (b) 中：曲线 P_1 对应于变动幅度很小、周期最短的负荷变化，它是由中小型用电设备的投入和切除引起的，带有很大的随机性；曲线 P_2 变化幅度较小、周期较长，对应于工业电炉、电力机车等冲击性负载；曲线 P_3 是日负荷曲线的基本部分，它是由生产、生活和气象等因素的变化所决定的。曲线 P_1 和 P_2 对应的负荷是难以预测的，要通过原动机的调速器、调频器调节发电机的输入功率来随时平衡负荷的变化。曲线 P_3 对应的负荷一般可以通过研究历年运行的统计资料和负荷可能变化的趋势加以预测，并按照优化的原则在各发电厂、发电机组之间实现有功功率的经济分配。

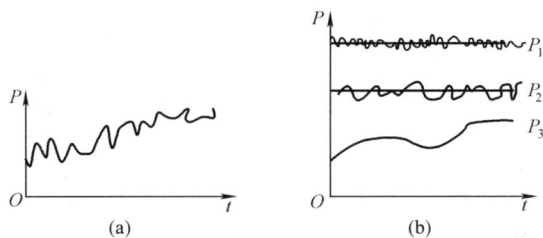

图 3-1　实际系统日负荷曲线及其三种成分
(a) 实际系统日负荷曲线；(b) 日负荷曲线的三种成分

四、电力系统的有功功率平衡

电力系统运行中，在任何时刻，所有发电厂发出的有功功率的总和（即系统发电负荷）$\sum P_G$ 都等于该系统的总负荷 $\sum P_D$，这就是电力系统的有功功率平衡。$\sum P_D$ 包括所有用户的有功功率负荷 $\sum P_L$、网络的有功损耗 $\sum \Delta P$ 以及厂用电有功负荷 $\sum P_C$，即

$$\sum P_G = \sum P_D = \sum P_L + \sum \Delta P + \sum P_C \tag{3-1}$$

第三节　电力系统有功功率最优分配

一、概念

1. 定义

电力系统有功功率最优分配要求在保证系统安全的条件下，在所研究的周期内，以小时为单位合理选择电力系统中哪些机组应该运行、何时运行及运行时各机组的发电功率，其目标是在满足系统负载及其他运行约束的前提下，使周期内系统消耗的燃料总量或总费用值为最少。

电力系统中有功功率的最优分配包括两方面的内容：有功功率电源的最优组合和有功功率负荷的最优分配。

（1）有功功率电源的最优组合是指系统中发电设备和发电厂的合理组合，即机组的合理开停。它包括机组的最优组合顺序、机组的最优组合数量和机组的最优开停时间三部分。

（2）有功功率负荷的最优分配是指系统的有功功率负荷在各个正在运行中的发电设备和发电厂之间的合理分配，即负荷的经济分配，常采用等耗量微增率准则进行分配，主要研究的是系统中热备用容量的合理分配问题。

2. 各类发电厂的运行特点

电力系统的发电厂有水力发电厂、火力发电、核电厂、风力发电厂等。各类发电厂由于其设备容量、机组特性、使用的动力资源等不同，而有其各自不同的技术经济特点。在考虑电力系统中发电厂的组合时，必须结合其各自的特点，适当安排它们在电力系统日负荷曲线中的位置，以提高电力系统运行的经济性。

发电厂按使用能源不同划分为下述几种基本类型：

（1）火力发电厂。火力发电是利用燃烧燃料（煤、石油及其制品、天然气等）所得到的热能发电。

火力发电厂的运行特点如下：

1）布局灵活，装机容量的大小可按需要决定。

2）火力发电厂一次性投资少，仅为同容量水力发电厂的一半左右。火力发电厂建造周期短，2×300MW 机组工期为 4 年左右；发电设备年利用小时数较高，约为水力发电厂的1.5 倍左右。

3）火力发电厂耗煤量大，目前发电用煤占全国煤炭总产量的 50% 左右。

4）火力发电厂动力设备繁多，发电机组控制复杂。

5）大型动力设备由开机到满负荷需要几小时到十几小时乃至几十小时，并附加耗用大量燃料。

6）火力发电厂担负急剧升降的负荷时，必须付出附加燃料的代价。

7）火力发电厂担负调峰、调频或事故备用时，相应的事故增多，强迫停运率高。

8）火力发电厂对空气和环境污染大。

（2）水力发电厂。水力发电是将高处的河水（或湖水、江水）通过导流引到下游形成落差，推动水轮机旋转带动发电机发电。

水力发电厂按水库调节性能又可分为径流式水电厂、日调节式水电厂、年调节式水电厂、多年调节式水电厂。

1）径流式水电厂。无水库，基本上来多少水发多少电的水电厂。

2）日调节式水电厂。水库很小，水库的调节周期为一昼夜，将一昼夜天然径流通过水库调节发电的水电厂。

3）年调节式水电厂。对一年内各月的天然径流进行优化分配、调节，将丰水期多余的水量存入水库，保证枯水期放水发电的水电厂。

4）多年调节式水电厂。对不均匀的多年天然来水量进行优化分配、调节，多年调节的水库容量较大，将丰水年的多余水量存入水库，补充枯水年份的水量不足，以保证电厂的可调出力。

水力发电厂是把水的势能和动能转变成电能。根据水力枢纽布置不同，又可分为堤坝式、引水式、抽水蓄能水电厂等。

水力发电厂的运行特点如下：

1）需灌溉、通航，因此有强迫功率。

2）水轮机最小技术负荷因具体条件而异。

3）启停简单，便于增减负荷。

4）水头低时可发功率降低。

（3）核能发电厂。核能发电是利用原子反应堆中核燃料（例如铀）慢慢裂变所放出的热能产生蒸汽（代替了火力发电厂中的锅炉）驱动汽轮机再带动发电机旋转发电。以核能发电为主的发电厂称为核能发电厂，简称核电站。根据核反应堆的类型，核电站可分为压水堆式、沸水堆式、气冷堆式、重水堆式、快中子增殖堆式等。

（4）风力发电厂。利用风力吹动建造在塔顶上的大型桨叶旋转带动发电机发电称为风力发电，由数座甚至数十座风力发电机组成的发电厂称为风力发电厂。

（5）其他还有地热发电厂、潮汐发电厂、太阳能发电厂等。

二、安排各类发电厂的发电任务时一般应考虑的原则

（1）充分合理的利用水利资源，尽量避免弃水。

（2）尽量降低火力发电的单位耗煤，充分发挥高效机组的作用。

（3）尽量降低火力发电的成本，减少烧油，多燃用劣质煤和当地煤。

（4）核电站一旦投入运行，应带稳定负荷。

（5）热电厂应承担与热负荷相适应的电负荷。

三、各类发电厂的合理组合

按照上述原则，在夏季丰水期和冬季枯水期各类发电厂在日负荷曲线中的安排如图3-2所示。在丰水期，因水量充足，为了充分利用水利资源，水力发电厂应带基本负荷，以避免弃水、节约燃煤，然后是热电厂、核电站，最后是火力发电厂。在枯水期，因水量较少，水力发电厂的不可调功率仍带基本负荷，然后是热电厂、核电站，后是火力发电厂，最后是水电厂的可调功率。

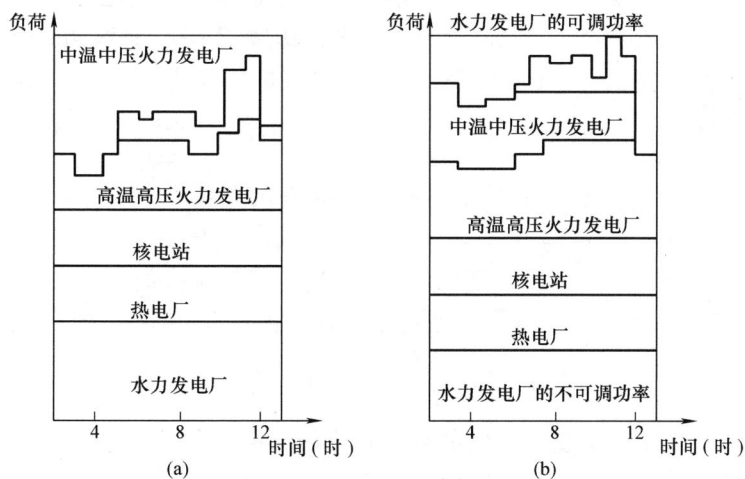

图3-2　各类发电厂组合顺序示意图

(a) 丰水期；(b) 枯水期

需要特别说明的是，负荷曲线最高部位是肩负调整系统频率任务的发电厂的工作位置，系统中的负荷备用就设置在这种调频发电厂内。丰水期往往由中温中压火力发电厂承担调频任务，枯水期由系统中的水力发电厂承担调频任务。

此外，由于电能不容易储存，抽水抽蓄式是大容量储能的唯一方式，为保证电网安全、经济、稳定生产，发展抽水式蓄能变电站非常重要。

第四节　电力系统频率特性

当电力系统处于运行稳态时，系统中的有功负荷随频率的变化而变化的特性，称为负荷的静态频率特性。

负荷的静态频率特性（即功频静特性）取决于负荷的组成。由于负荷的不同，负荷与频率的关系也不同，可以归纳为以下几点：

（1）与频率无关的负荷，如照明、电弧炉、电阻炉、整流器负荷等。

（2）与频率的一次方成正比的负荷，如变压器的涡流损耗。

（3）与频率的二次方成正比的损耗，如球磨机、切割机床、压缩机等。

（4）与频率的三次方成正比的负荷，如通风机、循环水泵等。

（5）与频率的高次方成正比的负荷，如给水泵等。

以上各类负荷可用数学表达式表达为

$$P_L = a_0 P_{LN} + a_1 P_{LN} \left(\frac{f}{f_N} \right) + a_2 P_{LN} \left(\frac{f}{f_N} \right)^2 + a_3 P_{LN} \left(\frac{f}{f_N} \right)^3 + \cdots + a_i P_{LN} \left(\frac{f}{f_N} \right)^i \quad (3-2)$$

式中　P_L——系统频率为 f 时负荷的有功功率；

$\quad\quad P_{LN}$——系统频率为 f_N 时负荷的有功功率；

$\quad\quad f_N$——系统额定频率；

$\quad\quad a_i$——各类负荷占额定负荷的百分比。

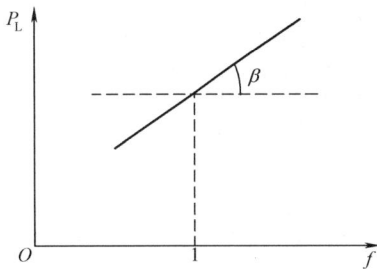

图 3-3　负荷的功频静特性

一般，与频率高次方成正比变化的负荷比重较小，通常可以忽略。功频静特性曲线可近似用一直线表示（见图 3-3），直线的斜率为

$$K_L = \tan\beta = \frac{\Delta P_L}{\Delta f} \quad (\text{MW/Hz}) \quad (3-3)$$

式中　K_L——负荷的单位调节功率或负荷的功频静特性系数；

$\quad\quad P_{LN}、f_N$——P_L、f 的基准值。

或可以用标幺值计算式

$$K_{L*} = \frac{\Delta P_L f_N}{P_{LN} \Delta f} = K_L \frac{f_N}{P_{LN}} \quad (3-4)$$

负荷的单位调节功率表示负荷吸收的有功功率随频率变化的大小。频率下降时，负荷吸收的有功功率自动减少；负荷上升时，负荷的有功功率自动增加。它的标幺值在数值上等于额定条件下负荷的频率调节效应，即在一定频率下负荷随频率变化的规律。负荷的这种特性有利于系统的频率稳定。

一般，电力系统中 K_{L*} 取 1～3。此值可由实测得出，它取决于系统负荷的组成。负荷的单位调节功率或频率调节效应不能整定，但可作为系统频率降低时调度部门减少负荷的依据。

【例 3-1】　某电力系统负荷的单位调节功率 $K_{L*} = 1.8$，试计算当系统总有功功率为 4800MW、频率下降 49.5Hz 时，系统负荷实际少吸收的有功功率。

解　因为 $P_{LN}=4800\text{MW}$，$f_N=49.5\text{Hz}$，所以负荷单位调节功率的静特性系数为

$$K_L = K_{L*}\frac{P_{LN}}{f_N} = 1.8 \times \frac{4800}{50} = 173 \text{ (MW/Hz)}$$

$$\Delta P_L = K_L \Delta f = 173 \times (50-49.5) = 86.5 \text{ (MW)}$$

【例 3 - 2】　某电力系统中，与频率无关的负荷占 35%，与频率一次方成正比的负荷占 45%，与频率二次方成正比的负荷占 10%，与频率三次方成正比的负荷占 10%，求系统频率由 50Hz 降到 47Hz 时，相应的负荷变化百分值。

解　频率降为 47Hz 时，$\dfrac{f}{f_N}=\dfrac{47}{50}=0.94$，系统的负荷计算如下：

$$P_L = a_0 P_{LN} + a_1 P_{LN}\left(\frac{f}{f_N}\right) + a_2 P_{LN}\left(\frac{f}{f_N}\right)^2 + a_3 P_{LN}\left(\frac{f}{f_N}\right)^3$$

$$= 0.35 + 0.45 \times 0.94 + 0.1 \times 0.94^2 + 0.1 \times 0.94^3 = 0.944$$

负荷变化为　$\Delta P_L = 1 - P_L = 1 - 0.944 = 0.056 = 5.6\%$
所以负荷变化百分值为 5.6。

第五节　电力系统频率调整

一、电力系统频率波动的原因

当电力系统正常运行时，发电机的输入功率、输出功率和电力系统的总负荷（包括负荷量和电网的有功损耗）相等。因此，发电机转子上的功率平衡，发电机可以匀速旋转，发出的交流电的频率也是稳定的，整个电力系统的总发电量和总负荷也是平衡的，可以满足整个电力网的供电量要求。当电力系统发生某种扰动（例如负荷减少）时，发电机输出的电功率瞬间减少，但发电机的输入功率是机械功率，不可能瞬间变化，在扰动后很短的时间内，发电机的输入功率大于输出功率，发电机转子将加速，电力系统的频率将上升，这就是频率上升的原因。也可以认为，当电力系统的有功功率充足时，频率将上升。当电力系统发生某种扰动（例如负荷增大）时，由于同样的原因，发电机的输入功率小于输出功率，发电机转子减速，电力系统的频率将下降，这就是频率下降的原因，即当电力系统的有功功率（电源）不充足时，频率将下降。

二、频率偏移的危害

频率偏移对用户是不利的。工业中普遍使用大量的异步电动机，其转速和输出功率均与频率有关。频率变化时，电动机的转速和输出功率也随之变化，因而严重影响产品的质量。现代工业中大量使用电子设备，频率偏移严重影响电子设备的精确性。频率偏移对电力系统本身也是有危害的。频率偏移时汽轮机转子的叶片振动将加大，汽轮机转子的叶片只有在额定频率时运行效果才最佳。发电厂内部使用了大量的大容量电动机，例如给水泵、循环水泵和凝结水泵，频率偏移时将影响其出力，从而加剧电力系统有功功率的不平衡，加剧频率的波动。

三、负荷的分类

（1）按用电的部门属性来划分。

1）工业用电。其特点是用电量大，用电比较稳定。一般冶炼工业的用电量大，而且负荷稳定，负荷率高，一般在 0.95 以上；而机械制造行业和食品加工业的用电量就小些，且

负荷率也较低，一般在 0.70 以下。但是，无论是重工业还是轻工业，或者是冶炼业、加工业，电力负荷在月内、季度内和年度内的变化是不大的，是比较均衡的。

2) 农业用电。农业用电在全部电力消耗中的比例较小，即使像我国这样的农业大国，农业用电量在全国电力消耗中所占的比重仍然很低。农业用电的一个突出特点就是季节性很强，从负荷特性上看农业用电在日内的变化相对较小，但在月内，特别是在季度内和年度内，负荷变化很大，呈现出不均衡的特点。

3) 交通运输用电。目前我国的交通运输用电比例较小，电气化铁路的负荷比较稳定。今后随着电气化铁路运输及其他运输事业的发展，交通运输用电量也会有较大的增长，但比重不会有多大变化。

4) 市政生活用电。目前我国的市政生活用电水平还不太高，远小于工业化国家，但今后随着社会的日益发展、生活设施的日益现代化及居民生活水平的提高，市政生活用电的比重会有所上升。

（2）按负荷的大小来划分。

1) 最大负荷。也就是最高负荷或尖峰负荷。最大负荷又分为日最大负荷、月最大负荷、年最大负荷。

2) 最小负荷。又称为最低负荷或低谷负荷。最小负荷又可分为日最小负荷、月最小负荷、年最小负荷。

3) 平均负荷。在一定观察统计时段内出现的负荷的平均值称为平均负荷。根据观察统计期的不同，一般可划分为日平均负荷、月平均负荷、年平均负荷。

（3）按使用电力的目的来划分。可分为动力用电、照明用电、电热用电、各种电气设备仪器的操作控制用电及通信用电。

（4）按用电用户的重要性来划分

1) Ⅰ类负荷（Ⅰ级负荷）。这类负荷关系到国民经济的命脉及人民生命财产的安全，由于停电或突然停电造成的损失太大，故而必须保证这类用户高度的供电可靠性。

2) Ⅱ类负荷（Ⅱ级负荷）。这类负荷在国民经济中的地位相比之下不如Ⅰ类用户重要，计划停电或事故停电虽然会造成较大的损失，但是这种损失是可以挽回的。一般情况下，电力系统至少要对这类用户提供中等程度的供电可靠性。

3) Ⅲ类负荷（Ⅲ级负荷）。这类负荷在国民经济中地位很低，与人民的生命财产安全并无关系，中断这类负荷的供电带来的损失最小，因此，这类用户的供电可靠性是最低的。

（5）按负荷预测期的时间长短来划分。可分为近期负荷、中期负荷和长期负荷。

电力规划中的负荷预测一般是指对年最大负荷的预测，5 年以内为近期，10～15 年为中期，15～30 年为长期，与此相对应的负荷分别称为短期负荷、中期负荷和长期负荷。

（6）电力负荷按电能的生产和销售过程分类可以分为发电负荷、供电负荷和用电负荷。

（7）电力负荷按所属行业分类可以分为城乡居民生活用电和国民经济行业用电。

四、电力系统的频率调整

1. 频率的一次、二次调整

为使电力系统频率的变动保持在允许偏差范围内而对发电机组有功出力进行的调整是电

力系统频率调整。频率调整是保证供电质量的一项重要措施，它包括瞬时偏差调整和积累偏差调整。

频率瞬时偏差调整为利用发电机组调速器的有差特性调频。频率积累偏差调整为短时间改变频率调整目标值。当电力系统负荷发生微小变化时，发电机组调速器可以自动地调节发电机组出力，保持频率在一定范围之内，这是利用发电机组调速器的有差特性调频，也称为一次调整。当电力系统负荷有较大和较长时间的变化时，改变调速器的工作点，增减发电机组出力以保持系统频率，称为二次调整。

2. 手动调频和自动调频

二次调整可经运行人员手动操作或依靠自动装置来完成，分别被称为手动调频和自动调频。

（1）手动调频是指在调频发电厂，由值班人员根据系统频率的变动调节发电机组的出力，使频率维持在规定范围之内。有的电力系统把调频发电厂分为主调频电厂（或称第一调频电厂）和辅助调频电厂（或称第二调频电厂），并分别规定其频率调整偏差范围。

手动调频的缺点是反应速度慢，在调整幅度较大时，往往不能满足频率质量的要求。同时值班人员操作频繁，劳动强度大。

（2）自动调频是现代电力系统普遍采用的调频方式。自动调频是通过自动装置随系统频率的变化自动增减发电机组的发电出力，保持系统频率在极小范围内波动。自动调频是电力系统调度自动化的组成部分，它具有完成调频、经济调度和系统间联络线交换功率控制等综合功能。

五、主调频发电厂的选择

主调频发电厂选择原则如下：

（1）具有足够的调频容量和调频范围。

（2）能比较迅速地调整发电厂的出力。

（3）调整出力时应符合安全经济原则。

根据上述原则，在水力、火力发电厂并存的电力系统中，一般应选择大容量的水力发电厂为主调频厂。因为水力发电厂调整出力时速度快、操作简便、调整范围大。没有水力发电厂，或水力发电厂不宜承担调频任务时（例如丰水季节），则选择中温中压火力发电厂。大型火力发电厂中效率较低的机组可作为辅助调频之用，其余机组宜带基本负荷。

六、事故调频

1. 低频运行的危害

电力系统低频运行是非常危险的，因为电源与负荷在低频率下重新平衡很不牢固，也就是说稳定性很差，甚至产生频率崩溃，会严重威胁电网的安全运行，并对发电设备和用户设备造成严重损坏，主要表现为以下几方面：

（1）引起汽轮机叶片断裂。在运行中，汽轮机叶片由于受不均匀汽流冲击而发生振动。在正常频率运行情况下，汽轮机叶片不发生共振。当低频率运行时，末级叶片可能发生共振或接近共振，从而使叶片振动应力大大增加，如时间过长，叶片可能损伤甚至断裂。

（2）使发电机出力降低。频率降低，转速下降，发电机两端的风扇风量减小，冷却条件变坏，如果仍维持出力不变，则发电机的温度升高，可能超过绝缘材料的温度允许值。为了使温升不超过允许值，势必要降低发电机出力。

（3）使发电机机端、厂用电各种设备电压下降。严重时，汽轮机停机，发电机不能发电，造成频率进一步下降，恶性循环，甚至导致频率崩溃。

（4）影响系统的经济运行。系统低频运行时，使得汽轮发电机组、水轮发电机组、锅炉等重要设备效率降低，引起系统中各发电厂不能按预测的经济条件分配功率。

（5）影响用户。系统低频运行，用户的交流电动机转速按比例下降，使工农业用户的产品质量降低。尤其是对纺织业、造纸业，不但产量低，而且使纺织品、纸张等出现毛刺和厚薄不均等质量问题；使电子计算机发生计算错误；使电视机工作点不稳定，影像不清；使印刷品的色彩深浅不一。

2. 事故调频的处理

如果电力系统中频率突然大幅度下降，表明发生了电源事故，应迅速投入旋转备用和低频减负荷装置，这样一般能够防止频率的进一步下降。如果事故很大，采取上述措施后频率仍然大幅度下降，则系统运行人员应迅速采取启动备用发电机组、切除部分负荷、将系统分割为多个较小的系统、分离厂用电等措施。在事故调频过程中，调度应统一指挥，按步骤进行。

第六节　电力系统中的无功功率平衡

电压是电能质量的主要指标之一，电压偏移超过容许范围时，对用电设备的运行具有很大的影响。随着负荷的变化，特别是某些大容量冲击负荷的急剧变化，造成电力网电压加剧波动，严重干扰了电力系统的稳定运行，现代用电设备中日趋增多的电子设备又对电压的稳定提出了很高的要求。因此，保证电压质量，即保证用电设备的端电压偏移在允许的范围内，是电力系统的主要任务。

电压调整比频率调整更加复杂，因为系统中各个节点（母线）的电压各不相同，用户对电压质量的要求也不完全一样，因此，不可能在系统内某一两处调整电压就能满足每一个节点的电压要求。

一、电压偏移对用电设备的影响

用电设备最理想的工作电压是其额定电压，运行中允许有一定的电压偏移，允许电压偏移的大小是根据用电设备的工作对电压偏移的敏感程度而决定的。

1. 白炽灯

电压高于额定电压 10%，寿命要缩短 70%；电压低于额定电压，发光效率急剧下降，但可延长使用寿命。

2. 荧光灯

电压低于额定电压 10%，发光效率要下降 15%，如电压再降低则荧光灯起动困难；电压高于额定电压则使用寿命受到影响。

3. 异步电动机

电压低于额定电压 10%，电动机电磁转矩下降到额定转矩的 81%，起动时间延长，电流增大，绕组发热，损耗增加，效率下降，功率因数降低，影响电动机使用寿命，严重时引起电动机烧坏。但对于拖动某些设备的异步电动机，在轻载运行时以降压方式运行，以达到节能目的。

4. 电热设备

电压低于额定电压 10%，供热量减少 20%以上，而且升温时间延长；电压高于额定电压，会影响发热元件寿命。

5. 电控系统

电压低于额定电压 10%，继电器、接触器吸引线圈吸合力下降 15%以上，会造成吸合不良、线圈发热、噪声增大。

二、电网电压偏移原因

电网电压偏移的原因是多方面的，形成因素也较为复杂。以运行情况看，有供电部门原因，也有用户的原因；有电网结构原因，也有管理欠佳的原因。

(1) 电网运行方式、负荷变化，引起电压在某一时段内的偏移。随着经济的发展，人民生活水平的提高，家用电器、电炊具进入千家万户，使用电结构发生变化，尤其加剧了峰谷负荷的悬殊，造成负荷畸变，引起高峰段电压偏低。

(2) 电网内感性负荷大量投入，造成功率因数下降，电压偏移。随着工农业生产发展，电动机作为拖动各种生产机械的动力而广泛使用，加上电风扇、空调机及制冷设备的普遍使用，都增加电网感性负荷。

电动机为建立旋转磁场，需要吸取电网的无功功率，配电变压器的运行也需要吸取电网的无功功率。随着感性负荷大量吸取无功功率，势必造成电网远距离输送，增加功率损耗。同样道理，由于功率因数下降，电网电压损失增大，用户受电端电压下降。反之，功率因数提高，电压损失减少，电压上升。

(3) 电网的中性线断开，三相负荷不对称，产生电压偏移。在低压三相四线供电的电网中，由于中性线接触不良或断开，当三相负荷不平衡运行时，势必引起相电压畸变。同理，当电网处于三相负载不平衡运行时，也会发生电压畸变，产生中性点位移电压。

(4) 电网内大功率电动机起动、大功率负荷投入、短路事故等，产生电压短时偏移。

(5) 电网内线路导线截面偏小，较大负荷电流通过时，电压损失大，造成电压偏移。

(6) 电网供电半径超过标准，线路末端电压降低，造成电压偏移。

(7) 电网布局不合理，T 形连接多，迂回供电，使电压损失增大，造成电压偏移。

三、电网的无功功率

交流电力系统需要电源供给两部分能量：一部分用于做功而被消耗掉，这部分电能将转换为机械能、光能、热能或化学能，称其为"有功功率"；另一部分能量是用来建立磁场，用于交换能量使用的，对于外部电路它并没有做功，由电能转换为磁能，再由磁能转换为电能，周而复始，并没有消耗，这部分能量称其为"无功功率"。无功是相对于有功而言，不能说无功是无用之功，没有这部分功率，就不能建立感应磁场，电动机、变压器等设备就不能运转。在电力系统中，除了负荷无功功率外，变压器和线路的电抗上也需要大量无功功率。

国际电工委员会给出的无功功率的定义是：电压与无功电流的乘积为无功功率。其物理意义是：电路中电感元件与电容元件活动所需要的功率交换称为无功功率。

电容和电感并联接在同一电路，当电感吸收能量时电容正好释放能量，电感放出能量时电容正好吸收能量，能量就在它们之间互相交换。即电感性负荷所需的无功功率，可以由电容器的无功输出得到补偿，因此我们把具有电容性的装置称为"无功补偿装置"。

电力系统常用的无功补偿装置主要是电力电容器、同步调相机和静止补偿器。

四、系统综合负荷电压静态特性曲线

电力系统的负荷包括有功负荷和无功负荷。有功负荷主要用于发光、生热、拖动机器等；无功负荷又分为感性和容性两类，感性无功负荷主要用于建立变压器、电动机以及所有电磁元件的磁场，容性无功负荷用于建立电容器等元件的电场，感性无功与容性无功可以互相补偿。

系统综合负荷电压静态特性曲线，是指频率等于额定值及连接容量不变时，有功功率、无功功率与电压的关系曲线，各主要负荷的电压静态特性如下：

1. 电热器类负荷

电热器消耗有功负荷，其三相有功负荷计算式为

$$P = 3I^2R = 3\left(\frac{U}{\sqrt{3}R}\right)^2 R = \frac{U^2}{R} \tag{3-5}$$

式中　P——三相有功负荷，W；

　　　U——端电压，V；

　　　R——电热器电阻，Ω。

2. 电抗器类负荷

电抗器类负荷主要取用感性无功功率，其三相无功负荷计算式为

$$Q = 3I^2X = 3\left(\frac{U}{\sqrt{3}X}\right)^2 X = \frac{U^2}{X} \tag{3-6}$$

式中　Q——三相无功负荷，var；

　　　U——端电压，V；

　　　X——电抗器感抗，Ω。

3. 白炽灯负荷

白炽灯只消耗有功功率，由于灯丝电阻随温度而变化，通过实验可知其有功负荷和电压的关系计算式为

$$P = K_tU^{1.6} \tag{3-7}$$

式中　K_t——与温度有关的灯丝常数。

4. 异步电动机负荷

异步电动机负荷通常占系统总负荷 50% 以上。异步电动机需要消耗有功负荷，又要取用感性无功负荷。当异步电动机所带的机械负荷不变时，若外加电压变化，将引起电动机转差率的改变。

由于制造的原因，异步电动机外加电压接近额定电压时，铁心磁路设计刚达到饱和。若电压高于额定电压，由于磁路饱和，励磁无功功率将按高次方比例增加；若电压低于额定电压，由于磁路未饱和，励磁无功功率将按平方比例减小，如果低于额定电压很多，电动机的转差率将明显增大，转子转速减少，励磁无功损耗显著增加，无功功率反而增大。异步电动机电压静态特性曲线如图 3-4 所示。

电力系统综合负荷电压静态特性曲线如图 3-5 所示。

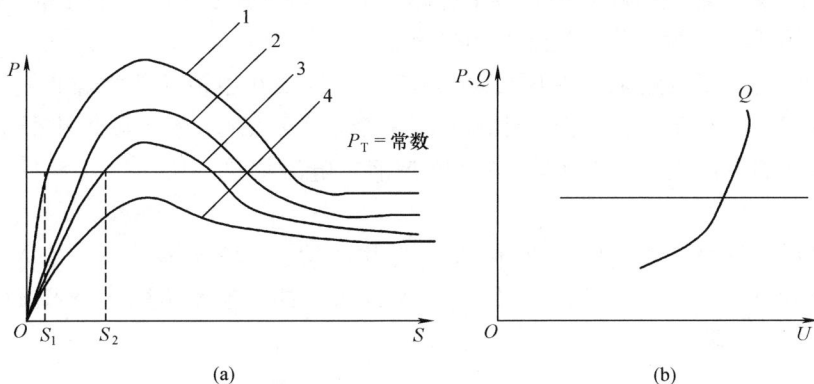

图 3-4　异步电动机电压静态特性曲线

（a）功率转差率特性；（b）功率电压静态特性

1—U（％）＝100；2—U（％）＝90；3—U（％）＝80；4—U（％）＝70

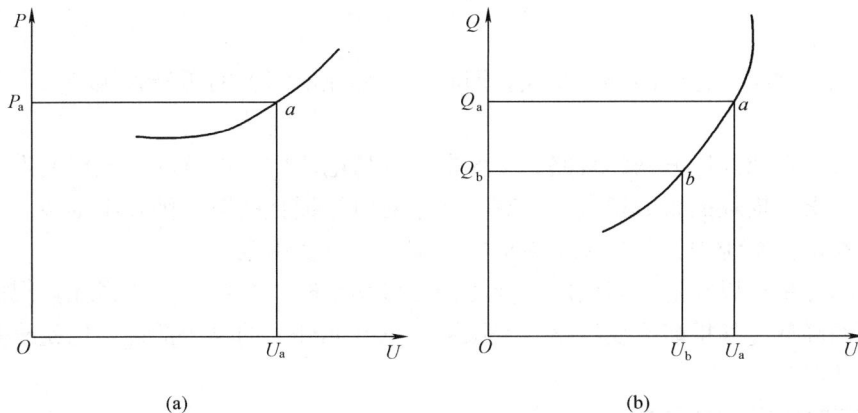

图 3-5　电力系统综合负荷电压静态特性曲线

（a）有功负荷；（b）无功负荷

五、电力系统无功功率的平衡及备用

电力系统无功功率平衡方程为

$$\sum Q_F + \sum Q_C = \sum Q + \sum Q_{ce} + \sum \Delta Q \qquad (3-8)$$

式中　$\sum Q_F$——同步发电机发出的无功功率之和；

　　　$\sum Q_C$——无功补偿设备出力之和（同步调相机、并联电容器、静止补偿器及输电线路容纳中电容功率之和）；

　　　$\sum Q$——系统无功负荷之和；

　　　$\sum Q_{ce}$——厂用无功负荷之和；

　　　$\sum \Delta Q$——电力网无功损耗之和。

在无功平衡的基础上，还应有一定的无功备用容量。无功备用容量一般为无功负荷的7％～8％。通常将无功备用容量放在发电厂内，发电机在额定功率因数下运行，若发电机有一定的有功备用容量，也就保持了一定的无功备用容量。

【例 3 - 3】 某段输电线路的单相等值电路中 R、X 分别为一相的电阻和等值电抗，U_1、U_2 为首末端相电压，I 为线路中流过的相电流。

为了说明问题，以线路末端电压 U_2 为参考轴，设线路电流 I 为正常的感性负荷电流，它滞后于 U_2 角度 φ。电流流过线路，电阻产生一个电压降 IR，它与电流相量同方向。同时，线路电流也在线路上产生一个电压降 IX，它超前于电流相量 $90°$。U_1 就是 U_2、IR、IX 三个电压的和。

线路的电压损耗 ΔU 为电压 ΔU_1 和 ΔU_2 之和，$\Delta U_1 = IR\cos\varphi$，$\Delta U_2 = IX\sin\varphi$，所以线路的电压损耗为 $\Delta U = \Delta U_1 + \Delta U_2 = I(R\cos\varphi + X\sin\varphi)$，如果电流 I 用线路末端的单相功率 S 和电压 U_2 来表示，即

$$P = U^2 I\cos\varphi$$

$$Q = U^2 I\sin\varphi$$

则可得

$$\Delta U = \frac{PR + QX}{U} \tag{3-9}$$

由此可见，电压损耗由两部分组成，即有功功率在电阻上的压降和无功功率在电抗上的压降。

一般说来，在超高压电网的线路、变压器的等值电路中，电抗的数值比电阻大得多，所以无功功率对电压损耗的影响很大，而有功功率对电压损耗的影响则要小得多。因此，可以得出结论，在电力系统中无功功率是造成电压损耗的主要因素。

从前面的分析可以知道，当线路、变压器传输功率时，会产生电压损耗，因而影响了电网各处电压的高低。如果能改变线路、变压器等电网元件上的电压损耗，也就改变了电网各节点的电压状况。

六、改变电压损耗的方法

由电压损耗表达式 $\Delta U = \frac{PR + QX}{U}$ 可知，要改变电压损耗有两种办法。

（1）改变元件的电阻。

（2）改变元件的电抗。

可采取的一种办法是增大导线截面减小电阻以减小电压损耗，这种办法在负荷功率因数较高、原有导线截面偏小的配电线路中比较有效，适宜负荷不断增加的农村地区采用。

而电网中用的最多的办法是减少线路中的电抗，在超高压输电线路中广泛采用的分裂导线就可以明显降低线路的电抗。在我国，220kV 线路一般采用二分裂导线，500kV 线路采用四分裂导线。采用分裂导线，降低线路电抗，不仅仅减少了电压损耗，而且有利于电力系统的稳定性，能提高线路的输电能力。现在已逐步采用的紧凑型结构输电线路，还可以进一步降低输电线路的电抗，不仅提高了电网的稳定性，同时也降低了线路的电压损耗。

减小线路电抗的另一种办法是采用串联电容补偿，就是在线路中串联一定数值的电容器。同一电流流过串联的电感、电容时，电感电压与电容电压在相位上正好差 $180°$。采用串

联电容补偿的主要目的也是增加线路的输电能力，提高电网的稳定性，同时也降低了线路电压损耗。

串联电容器补偿现在主要应用于超高压、大容量的输电线路上。山西大同到北京的500kV 输电线路全长 300 多千米，在加装了串联电容补偿后电网线损降低，电压质量改善，电网运行的稳定性得到加强，而且输电能力提高了 30％以上。

为了更直观地说明改变电抗对降低电路电压损耗的作用，下面举一个简单的例子。

【例 3 - 4】　有一 110kV 线路，输送有功功率 15MW、无功功率 20Mvar，线路电阻 R 为 2Ω，线路电抗 X_L 为 6Ω（这里只是假设的数值，因线路的电抗和线路的长度、截面、材料、结构等诸多因素有关，计算比较复杂），求：在电抗 $X_L=6Ω$ 和经补偿后电抗 $X_L=2Ω$ 时的压降。

解　$X_L=6Ω$ 时电压损耗为

$$\Delta U = \frac{PR+QX}{U} = \frac{15\times10^6\times2+20\times10^6\times6}{110\times10^3\times\sqrt{3}} = 788 \text{ (V)}$$

$X_L=2Ω$ 时电压损耗

$$\Delta U = \frac{PR+QX}{U} = \frac{15\times10^6\times2+20\times10^6\times2}{110\times10^3\times\sqrt{3}} = 368 \text{ (V)}$$

减少电压损耗＝788－368＝420（V）

降低电抗后对提高电压的作用显而易见。

除了改变电网参数来减少电压损耗以外，改变电压损耗的另一个重要方面是改变电网元件中传输的功率，即改变表达式中 P 和 Q 的大小。在满足负荷有功功率的前提下，要改变供电线路、变压器传输的有功功率，是比较困难的，常常是不可能的。因此，改变线路、变压器传输功率都是改变其无功功率，使表达式中的 Q 减少。

七、无功功率补偿概念

当今电厂受水、环保等多方面的制约，位置越来越远离负荷中心，即使建在靠近负荷点，由于单机容量越来越大，发电机的额定功率因数也越来越高，这样，电网实际接受的无功功率就越来越少，单靠发电机发出的无功功率远远不能满足电网对无功功率的需要，必须配置各种无功功率补偿装置。

目前北京地区有功负荷的 2/3 电力要从山西、内蒙古、河北等地远距离用超高压 500kV 线路输送，为了能接受到这么多的有功功率，必须在北京地区负荷中心装设相应数量的无功功率补偿电力设施（一般为 1kW 的有功电力配 1kvar 的无功电力补偿设施）。

1. 无功功率就地补偿的概念

无功补偿装置的分布，首先要考虑调压的要求，满足电网电压质量指标。同时，也要避免无功功率在电网内的长距离传输，减少电网的电压损耗和功率损耗。无功功率补偿的原则是做到无功功率分层分区平衡，就是要做到哪里有无功负荷就在哪里安装无功补偿装置。这既是经济上的需要，也是无功电力特征所必需的，如果不这样做，就达不到最佳补偿的目的，解决不了无功电力就地平衡的问题。

2. 无功功率平衡的概念

如同有功功率平衡一样，电力系统的无功功率在每一刻也必须保持平衡。

在电力系统中，频率与有功功率是一对统一体，当有功负荷与有功电源出力相平衡时，频率就正常，达到额定值 50Hz，而当有功负荷大于有功出力时，频率就下降，反之，频率就会上升。电压与无功功率也和频率与有功功率一样，是一对对立的统一体。当无功负荷与无功出力相平衡时，电压就正常，达到额定值，而当无功负荷大于无功出力时，电压就下降，反之，电压就会上升。

但是，需要说明的是电压与无功功率之间的关系要比频率与有功功率之间的关系复杂得多，大体上有以下几点：

（1）在一个并列运行的电力系统中，任何一点的频率都是一样的，而电压与无功功率却不是这样的。当无功功率平衡时，整个电力系统的电压从整体上看是正常的，是可以达到额定值的，即便是如此，也是指整体上而已，实际上有些节点处的电压并不一定合格。如果无功功率不是处于平衡状态时，那么情况就更复杂了，当无功出力大于无功负荷时，电压普遍会高一些，但也会有个别地方可能低一些，反之，也是如此。

（2）系统需要的无功功率远远大于发电机所能提供的无功出力，这是由于现代超高压电网包括各级变压器和架空线路在传送电能时需要消耗大量的无功，称为无功损耗。一般来说，这些无功损耗与整个电网中的无功负荷的大小是差不多的。

【例 3-5】 以一台 50MVA 的 110kV 变压器为例来了解变压器在运行中的无功损耗情况。变压器的参数为：$U_N=110kV$，$S_N=50MVA$，$U_k\%=17\%$。

解 变压器在传送电能时的无功损耗计算式为

$$Q = S_N U_K \% \left(\frac{I}{I_N}\right)^2 \qquad (3-10)$$

式中 I——变压器的负荷电流；

I_N——变压器的额定电流，与变压器的无功损耗、负载率、额定容量及短路阻抗有关。

如果这台变压器满负荷运行，那么其无功损耗就是

$$Q = 50 \times 17\% = 8.5 \text{（Mvar）}$$

此时变压器的无功损耗相当大，其低压侧安装的并联电容器组的容量甚至不够补偿变压器满负荷时的无功损耗。

（3）无功功率不宜远距离输送，当输送功率与传送距离达到一定极限时，不可能传送功率。这是由于超高压等级的变压器、线路电抗较大，其无功损耗 $Q = I^2 X$ 相应也很大，所输送的无功功率均损耗在变压器及线路上了。另外，传送大量的无功功率时，线路电压损失也相当大，同样会造成无法传送的结果。

合理就地无功补偿对调整系统电压、降低线损有十分重要的作用。

【例 3-6】 设有一条 110kV 线路选用 LG-300 型导线（导线电阻 0.095Ω/km），线路全长 20km，输送有功功率 30MW，无功功率 40Mvar，下面分别计算在功率因数 $\cos\varphi$ 为 0.6 和 0.9 时线路的功率损耗和应补偿的无功功率。本题只计算导线电阻的功率损耗，不考虑其他因素。

解 （1）当 $\cos\varphi=0.6$ 时，因为 $P=30MW$，$Q=40Mvar$，所以视在功率

$$S = 50MVA$$

则

$$I = \frac{S}{U} = \frac{50 \times 10^6}{110 \times 10^3 \times \sqrt{3}} = 263 \text{ (A)}$$

功率损耗 $\Delta P = 3I^2R = 263^2 \times 0.095 \times 20 \times 3 = 394 \text{ (kW)}$

(2) 当 $\cos\varphi = 0.6$ 时，因为 $P = 30\text{MW}$，$S = 33.333\text{MVA}$，$Q = 14.528\text{Mvar}$，所以

$$I = \frac{S}{U} = \frac{33.333 \times 10^6}{110 \times 10^3 \times \sqrt{3}} = 175 \text{ (A)}$$

功率损耗 $\qquad\qquad \Delta P = 3I^2R = 175^2 \times 0.095 \times 20 \times 3 = 175 \text{ (kW)}$

应补偿无功容量 $\qquad\qquad \Delta Q = 40 - 14.528 = 25.472 \text{ (Mvar)}$

补偿前后有功损耗相差 219kW。由计算结果可知补偿无功功率 25.472Mvar 后每小时可降低线损 219kWh。

无功补偿对电力系统的重要性越来越受到重视，合理使用无功补偿设备，对调整电网电压、提高供电质量、抑制谐波干扰、保证电网安全运行都有着十分重要的作用。

无功补偿装置的合理使用可以给供电企业带来巨大的经济效益。对于像北京电力公司这样的大企业来说，线损每降低 0.1 个百分点，就可以增加上千万元收入。

从根本上说，要维持整个系统的电压水平，就必须有足够的无功电源来满足系统负荷对无功功率的需求及补偿线路和变压器中的无功功率损耗。

如果系统无功电源不足，则会使电网处于低电压水平上的无功功率平衡，即依靠电压降低、负荷吸收无功功率的减少来弥补无功电源的不足。同样，如果由于电网缺乏调节手段或无功补偿元件的不合理运行使某段时间无功功率过剩，也会造成整个电网的运行电压过高。

我国电网曾在 20 世纪 70 年代由于缺乏无功功率补偿设备而长期处于低电压运行状态。一些地区利用调节变压器分接头的办法来解决电压低的问题，有一些效果，某些供电点电压升高了，但这是以降低别处电压为代价的，因为总的无功电源不足，局部地区电压升高无功负荷增大，必然使别处无功功率更小、电压更低。各处普遍调节变压器分接头的结果，不仅没能提高负荷的供电电压，反而使得无功损耗加大，整个系统低电压问题更加严重。在这种情况下，首要的问题应该是增加无功功率补偿设备。

低压运行对电网安全带来巨大危害，系统稳定性差，十分脆弱，经受不起事故异常及负荷强烈变化的冲击，十分容易造成大面积的停电和系统瓦解，国内外均有此先例。

第七节　电力系统的电压管理

一、电压中枢点的选择

电力系统是一个庞大的系统，其中的负荷难以计数，无法对其中每一个节点的电压进行监视和调整。通常的做法是选择一些关键性的母线作为电压监视点，如果将这些母线的电压偏差控制在允许范围内，系统中其他节点的电压及负荷电压就能基本满足要求，这些电压监视点称为电压中枢点。

选择电压中枢点必须满足两个条件：本身的电压容易调整，控制的范围比较大。

因此，常常被选为电压中枢点的节点有区域性水力、火力发电厂的高压母线，枢纽变电站的二次母线，有大量地方负荷的发电机电压母线。

电力系统电压的监视和调整可通过监视、调整电压中枢点的电压来实现，这就是电压中枢点的电压管理。一般是把区域变电站的低压母线和具有较大地方负荷的发电厂的6～10kV母线作为系统的电压中枢点。

二、电压中枢点电压允许范围的确定

每个负荷点都容许电压有一定的偏移，计算由中枢点到负荷点的馈电线路上的电压损耗，便可确定每个负荷点对中枢点电压的要求。因此，如果能找到中枢点电压的一个公共的允许波动范围，使得由该中枢点供电的所有负荷点的调压要求都同时得到满足，那么，中枢点的公共允许波动范围也就是中枢点电压的允许波动范围。

图3－6（a）所示为中枢点向两个负荷 j、k 供电的简单网络，负荷 j、k 的简化日负荷曲线分别如图3－6（b）和图3－6（c）所示。设由于这两个负荷功率的流通，线路 ij、ik 上的电压损耗分别如图3－6（d）和图3－6（e）所示。设 j、k 两负荷允许的电压偏移都是±5％，如图3－6（f）所示。

于是，根据负荷 j 对电压的要求，0～8 时中枢点应维持的电压为

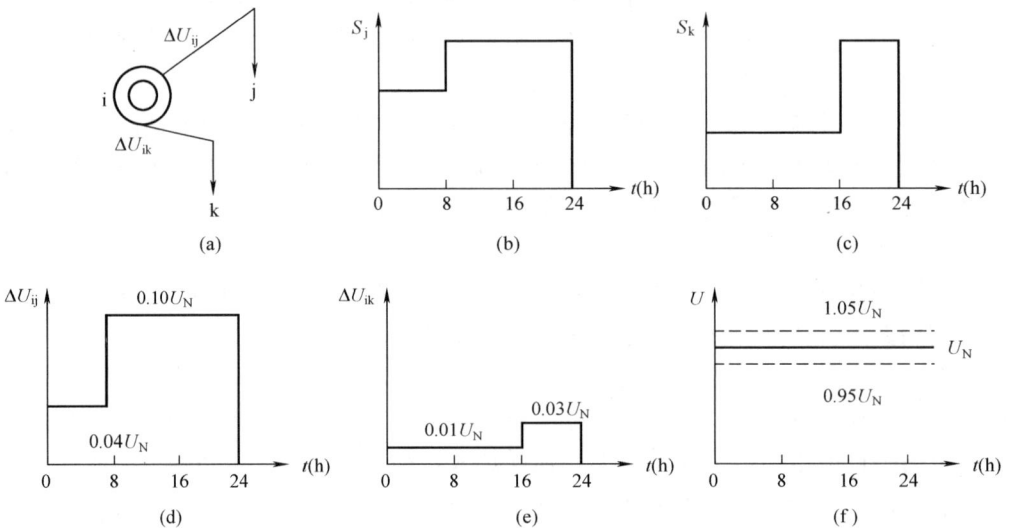

图3－6　简单电路的电压损耗

(a) 简单网络；(b) 负荷 j 的日负荷曲线；(c) 负荷 k 的日负荷曲线；
(d) ΔU_{ij} 的变化；(e) ΔU_{ik} 的变化；(f) 负荷 j、k 允许的电压偏移

$$U_i = U_j + \Delta U_{ij} = (0.95 \sim 1.05)U_N + 0.04U_N = (0.99 \sim 1.09)U_N$$

8～24 时应维持的电压为

$$U_j + \Delta U_{ij} = (0.95 \sim 1.05)U_N + 0.10U_N = (1.05 \sim 1.15)U_N$$

根据负荷 k 对电压的要求，0～16 时中枢点应维持的电压为

$$U_k + \Delta U_{ik} = (0.95 \sim 1.05)U_N + 0.01U_N = (0.96 \sim 1.06)U_N$$

16～24 时应维持的电压为

$$U_k + \Delta U_{ik} = (0.95 \sim 1.05)U_N + 0.03U_N = (0.98 \sim 1.08)U_N$$

根据这些要求可作 i 处电压的允许变动范围如图3－7（a）和图3－7（b）所示。

将图3－7（a）和图3－7（b）合并，就可得出同时满足符合 j、k 要求的中枢点 i 的电压允许变动范围，如图3－8中阴影部分所示。

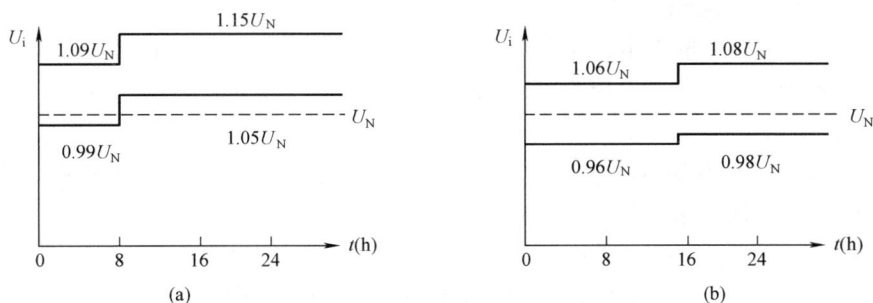

图 3-7　中枢点电压的允许变动范围
(a) 根据负荷 j 的要求；(b) 根据负荷 k 的要求

由图 3-8 可见，虽然负荷 j、k 允许的电压偏移都是 ±5%，即都有 10% 的允许变动范围，但由于中枢点 i 与各负荷之间线路上电压损耗的 ΔU_{ij}、ΔU_{ik} 大小和变化规律都不相同，要同时满足这两个负荷对电压质量的要求，中枢点电压的允许变动范围就需要大大缩小，最小时仅有 1%。

对于向多个负荷点供电的中枢点，其电压允许变动范围可按两种极端情况确定：在地区负荷最大时，电压最低的负荷点的允许电压下限加上到中枢点的电压损耗等于中枢点的最低电压；在地区负荷最小时，电压最高的负荷点

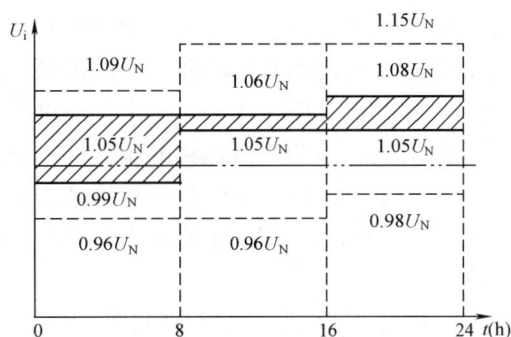

图 3-8　中枢点 i 电压的允许变动范围
(能同时满足负荷 j、k 的要求)

的允许电压上限加上到中枢点的电压损耗等于中枢点电压的最高电压。中枢点的电压能满足这两个负荷点的要求时，其他各点的电压基本上都能满足。

如果中枢点是发电厂电压母线，除了上述要求外，还应受到厂用电设备与发电机的最高允许电压以及保持系统稳定的最低允许电压的限制。

三、中枢点的调压方式

中枢点的调压方式可分为逆调压、顺调压和常调压三类。

1. 逆调压

如中枢点供电至各负荷点的电力线路较长，各负荷的变化规律大致相同，且各负荷的变动较大（即最大负荷与最小负荷的差距较大），则在最大负荷时要提高中枢点的电压以抵偿电力路线上因最大负荷而增大的电压损耗。在最小负荷时，则要将中枢点电压降低一些以防止负荷点的电压过高。这种最大负荷时升高电压，最小负荷时降低电压的中枢点电压调整方式称为逆调压。逆调压时，要求最大负荷时将中枢点电压升高至 $105\%U_N$，最小负荷时将其下降为 U_N。U_N 为电力线路额定电压。

2. 顺调压

如负荷变动甚小，电力线路电压损耗也小，或用户处允许电压偏移较大的农业电网，可采用顺调压方式，即在最大负荷时允许中枢点电压低一些，但不得低于电力线路额定电压。

顺调压要求的调压范围：

（1）在大负荷时，中枢点电压不低于网络额定电压的 2.5%，即 $1.025U_N$。

（2）在小负荷时，中枢点电压不高于网络额定电压的 7.5%，即 $1.075U_N$。

3. 常调压

对于中型网络中大小负荷波动差不多的中枢点实行常调压。中枢点电压在大小负荷时均维持恒定电压，此电压一般控制在 $(1.02\sim1.05)U_N$。

第八节　电力系统无功电源

一、维持无功功率平衡和保持电压稳定的意义

无功功率电源在电力系统中的合理分布是充分利用无功电源、改善电压质量和减少网络有功损耗的重要条件。无功功率的产生基本上是不消耗能源的，但无功功率沿输电线路上传送却要引起无功功率的损耗和电压的损耗。无功功率电源的最优控制目的在于控制各无功电源之间的分配，合理配置无功功率补偿设备和容量以改变电力网络中的无功功率分布，可以减少网络中的有功功率损耗和电压损耗，从而改善负荷用户的电压质量。

无功功率补偿的作用就是要尽量减少无功功率对电网的影响。其作用主要有：

（1）提高供电系统及负载的功率因数，降低输电线路及用电设备的容量和负荷，减少功率消耗。

（2）稳定用电端及电网的电压，提高供电质量，增加输电系统的稳定性，提高输电能力。

（3）平衡三相负荷，减少无功功率对电网的冲击。

二、各种无功电源的运行性能和调节方法

1. 同步发电机

同步发电机是电力系统中主要的无功电源之一，它除了能发出无功功率以外，在必要的时候还能吸收无功功率。

发电机能够发出的无功功率主要取决于其额定容量 S_N 和额定功率因数 $\cos\varphi_N$，即取决于额定无功功率 $Q_N=S_N\sin\varphi_N$。为了减少发电机的费用，现代大容量发电机的额定功率因数较高，一般为 $0.85\sim0.9$。

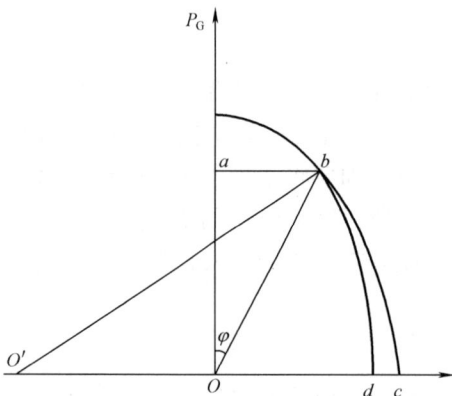

图 3-9　发电机容许发出的最大无功功率

当发电机发出的有功功率小于其额定有功功率 $P_N=S_N\cos\varphi_N$ 时，发出的无功功率一般可以超出其额定无功功率，但要受到定子绕组和励磁绕组额定电流的限制，以避免过热。在额定电压下运行时，发电机容许发出的最大无功功率如图 3-9 所示。

在额定电压下，定子绕组电流不过载的条件与发电机的视在功率小于其额定容量的条件相同，即

$$P_G^2+Q_G^2\leqslant S_N^2$$

它相当于要求发电机的运行点在以原点为圆心、以 S_N 为半径的 1/4 圆内（见图 3-9）。圆上

的 b 点对应于发电机的额定运行点，发出的有功功率和无功功率正好是 P_N 和 Q_N。由于受到原动机容量的限制，发电机发出的有功功率不能超过其额定值，因此，发电机的运行点必须在 a 和 b 两点连成的直线之下。可见，如果只考虑定子绕组电流的限制，则在有功功率小于额定值的情况下，无功功率可以超过其额定值。在极端情况下当有功功率为零时，发出的无功功率甚至可以大到发电机的额定容量，即图 3-9 中的 c 点。由于发电机的空载电动势取决于励磁绕组的电流，因此励磁电流的限制可以反映成对空载电动势的限制。当忽略定子绕组电阻时，隐极发电机在额定运行情况下的相量图如图 3-10 所示，其中的 E_0 为发电机的空载电动势，而产生这样大小的空载电动势所需要的励磁电流正好等于励磁绕组的额定电流。如果将图 3-10 中的各个相量都乘以系数 $\dfrac{U_N}{X_d}$，再移到图 3-9 中，使图 3-10 中的点 g 和点 h 分别与图 3-9 中的点 O 和点 b 相重合，则由于直线 Ob 与纵轴的夹角为 φ_N，因此图 3-10 中的 f 点在图 3-9 中的对应点必然在横坐标轴的某一点 O' 上，O' 与 O 点的距离为 $\dfrac{U_N}{X_d}$，于是图 3-9 中 O' 点与 b 点之间的距离等于 $\dfrac{E_0 U_N}{X_d}$。如果保持励磁电流为额定值，则空载电动势的大小也将保持不变，这在相量图 3-10 上反映为，点 h 的轨迹是以 f 点为中心以 E_0 的长度为半径的圆弧，而在图 3-9 中，对应的是以 O' 为圆心以 $O'b$ 为半径的圆弧 bd。因此，在额定电压运行情况下，同步发电机的有功功率和无功功率的运行范围为图 3-9 中 $O-a-b-d-O$ 所包围的面积。

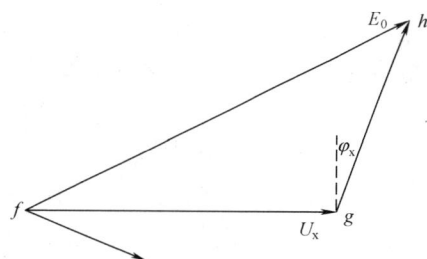

图 3-10　额定运行状态下的相量图

　　同步发电机也可以吸收无功功率以超前功率因数运行，也就是所谓的进相运行。发电机进相运行时，定子电流和励磁电流的大小都不再是限制条件，并列运行的稳定性或定子端部铁心等的发热成了限制条件。其所能吸收的无功功率数量一般需要通过试验来决定。大部分发电机允许在 0.98 的功率因数下长期运行。

　　一般在正常运行情况下，发电机的电压可以在 ±5% 范围内变化而不影响其额定容量。由于发电机的额定电压比网络额定电压高 5%，相当于发电机可以在网络额定电压的 100%～110% 范围内运行。在一些情况下，单靠改变发电机的电压并不能使系统中所有母线的电压都完全满足要求，可能需要与固定分接头变压器的分接头位置设定相配合才能满足各个母线的电压要求。然而，由于改变发电机运行电压并不像采用带负荷调压变压器那样需要增加费用，因此，在需要采用电压调整措施时，一般总是优先考虑通过改变发电机电压来进行调压，即使用它不能完全满足电压要求，至少可以减少对其他调压措施的要求。

　　2. 同步调相机和同步电动机

　　采用同步调相机是早期的无功功率补偿方法，已实际应用数十年，在电压和无功功率控制中发挥了非常重要的作用。同步调相机既可以用于发出无功功率，也可以用于吸收无功功率，其所能吸收的无功功率为额定容量的 60% 左右。同步调相机不仅能补偿固定的无功功率，对变化的无功功率也能进行动态的连续补偿，而且对于容性、感性无功功率均能起到补偿作用。同步调相机的优点是调节比较灵活，不但可以用来控制系统的电压，而且可以用于提高系统的稳定性，其缺点是设备投资和维护费用高，使其应用越来越少，目前已基本上遭淘汰，被新的补偿方式所取代。

特殊运行状态下的同步电动机可视为不带有功负荷的同步发电机或是不带机械负荷的同步电动机。充分利用用户所拥有的同步电动机，使其过励磁运行，对提高电力系统的电压水平也是有利的。

3. 并联电容器

并联电容器从电力系统吸收容性的无功功率，也就是说可以向电力系统提供感性的无功功率，因此可视为无功功率电源。电容器的容量可大可小，既可集中使用，又可分散使用，并且可以分相补偿，随时投入、切除部分或全部电容器组，运行灵活。电容器的有功损耗小（约占额定容量的 $0.3\% \sim 0.5\%$），投资也较小，因此是应用最广泛的无功补偿设备。其缺点是，所发出的无功功率与电压的平方成正比，当电压降低时发出的无功功率显著减少，而这时正是系统需要无功电源的时候。此外，电容器只能成组地投入和切除，而不能进行连续调节。

（1）电容补偿容量的选定。先进行负荷计算，确定有功功率 P_{30} 和无功功率 Q_{30}，补偿前自然功率因数为 $\cos\varphi_1$，要补偿到的功率因数为 $\cos\varphi_2$，则

$$Q_{30} = aP_{30}(\tan\varphi_1 - \tan\varphi_2) \tag{3-11}$$

式中　a——平均负荷因数。

（2）电容器组投切方式的选择。电容器组投切方式分为手动和自动两种。对于补偿低压基本无功、常年稳定、投切次数少的高压电容器组，宜采用手动投切。为避免过补偿或轻载时电压过高，易造成设备损坏的电容器组，宜采用自动投切。高、低压补偿效果相同时，宜采用低压自动补偿装置。

三、注意事项

（1）防止产生自励。采用电容器就地补偿电动机，切断电源后，电动机在惯性作用下继续运行，此时电容器的放电电流成为励磁电流，如果电容过补偿，就可使电动机的磁场得到自励而产生电压。因此，为防止产生自励，可按下式选用电容

$$Q_{\mathrm{C}} = 0.93UI_0 \tag{3-12}$$

（2）防止过电压。电容器补偿容量过大会引起电网电压升高，并会导致电容器损坏。我国并联电容器国标规定："工频长期过电压值最多不超过 1.1 倍额定电压"。

（3）防止产生谐振。

（4）防止受到系统谐波影响。对于有谐波源的供电线路，应增设电抗器等措施，使谐波影响不致造成电容器损坏。

并联电容器是电网中用得最多的一种无功功率补偿设备，目前国内外电力系统中 90% 的无功补偿设备是并联电容器。

（5）并联电抗器。并联电抗器是一种感性无功补偿设备，它可以吸收系统中过剩的无功功率，避免电网运行电压过高。

为了防止超高压线路空载或轻负荷运行时，线路的充电功率造成线路电压升高，一般装设并联电抗器吸收线路的充电功率。同时，并联电抗器也用来限制由于突然甩负荷或接地故障引起的过电压，从而避免危及系统的绝缘。

并联电抗器可以直接接到超高压线路上，其优点是可以限制高压线路的过电压，与中性

点小电抗配合，有利于超高压长距离输电线路单相重合闸过程中故障相的消弧，从而提高单相重合闸的成功率。高压电抗器本身损耗小，但造价较高。并联电抗器也可以接到低压侧或变压器三次侧，有干式的和油浸的两种，并联电抗器的优点是造价较低，操作方便。从发展趋势看，将更多地采用高压电抗器。

大型并联电抗器的技术、结构和标准与大型电力变压器类似，也有单相和三相、心式和壳式之分。心式还可以分为带间隙柱的和空心式的，目前我国制造的高压大容量并联电抗器只采用心式结构。心式电抗器的结构与心式变压器类似，但是只有一个绕组，在磁路中加入间隙以保证不饱和，维持线性。

饱和电抗器分为自饱和电抗器和可控饱和电抗器两种，相应的无功补偿装置也就分为两种。具有自饱和电抗器的无功补偿装置是依靠电抗器自身固有的能力来稳定电压，它利用铁心的饱和特性来控制发出或吸收无功功率的大小。可控饱和电抗器通过改变控制绕组中的工作电流来控制铁心的饱和程度，从而改变工作绕组的感抗，进一步控制无功电流的大小。这类装置组成的静止无功补偿装置属于第一批静止补偿器。早在 1967 年，这种装置就在英国制成，后来美国通用电气公司（GE）也制成了这样的静止无功补偿装置，但是由于这种装置中的饱和电抗器造价高，约为一般电抗器的 4 倍，并且电抗器的硅钢片长期处于饱和状态，铁心损耗大，比并联电抗器大 2～3 倍，另外这种装置还有振动和噪声，而且调整时间长、动态补偿速度慢，由于有这些缺点，采用饱和电抗器的静止无功补偿器目前应用的比较少，一般只在超高压输电线路中才使用。

（6）静止无功功率补偿器。静止无功功率补偿器是一种发展很快的无功功率补偿装置。它可以根据负荷的变化，自动调整所吸收的电流，使端电压维持不变，并能快速、平滑地调节无功功率的大小和方向，以满足动态无功功率补偿要求，尤其对冲击性适应性较好。与同步调相机相比较，静止无功功率补偿器运行维护简单，功率损耗较小，能够做到分相补偿以适应不平衡的负荷变化。其缺点是最大无功补偿量正比于端电压的平方，在电压很低时，无功补偿量将大大降低。

第九节　电力系统的电压调整

一、电压调整的基本原理

下面以简单电力系统为例，说明常用的各种调压措施所依据的基本原理。发电机通过升压变压器、线路和降压变压器向用户供电，要求调整负荷节点 b 的电压。为简单起见，略去线路的电容功率、变压器的励磁功率和网络的功率损耗，变压器的参数已经折算到高压侧。b 点的电压为

$$U_b = \frac{U_G K_1 - \Delta U}{K_2} \approx \frac{U_G K_1 - \dfrac{PR + QX}{U}}{K_2} \qquad (3-13)$$

式中　K_1、K_2——升压变压器和降压变压器的变比（电压比）；

　　　R、X——变压器和线路的总电阻、总阻抗。

为了调整用户端电压 U_b 可以采取以下的措施：

（1）调节励磁以改变发电机端电压 U_G。

（2）适当选择变压器的变比（电压比）。

（3）改变线路的参数。

（4）改变无功功率的分布。

二、发电机的调压

利用发电机的自动调节励磁装置，调节发电机的励磁电流，可以改变发电机电动势或端电压，因此这种调压措施也称为改变发电机励磁调压。当负荷增大时，会造成用户端电压降低，此时增加发电机励磁电流，以提高发电机电压；相反，当负荷降低时，减少发电机励磁电流，以降低发电机电压。这种调压方式就是逆调压，所有发电机电压母线都可以实现逆调压。当发电机运行电压的变化范围在额定值的 $\pm 5\%$ 以内时，能够以额定功率运行。

改变发电机励磁调压主要用于孤立运行的发电厂不经升压直接供电的小型系统，因为这样的系统供电线路不长，线路上电压损耗较少，基本上可满足负荷点的电压质量要求。这种方法简单、经济，且不需增加额外设备。

但是，对于线路较长、供电范围较大、由发电机经多级变压的供电系统，仅借助于改变发电机端电压不能保证全部负荷对电压质量的要求。如某一多级电压的电网，从发电机端到最远处的负荷点之间，在最大负荷时总电压损耗为 34%，在最小负荷时总电压损耗为 14%，其变化幅度为 20%。利用发电机进行逆调压也只能缩小 5%，仍然相差 15%，电压质量不能满足要求。在此情况下，发电机调压主要是为了满足近处地方负荷的电压质量要求，全面调压必须再配合其他的调压措施。

三、改变变压器变比调压

改变变压器变比是通过改变变压器绕组间匝数比来实现的，因此这种调压措施也称作利用变压器分接头调压。分接头设置在双绕组变压器的高压绕组、三绕组变压器的高压绕组和中压绕组。一般的，与绕组额定电压值对应的分接头为主分接头，其他分接头为附加分接头。

1. 普通变压器

普通变压器在运行过程中不能更换分接头，只有在停运情况下才能调整变比。变压器一般有 2 个或 4 个附加的分接头，如：$35 \times (1 \pm 5\%)/6.3\text{kV}$ 变压器有 3 个分接头，主分接头电压为 35kV，两个附加分接头电压分别是 $35 \times (1+5\%) = 36.5$（kV）和 $35 \times (1-5\%) = 33.25$（kV）；$121 \times (1 \pm 2 \times 2.5\%)/10.5\text{kV}$ 变压器有 5 个分接头，主分接头电压为 121kV，4 个附加分接头电压分别为 $121 \times (1+5\%) = 127.05$（kV），$121 \times (1+2.5\%) = 124.025$（kV），$121 \times (1-2.5\%) = 117.95$（kV），$121 \times (1-5\%) = 114.95$（kV）。低压绕组电压等于其额定电压。实际应用中，需按各种运行方式下对电压的要求选择合适的分接头，下面介绍分接头的选择方法。

（1）双绕组降压变压器。

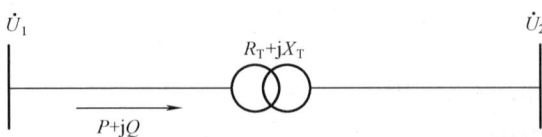

图 3-11　降压变压器

图 3-11 所示为一降压变压器，变压器阻抗归算至高压侧，由变压器变比的定义可得

$$K = \frac{U_1 - \Delta U_T}{u_2} = \frac{U_{1f}}{u_{2N}} \quad (3-14)$$

则

$$U_{1f} = \frac{U_1 - \Delta U_T}{u_2} \times u_{2N} \qquad (3-15)$$

式中 U_{1f} ——变压器高压绕组分接头电压；

    U_1 ——变压器高压母线的实际电压；

    ΔU_T ——变压器归算到高压侧的阻抗电压损耗；

    u_2 ——按调压要求变压器低压绕组电压；

    u_{2N} ——变压器低压绕组额定电压。

不同运行方式时，U_1、ΔU_T、u_2 都不相同，因此 U_{1f} 的值也不同，而正常运行中只能使用一个固定分接头，这时，可以分别计算最大负荷和最小负荷方式下的分接电压，然后取算数平均值，即

$$U_{1fmax} = \frac{U_{1max} - \Delta U_{Tmax}}{u_{2max}}$$

$$U_{1fmin} = \frac{U_{1min} - \Delta U_{Tmin}}{u_{2min}} \qquad (3-16)$$

$$U_{1fav} = \frac{U_{1fmax} + U_{1fmin}}{2}$$

根据 U_{1fav} 值选择一个与它最接近的分接头，然后根据所选的分接头校验最大负荷和最小负荷时低压母线上的实际电压是否符合要求。

【例 3-7】 有一降压变压器归算至高压侧的阻抗 $Z_T = (2.44 + j40)\Omega$，变压器的额定电压为 $110 \times (1 \pm 2 \times 2.5\%)/6.3$ kV。在最大负荷时变压器高压侧通过功率为 $(28 + j14)$ MVA，高压母线电压为 113kV，低压母线侧要求电压为 6kV；在最小负荷时，变压器高压侧通过功率为 $(10 + j6)$ MVA，高压母线电压为 115kV，低压母线要求电压为 6.6kV。试选择该变压器的分接头。

解 1）先计算在最大、最小负荷时变压器的电压损耗

$$\Delta U_{Tmax} = \frac{P_{1max}R + Q_{1max}X}{U_{1max}} = \frac{28 \times 2.44 + 14 \times 40}{113} = 5.56 \text{ (kV)}$$

$$\Delta U_{Tmin} = \frac{P_{1min}R + Q_{1min}X}{U_{1min}} = \frac{10 \times 2.44 + 6 \times 40}{115} = 2.299 \text{ (kV)}$$

2）最大、最小负荷时所要求的分接头电压

$$U_{1fmax} = \frac{U_{1max} - \Delta U_{Tmax}}{u_{2max}} u_{2N} = \frac{113 - 5.56}{6} \times 6.3 = 112.812 \text{ (kV)}$$

$$U_{1fmin} = \frac{U_{1min} - \Delta U_{Tmin}}{u_{2min}} u_{2N} = \frac{115 - 2.299}{6.6} \times 6.3 = 107.578 \text{ (kV)}$$

3）取算术平均值

$$U_{1fav} = \frac{112.812 + 107.578}{2} = 110.195 \text{ (kV)}$$

选最接近的分接头电压 $\qquad U_{1f} = 110 \text{ (kV)}$

4）按所选分接头校验低压母线的实际电压

$$U_{2max} = \frac{U_{1max} - \Delta U_{Tmax}}{u_{1f}} u_{2N} = \frac{113 - 5.56}{110} \times 6.3 = 6.15 \text{ (kV)}$$

$$U_{2min} = \frac{U_{1min} - \Delta U_{Tmin}}{u_{1f}} u_{2N} = \frac{115 - 2.299}{110} \times 6.3 = 6.45 \text{ (kV)}$$

满足要求。

（2）双绕组升压变压器。升压变压器高压绕组分接头电压的确定方法与降压变压器相同。但需要注意的是由于升压变压器中功率方向是从低压侧指向高压侧，因此式（3－17）中 ΔU_{T} 前的符号应为正，即

$$U_{1f} = \frac{U_1 + \Delta U_{\mathrm{T}}}{u_2} u_{2N} \tag{3-17}$$

另外，在最大、最小负荷情况下，要求发电机的端电压均取其额定电压 u_{GN}，并按发电机允许的电压偏移进行校验。如果在发电机电压母线上有地方负荷，则应当满足地方负荷对发电机母线的调压要求，一般可采用逆调压方式。

（3）三绕组变压器。三绕组变压器高压绕组、中压绕组分接头的确定按双绕组变压器的方法分两步进行：

1）第一步。根据低压母线的调压要求，在高、低压绕组之间进行计算，选取高压绕组的分接头电压 U_{1f}。

2）第二步。根据中压母线的调压要求及选取的高压绕组分接头电压 U_{1f}，在高、中压绕组之间进行计算，选取中压绕组的分接头电压 U_{2f}。确定的变比即为 $U_{1f}/U_{2f}/U_{3f}$。

2．有载调压变压器

有载调压变压器（又称带负荷调压变压器），可以在有载情况下更换分接头。并且分接头个数较多。电压为 110kV 及以下的有载调压器，高压绕组有 7 个分接头；电压为 220kV 的有载调压器有 5 个分接头。如有特殊需要，制造厂可提供更多数量分接头的有载调压变压器。

四、利用无功功率补偿调压

当系统中无功电源不足时，必须考虑采用无功补偿调压，下面介绍各种无功功率补偿设备及补偿方式。

图 3－12 所示降压变压器线路中，阻抗为归算到高压侧的线路和变压器总阻抗，忽略线路电纳和变压器的空载损耗。

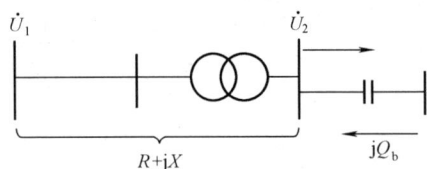

图 3－12　降压变压器

变电站未装补偿装置前，电网首端电压为

$$U_1 = U_2 + \frac{P_2 R + Q_2 X}{U_2} \tag{3-18}$$

变电站装有容量为 Q_b 的并联补偿装置后，电网首端电压为

$$U_1 = U_{2C} + \frac{P_2 R + (Q_2 - Q_b) X}{U_{2C}} \tag{3-19}$$

若 U_1 不变，则

$$U_2 + \frac{P_2 R + Q_2 X}{U_2} = U_{2C} + \frac{P_2 R + (Q_2 - Q_b) X}{U_{2C}} \tag{3-20}$$

整理后得

$$\frac{Q_b X}{U_{2C}} = (U_{2C} - U_2) + \left(\frac{P_2 R + Q_2 X}{U_{2C}} - \frac{P_2 R + Q_2 X}{U_2} \right) \tag{3-21}$$

一般情况下，$\left(\dfrac{P_2R+Q_2X}{U_{2\mathrm{C}}}-\dfrac{P_2R+Q_2X}{U_2}\right)$值较小，可略去，可得

$$Q_{\mathrm{b}}=\frac{U_{2\mathrm{C}}}{X}(U_{2\mathrm{C}}-U_2) \tag{3-22}$$

设变压器的变比为 K，经过补偿后变电站低压侧要求保持的实际电压为 $u_{2\mathrm{C}}$，则 $U_{2\mathrm{C}}=Ku_{2\mathrm{C}}$，代入式（3-23）中可得

$$Q_{\mathrm{b}}=\frac{Ku_{2\mathrm{C}}}{X}(Ku_{2\mathrm{C}}-U_2)=\frac{u_{2\mathrm{C}}}{X}\left(u_{2\mathrm{C}}-\frac{U_2}{K}\right)K^2 \tag{3-23}$$

符号说明：高压侧电压用大写字母"U"，低压侧电压用小写字母"u"，补偿后的参数在下标中加字母"C"。

五、改变电网参数的调压

改变电网参数，即减小线路的电阻或电抗，从而减少线路上的电压损耗，以提高末端电压达到调压的目的。一般减少电阻是通过增加线路导线截面积来实现；减少电抗则是在线路上串联电容器以容抗补偿线路的感抗。

本　章　小　结

频率是衡量电能质量的重要指标。实现电力系统在额定频率下的有功功率平衡，并留有必要的备用容量，是保证频率质量的基本前提，需了解有功功率平衡的基本内容及各种备用容量的作用。

负荷变化将引起频率偏移，系统中凡装有调速器，又尚有可调容量的发电机组都自动参与频率调整，这就是频率的一次调整，只能做到有差调节。频率的二次调整由主调频厂承担，调频机组通过调频器移动机组的功率频率静特性，改变机组的有功输出，承担系统的负荷变化，可以做到无差调节。主调频厂应有足够的调频容量，具有能适应负荷变化的调整速度，调整功率时还应符合安全经济的原则。

利用负荷机组的功率频率静态特性可以分析频率的调整过程和调整结果。

全系统的频率是统一的，调频问题涉及整个系统。当线路有功功率不超出容许范围时，有功电源的分布不会妨碍频率的调整，而无功功率平衡和调压问题则宜于按地区解决。

在进行各类电厂的负荷分配时，应根据各类电厂的技术经济特点，力求做得到合理利用国家的动力资源，尽量降低发电能耗和发电成本。

电力系统电压调整的目的是在各种运行方式下，维持各用电设备的端电压偏移不超过规定的允许范围，保证电力系统运行的安全可靠、电能质量和经济性。

由于电力系统结构复杂，用电设备数量极大，因此电力系统运行部门对网络各母线电压及各用电设备的端电压进行监视和调整是不可能的，而且也没有必要。然而常常在电力系统中选择一些有代表性的点（母线）作为电压中枢点。运行人员监视中枢点电压，将中枢点电压控制调整在允许的电压偏移范围内。只要这些中枢点的电压质量满足要求，其他各点的电压质量就基本上满足要求。电压中枢点是指那些能反映和控制整个系统电压水平的点。

一般选择下列母线作为中枢点：①大型发电厂的高压母线（高压母线上有多回出线时）；②枢纽变电站的二次母线；③有大量地方性负荷的发电厂母线。

电力系统的调压方式是根据中枢点所管辖的电力网中负荷分布的远近及负荷变动的程

度，对中枢点的电压调整方式提出原则性要求，以确定一个大致的电压变动范围。这种电压调整方式一般分为：逆调压、顺调压和常调压三种。

（1）逆调压。对于大型网络、供电线路较长、负荷变动较大的中枢点实行逆调压。逆调压要求的调压范围：在大负荷时，中枢点电压较网络的额定电压高 5%，即 $1.05U_N$；在小负荷时，中枢点电压等于网络的额定电压，即 $1.0U_N$。

（2）顺调压。对于小型网络、供电线路不长、负荷变动不大的中枢点采用顺调压。顺调压要求的调压范围：在大负荷时，中枢点电压不低于网络额定电压的 2.5%，即 $1.025U_N$；在小负荷时，中枢点电压不高于网络额定电压的 7.5%，即 $1.075U_N$。

（3）常调压。对于中型网络、大小负荷波动差不多的中枢点实行常调压。中枢点电压在大小负荷时均维持一恒定电压，此电压一般控制在 $(1.02\sim1.05)U_N$。

电力系统中的调压措施是必须根据系统各节点的具体调压要求，在不同的节点采用不同的调压方法。调压方法很多，如：调节发电机的励磁调节器，设置调相机、并联电容器、并联电抗器；改变变压器分接头，利用有载调压变压器；串联电容器，停投并列运行的变压器等。

思 考 题 与 习 题

3-1　电力系统中无功负荷和无功损耗主要是指什么？

3-2　如何进行电力系统无功功率的平衡？在何种状态下才有意义？定期做电力系统无功功率平衡计算的主要内容有哪些？

3-3　电力系统中无功功率电源有哪些？其工作原理分别是什么？

3-4　电力系统中无功功率与节点电压有什么关系？

3-5　电力系统的电压变动对用户有什么影响？

3-6　电力系统中无功功率的最优分布主要包括哪些内容？分别服从什么准则？

3-7　电力系统中电压中枢点一般选在何处？电压中枢点的调压方式有哪几种？哪一种方式容易实现？哪一种方式最不容易实现？为什么？

3-8　电力系统电压调整的基本原理是什么？当电力系统无功功率不足时，是否可以通过改变变压器的变比调压？为什么？

3-9　电力系统常见的调压措施有哪些？

3-10　试推导变压器分接头电压的计算公式，并指出升压变压器和降压变压器有何异同点？

3-11　有载调压变压器与普通变压器有什么区别？在什么情况下宜采用有载调压变压器？

3-12　在按调压要求选择无功补偿设备时，选用并联电容器和调相机是如何考虑的？选择方法有什么不同？

3-13　什么是静止补偿器？其原理是什么？有何特点？常见的有哪几种类型？

3-14　电力系统频率偏高或偏低有哪些危害？

3-15　电力系统有功功率负荷变化的情况与电力系统频率的一、二、三次调整有何关系？

3-16 按照周期的不同，有功功率负荷预测分为哪几种？有功功率负荷预测的方法有哪些？

3-17 什么叫电力系统有功功率的平衡？在什么状态下有功功率平衡才有意义？

3-18 什么是备用容量？如何考虑电力系统的备用容量？备用容量的存在形式有哪些？备用容量主要分为哪几种？各自的用途是什么？

3-19 电力系统中有功功率最优分配问题的主要内容有哪些？

3-20 变电站装设一台双绕组变压器，型号为 SFL-31500/110，变比为 $110 \times (1 \pm 2 \times 2.5\%)/38.5kV$，空载损耗 $\Delta P_0 = 86kW$，短路损耗 $\Delta P_K = 200kW$，短路电压百分值 $U_k\% = 10.5$，空载电流百分值 $I_0\% = 2.7$。变电站低压侧所带负荷为 $S_{max} = (20 + j10)$ MVA，$S_{min} = (10 + j7)$ MVA，高压母线电压最大负荷时为 105kV，最小负荷时为 105kV，低压母线要求逆调压。试选择变压器分接头电压。

3-21 一条 35kV 的供电线路，线路末端负荷为 $(8 + j6)$ MVA，线路阻抗为 $(12.54 + j15.2)$ Ω，线路首端电压保持 37kV。现在线路上装设串联电容器以便使线路末端电压维持在 34kV。若选用 YL1.05-30-1 单相油浸纸质移相电容器，其额定电压为 1.05kV、$Q_{NC} = 30kvar$，需装设多少个电容器，其总容量是多少？

3-22 某电力系统负荷的频率调节效应 $K_{L*} = 2.0$，主调频厂额定容量为系统负荷的 20%，当系统运行于负荷 $P_{L*} = 1.0$，$f_N = 50Hz$ 时，主调频厂出力为其额定值的 50%。如果负荷增加，而主调频厂的频率调整器不动作，系统的频率就下降 0.3Hz，此时测得 $P_{L*} = 1.1$（发电机组仍不满载）。现在频率调整器动作，使频率上升 0.2Hz，问二次调频作用增加的功率是多少？

第四章 电力系统故障分析

第一节 电力系统故障分析概述

为保证电力系统的安全、可靠运行，在电力系统规划设计、运行分析中，不仅要考虑系统在正常状态的运行情况，还应考虑系统发生故障时，系统的运行参数发生剧烈变化时的情况。系统从一种运行状态过渡到另一种运行状态，有可能产生不良后果或达到另一种新的稳定运行的状态。由于运行参数大幅度偏离正常值，使得电能质量严重被破坏，如不及时采取措施，系统就很难恢复正常运行。这将给工农业生产、国防建设、交通运输及人们的生活带来严重影响。

电力系统可能发生的故障类型较多，对电力系统危害较为严重的有短路、断路和各种复杂的故障等，但短路故障对电力系统的危害最为严重。

一、短路的概念、类型及其危害

1. 短路的基本概念

短路是指电力系统正常运行情况之外的相与相或在中性点接地系统中相与地之间的短接。电力系统正常运行时，除中性点外，其相与相或相与地之间都是绝缘的。当相间绝缘丧失或被破坏时，就使得相线之间发生短路，即为电力系统发生了短路故障。电力系统发生短路的基本类型有三相短路、两相短路、两相接地短路和单相接地短路。其中发生三相短路时，三相电路依旧是对称的，称为对称短路，其他短路均为不对称短路。各种短路故障类型的示意图和符号见表 4 - 1。

表 4 - 1 各种短路故障类型的示意图和符号

短路种类	示意图	符号
三相短路	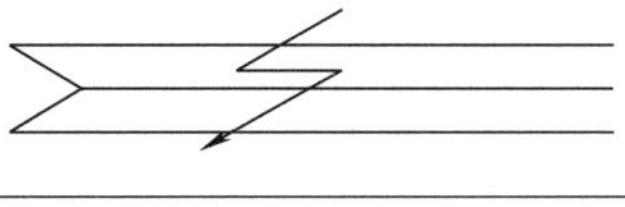	$k^{(3)}$
两相短路	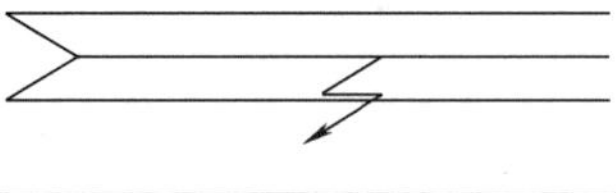	$k^{(2)}$
单相接地短路	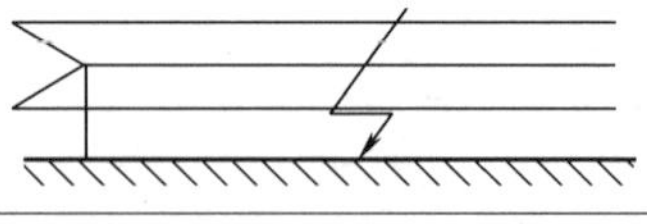	$k^{(1)}$
两相接地短路	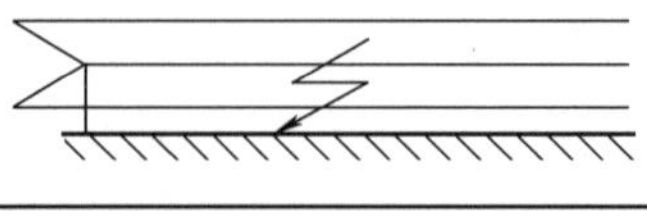	$k^{(1,1)}$

电力系统的运行经验表明，架空输电线路是电力系统中比较薄弱的环节，发生短路的概率最高。据我国多年运行经验统计，在不同范围内发生短路故障的相对次数为：110kV 线路 78.0%；6000kW 以上的发电机组 7.5%；110kV 变压器 6.5%；110kV 母线 8.0%。

110kV 线路发生各种类型短路故障的相对概率为：三相短路 5%；两相短路 4%；单相接地短路 83%；两相接地短路 8.0%。

可见，单相接地短路发生的概率最大，三相短路发生的概率最小。

2. 短路的原因

短路故障发生的原因主要是电气设备载流部分的绝缘损坏。引起绝缘损坏的原因主要有各种形式的过电压（例如雷电过电压、操作过电压）和绝缘材料的老化、污损、机械损伤等。而绝缘的破坏大多是由于设备中的缺陷没被及时发现和消除，以及设计、安装和运行维护不良所导致的。此外，运行人员带负荷拉隔离开关或线路检修后未拆除接地线就通电等误操作，也会引起短路故障。鸟兽跨接在裸露的载流导体上以及风、雪、雨、雹等自然现象造成的短路也为数不少。

3. 短路的现象及后果

（1）短路故障时，短路点附近的支路中出现比正常值大许多倍的短路电流，高达几万乃至几十万安培。由于短路电流的电动力效应，导体间将产生很大的电动力。大的电动力可能破坏导体支持物或使事故不断扩大。

（2）设备通过短路电流时，导体间会产生机械应力，可能使设备变形或遭受不同程度的破坏。

（3）短路故障发生时，系统电压会大幅度下降，对用户影响很大。特别是三相短路，短路点电压接近于零。

（4）故障时，短路点往往会有电弧产生，它不仅可能烧坏故障设备，还可能扩大事故范围。

（5）发生接地短路时，会产生不平衡电流及磁通，将在邻近的平行线路内（如通信线路、铁道信号系统等）感应出很大的电动势。这将造成对通信的干扰，并危及设备和人身的安全。

（6）当短路发生地点离电源不远而且持续时间较长时，并列运行的发电机可能失去同步，破坏了系统稳定，造成大片地区停电，这是短路故障最严重的后果。

4. 短路后果举例

2003 年 8 月 14 日美加大停电，美国东部（EDT）时间 2003 年 8 月 14 日 16：11 开始（北京时间 8 月 15 日晨 4：11），美国东北部和加拿大东部联合电网发生了大面积停电事故。

纽约：交通瘫痪、公路堵塞，人被困在电梯和地下隧道里或冒酷热步行回家。

停电影响了美国俄亥俄州、密歇根州、纽约州、马萨诸塞州、康涅狄克州、新泽西州、宾夕法尼亚州、佛蒙特州（8 个州），加拿大安大略省、魁北克省（2 个省）。损失负荷 6180 万 kW，5000 万居民失去电力供应，恢复需几天时间。

8 月 14 日 19：30 恢复 134 万 kW；8 月 14 日 23：00 恢复 2130 万 kW；8 月 15 日 11：00 恢复 4860 万 kW。

美国切机 20 多台（含 9 台核电机组），美加共计切机百余台。美国经济学家估计美国损失 300 亿美元/天，安大略省损失 50 亿美元。

二、计算短路电流的目的

短路故障对电力系统的正常运行影响很大，所造成的后果也十分严重，因此在系统的设计、设备的选择以及系统运行中，都应该重点防止短路故障的发生，以及在短路故障发生后要尽量限制影响范围。实际上，短路问题已成为电力技术方面的基本问题之一。在发电厂、变电站以及整个电力系统的设计和运行的许多工作中，如选择合理的电气接线图，选用有足够热稳定和动稳定的电气设备及载流导体，确定限制短路电流的措施，研制和在电力系统中合理配置各种继电保护和自动装置，并正确整定其参数等，都必须依据短路计算结果。所以，我们必须了解短路电流的产生和变化规律，掌握分析短路电流的计算方法。

短路电流计算的具体目的是：

（1）选择电气设备。电气设备，如开关电器、母线、绝缘子、电缆等，必须具有充分的电动力稳定性。

（2）继电保护的配置和整定。系统中应配置继电保护及其参数整定时，必须对电力系统各种短路故障进行计算分析，不仅要计算短路点的短路电流，还要计算短路电流在网络各支路中的分布情况，并要进行多种运行方式的短路计算。

（3）电气主接线方案的选择和比较。在发电厂和变电站的主接线设计中，主接线方案的不同也会使得短路电流值不同，太大的短路电流值要选用价格昂贵的电气设备，使得投资太高而不合理。因此，在选择比较方案时，短路计算是很重要的。

（4）通信干扰。在设计 110kV 及以上电压等级的架空输电线路时，计算短路电流以确定电力线对邻近通信线路的干扰影响。

（5）确定分裂导线间隔棒的间距。在 500kV 配电装置中，普遍采用分裂导线。短路电流会使得导线、绝缘子、架构等遭受严重受力影响。为了合理限制架构受力，工程上要按最大可能出现的短路电流确定分裂导线间隔棒的安装距离。

（6）短路计算还可以进行电力系统暂态稳定计算，研究短路对维护工作的影响等。

短路电流计算还有很多目的，例如确定中性点的接地方式，校验接地装置的接触电压和跨步电压，计算软导线的短路摇摆等。

三、短路电流实用计算的基本假设

（1）不考虑发电机间的摇摆现象和磁饱和。

（2）电力系统中所有发电机电动势的相角在短路过程中都相同，频率与正常工作时相同。

（3）在网络方面，忽略线路对地电容，忽略变压器的励磁支路（三相三柱式变压器的零序等值电路除外），在高压电网中可忽略电阻。

（4）变压器的励磁电流和电阻、架空线的电阻和对地电容均略去，都用纯电抗表示。此假设将复数运算简化为代数运算。

（5）对负荷只作近似估算，对离短路点较远的负荷可忽略不计，只考虑接在短路点附近的大容量电动机对短路电流的影响。

（6）短路点的阻抗为零。

第二节　无穷大容量电源供电系统三相短路分析

无限大容量电源供电系统就是容量相对于用户内部供配电系统容量大得多的电力系统，以致用户的负荷不论如何变动甚至发生短路时，电力系统变电站馈电母线的电压幅值和频率都能维持基本不变。在实际中，当电力系统电源内阻抗不超过短路回路总阻抗的 5%～10%，或者电力系统容量超过用户（含企业）供配电系统容量的 50 倍时，就可将电力系统视为"无限大容量电源"。

把系统当作无穷大电源系统，其内阻抗为零，电压和频率保持不变，这样计算出的短路电流偏于安全。

一、无穷大容量电源系统发生三相短路的暂态过程

图 4-1 所示为一无限大容量电源供电的简单电力系统。图中 R、L 为变压器、线路等元件的等值电阻和电感，R'、L' 为负荷的电阻和电感。

假设图 4-1 所示的三相对称电路短路前处于某稳定状态，由于是三相对称电路，取出其中的一相来讨论，则有

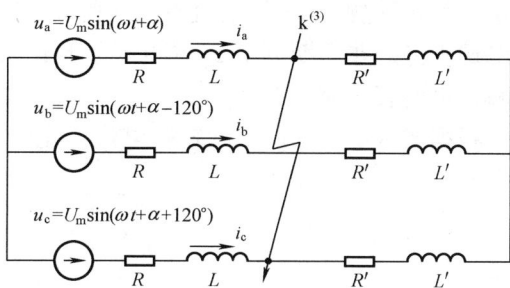

图 4-1　无穷大容量电源系统发生三相对称短路

$$\left.\begin{array}{l} u_{\mathrm{a}} = U_{\mathrm{m}}\sin(\omega t + \alpha) \\ i_{\mathrm{a[0]}} = I_{\mathrm{m[0]}}\sin(\omega t + \alpha - \varphi_{[0]}) \end{array}\right\} \qquad (4-1)$$

式中　U_{m}——电源电动势幅值，是恒定不变的；

　　　I_{m}——短路前电流幅值；

　　　α——短路前电路的阻抗角；

　　　$\varphi_{[0]}$——短路故障瞬间电动势的初相角，也称为合闸角；

　　　[0]——下标，表示短路前的状态。

三相短路点将网络分成两个独立的部分，右侧为无源网络，暂态过程就是从短路瞬间电流按指数规律衰减到零，能量转换成电阻消耗的热能。本节主要研究的是左边网络中的电磁暂态过程。

假定短路在 $t=0$ 时发生，短路点左侧电路 a 相的电磁暂态过程用以下微分方程表示

$$Ri_{\mathrm{a}} + L\frac{\mathrm{d}i_{\mathrm{a}}}{\mathrm{d}t} = U_{\mathrm{m}}\sin(\omega t + \alpha) \qquad (4-2)$$

式 (4-2) 的解就是短路的全电流，即得 a 相短路电流瞬时值表达式为

$$i_{\mathrm{a}} = I_{\mathrm{pm}}\sin(\omega t + \alpha - \varphi) + Ce^{-\frac{t}{T_{\mathrm{a}}}} \qquad (4-3)$$

其中

$$I_{\mathrm{pm}} = \frac{U_{\mathrm{m}}}{\sqrt{R^2 + (\omega L)^2}}$$

$$\varphi = \arctan\frac{\omega L}{R}$$

$$T_{\mathrm{a}} = \frac{L}{R}$$

式中　I_{pm}——短路电流周期分量的幅值；

　　　φ——短路回路的阻抗角；

　　　C——积分常数；

　　　T_{a}——非周期分量电流衰减时间常数。

因为电感电路中的电流不能突变，积分常数 C 可以确定，将 $t=0$ 代入式 (4-1) 和

式（4-2）

$$C = I_{m[0]}\sin(\alpha - \varphi_{[0]}) - I_m\sin(\alpha - \varphi) \tag{4-4}$$

其解＝特解＋齐次方程的通解

$$i_a = I_m\sin(\omega t + \alpha - \varphi) + [I_{m[0]}\sin(\alpha - \varphi_{[0]}) - I_m\sin(\alpha - \varphi)]e^{-\frac{t}{T_a}} \tag{4-5}$$

由式（4-5）可见，短路电流由两部分组成，前者是由电源支持的周期分量 i_p（也称为强制分量），由于电源电压的幅值不变，所以该电流的幅值不变，也就是短路稳态电流；后者是无电源支持的非周期分量 i_{ap}（也就是自由分量电流），其大小在暂态过程中以时间常数 T_a 衰减，最终衰减为零。

根据式（4-5）所作的短路电流变化曲线如图4-2所示。

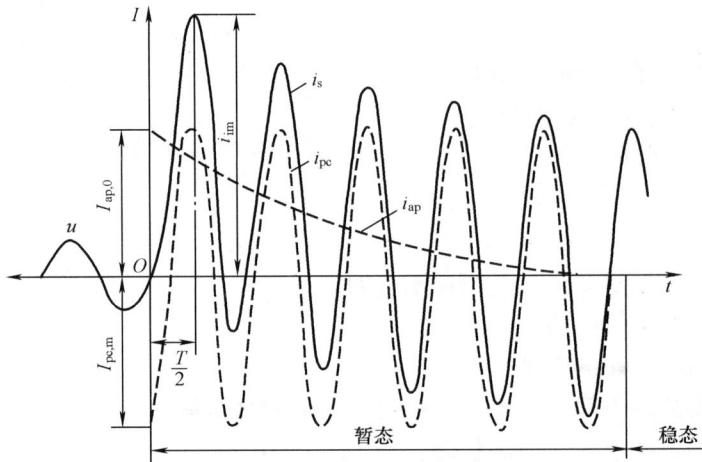

图4-2　短路电流变化曲线

$I_{ap,0}$—a 相短路电流非周期分量初值；$I_{pc,m}$—c 相短路电流周期分量最大值；
i_{im}—短路点的冲击电流；i_{pc}—c 相短路电流调期分量；
i_s—短路电流；i_{ap}—a 相短路电流非周期分量

由于短路瞬间电感中的电流不能突变，所以短路前瞬间（以下标 [0] 表示）的电流 $i_{m[0]}$ 与短路发生后瞬间（以下角标 0 表示）的电流 i_{m0} 相同。

短路之前的电流为

$$i_{a[0]} = I_a\sin(\alpha_0 - \varphi_0)$$

短路发生瞬间的电流为

$$i_{a0} = I_{pm}\sin(\alpha_0 - \varphi) + A$$

因此有

$$A = I_m\sin(\alpha_0 - \varphi_0) - I_{pm}\sin(\alpha_0 - \varphi)$$

$$i_a = i_p + i_{ap} = I_{pm}\sin(\omega t + \alpha_0 - \varphi) + [I_m\sin(\alpha_0 - \varphi_0) - I_{pm}\sin(\alpha_0 - \varphi)]e^{-\frac{t}{T_a}} \tag{4-6}$$

$$i_p = I_{pm}\sin(\omega t + \alpha_0 - \varphi) \tag{4-7}$$

$$i_{ap} = [I_m\sin(\alpha_0 - \varphi_0) - I_{pm}\sin(\alpha_0 - \varphi)]e^{\frac{t}{T_a}} \tag{4-8}$$

如果用 $\alpha_0 - 120°$ 或 $\alpha_0 + 120°$ 来代替式（4-6）中的 α_0，则可以得到 b 相和 c 相的短路电流，尽管三相短路电流周期分量是对称的，但是由于非周期分量的不相等，使得短路的瞬态过程中三相短路电流不对称。

二、短路冲击电流

在短路发生的后半个周期内的某个瞬间，短路电流达到最大值，这个短路电流的最大瞬时值称为短路冲击电流，用 i_{imp} 表示。

由式（4-6）可见，当短路电流中非周期分量的初值 i_{ap0} 取最大值时，短路电流方可能出现最大瞬时值。由于 $\varphi_0 \approx \varphi$，且认为是 $90°$，则 a 相非周期分量的最大值出现在 $I_m = 0$，即短路前空载；$\alpha_0 = 0°$ 或 $\alpha_0 = 180°$，是电压过零点，则 $i_{ap0} = I_{pm}$。由于三相不可能同时满足这个条件，所以三相的非周期分量电流不可能同时达到最大。

当 a 相非周期分量初值 $i_{ap0} = I_{pm}$ 时，a 相冲击电流出现在 $t = \dfrac{T}{2}$ 时刻，即短路后的 0.5 倍的工频周期处，若电源的频率为 $f = 50\text{Hz}$，则冲击电流大约出现在短路后的 0.01s 处。由此可得冲击电流公式为

$$i_{imp} = I_{pm} + I_{pm}e^{-\frac{0.01}{T_a}} = (1 + e^{-\frac{0.01}{T_a}})I_{pm} = \sqrt{2}k_{imp}I_p \tag{4-9}$$

$$k_{imp} = 1 + e^{-\frac{0.01}{T_a}}$$

式中　I_p——短路电流周期分量的有效值；

k_{imp}——冲击系数，表示冲击电流对短路电流周期分量幅值的倍数。

当时间常数 T_a 的数值由零到无限大时，取 $k_{imp} = 1.9$；短路发生在发电厂高压侧母线时，取 $k_{imp} = 1.85$；在其他地点短路时，取 $k_{imp} = 1.8$。

冲击电流主要用来校验电气设备和载流导体的电动力稳定度。

三、短路电流最大有效值

在短路过程中，任一时刻 t 的短路电流有效值 I_t，是以 t 时刻为中心的一个周期内瞬时电流的均方根值，经演算为

$$I_t = \sqrt{I_{pt}^2 + I_{apt}^2} \tag{4-10}$$

式中　I_{pt}——任一时刻 t 的短路电流周期分量有效值，是恒定值，$I_{pt} = I_p$；

I_{apt}——任一时刻 t 的短路电流非周期分量的有效值，也就是其瞬时值。

短路电流的最大值有效值出现在短路后的第一个周期，要使得其为最大值，则发生短路时 $i_{ap0} = I_{pm}$，而第一个周期的中心为短路后的 $T/2$，即 $t = 0.01\text{s}$ 处，这时非周期分量的有效值为

$$I_{ap(t=0.01)} = i_{ap0}e^{-\frac{0.01}{T_a}} = I_{pm}e^{-\frac{0.01}{T_0}} = i_{imp} - \sqrt{2}I_p = (k_{imp} - 1)\sqrt{2}I_p$$

$$I_{imp} = \sqrt{I_p^2 + [(k_{imp} - 1)\sqrt{2}I_p]^2} = I_p\sqrt{1 + 2(k_{imp} - 1)} \tag{4-11}$$

因为 $1 \leqslant k_{imp} \leqslant 2$，所以 $I_p \leqslant I_{imp} \leqslant \sqrt{3}I_p$，当冲击系数 $k_{imp} = 1.9$ 时，$I_{imp} = 1.62I_p$；当冲击系数 $k_{imp} = 1.8$ 时，$I_{imp} = 1.51I_p$。

短路电流最大有效值用来校验某些电气设备的断流能力和机械强度。

四、短路容量

短路容量（也称为短路功率）等于短路电流有效值与短路处的正常工作电压的乘积，即

$$S_k = \sqrt{3}U_N I_k \tag{4-12}$$

式中　U_N——短路处网络的额定线电压；

I_k——短路电流的有效值。

一般 $U_N = U_{av}$，I_k 只计及短路电流周期分量有效值 I_p，即 $I_k = I_p$，所以

$$S_k = \sqrt{3} U_{av} I_p$$

用标幺值表示时，由于 $U_B = U_{av}$，所以

$$S_{k*} = I_{p*} \qquad (4-13)$$

短路容量用来校验断路器的开断能力。把短路容量定义为短路电流和工作电压的乘积，是因为一方面要能切断这样大的电流，另一方面开关断流时其触头应能经受住工作电压的作用。

五、短路电流的周期分量电流

为了确定冲击电流、短路电流非周期分量、短路电流的有效值以及短路容量等，都必须计算短路电流的周期分量，因此短路电流周期分量有效值是一个重要电气量，计算其值具有重要意义。计算时，可不计负荷的影响，且认为无穷大容量电源电压为平均额定电压，于是有

$$I_p = \frac{U_{av}}{\sqrt{3} Z_{\Sigma}} \qquad (4-14)$$

式中　U_{av}——短路点电压等级的平均额定电压；

　　　Z_{Σ}——归算到短路点所在电压等级的电源到短路点的综合阻抗。

用标幺值表示为

$$I_{p*} = \frac{1}{Z_{\Sigma *}} \qquad (4-15)$$

由于短路计算中不考虑元件的电阻，所以 Z_{Σ} 的数值就是电抗值 X_{Σ}。

【例 4-1】 如图 4-3 所示简单电力系统的各元件参数见图中标注，试判断电源是否为无限大功率电源。

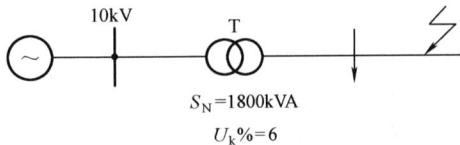

图 4-3　简单电力系统

解　取 $S_B = 62.5\text{MVA}$，$U_B = 10.5\text{kV}$，则发电机电抗　$X_{G*} = X_d'' = 0.2$。

变压器电抗 $X_{T*} = \dfrac{U_k\%}{100} \dfrac{S_B}{S_N} = \dfrac{6}{100} \times \dfrac{62.5}{1.8} = 2.08$

短路回路总电抗 $X_{\Sigma *} = X_{G*} + X_{T*} = 0.2 + 2.08 = 2.28$

如果 $\dfrac{X_{G*}}{X_{\Sigma *}} \times 100\% < 10\%$，即可以认为电源是无限大功率电源。

$$\frac{0.2}{2.28} \times 100\% = 8.77\% < 10\%$$

所以电源为无限大功率电源。

【例 4-2】 如图 4-4 所示的网络中，当降压变电站 10.5kV 母线上发生三相短路时，可将系统视为无限大功率电源系统，试求此时短路点的冲击电流和短路功率。

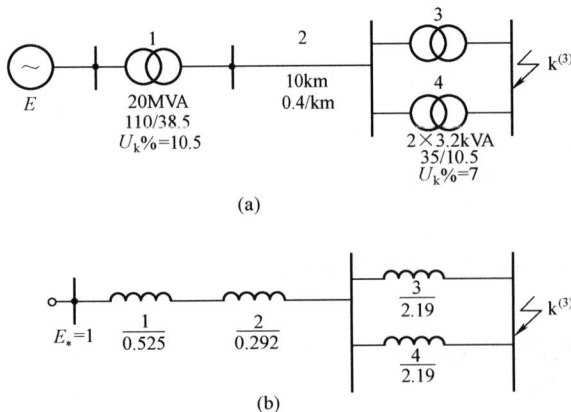

图 4-4　[例 4-2] 图

(a) 网络图；(b) 等值网络图

解　取 $S_B=100\text{MVA}$，$U_B=U_{av}$，则

$$X_{1*} = 0.105 \times \frac{100}{20} = 0.525$$

$$X_{2*} = 0.4 \times 10 \times \frac{100}{37^2} = 0.292$$

$$X_{3*} = X_{4*} = 0.07 \times \frac{100}{3.2} = 2.19$$

$$E_* = 1$$

等值网络如图 4-4（b）所示。综合电抗为

$$X_{\Sigma*} = 0.525 + 0.292 + \frac{1}{2} \times 2.19 = 1.912$$

周期分量电流的有效值为

$$I_{k*} = \frac{1}{X_{\Sigma*}} = \frac{1}{1.912} = 0.523$$

有名值电流为

$$I_k = I_{k*} I_B = 0.523 \times \frac{100}{\sqrt{3} \times 10.5} = 2.88 \ (\text{kA})$$

若取 $K_{imp}=1.8$，则冲击电流为

$$i_M = \sqrt{2} \times 1.8 I_k = 2.55 I_k = 2.55 \times 2.88 = 7.34 \ (\text{kA})$$

短路功率为　$S_k = S_k S_B = 0.523 \times 100 = 52.3 \ (\text{MVA})$

第三节　电力系统三相短路电流的实用计算

前面讨论了无限大容量电源供电的简单系统的三相短路分析与计算，本节主要研究电力系统中含有多台发电机、多个电源，并非无限大电源情况下三相短路电流的实用计算。由于实际的电力系统中不只是一台发电机，电源也并不全是无限大功率电源，所以网络的接线也不全是简单的辐射形网，各电源电动势的相位角在短路后的一段时间内不可能没有变化，因此要准确地计算出短路电流是非常困难的。由于以上原因，工程上在解决实际问题时，不得不采取一些较为粗略的计算方法——实用计算法。实际上，对于包含有许多台发电机的电力系统，工程上在进行短路电流实用计算时，不必做过多复杂的分析，大多数情况下，只要求计算短路电流周期分量的起始值，进而可进行其他量的计算。所以周期分量起始值是短路电流计算中的一个较重要的量，其计算方法有等值法、叠加原理法、运算曲线法等。

一、短路电流周期分量起始值的计算

为了简化计算，通常多采用近似计算的方法，并且对计算条件作一些必要的简化，使得短路电流的计算更为方便和迅速。假设如下：

（1）在短路过程中，所有发电机转速和电动势的相位均相同，即发电机无摇摆现象。

（2）不计及系统的磁饱和，即认为短路回路各元件的感抗为常数，可采用叠加原理进行计算。

（3）不计变压器励磁支路和线路电容的影响，不计高压电网电阻的影响，仅在低压配电网计算中才予以考虑（由于电阻值相对电抗较大）。

（4）假设发电机转子是对称的，所以可以用次暂态电抗 X_d'' 和次暂态电动势 E''（也可用暂态电抗 X_d' 和暂态电动势 E'）。

（5）短路电流一般远远大于负荷电流，因而可不计及负荷电流的影响，即认为短路前发电机是空载的，各发电机的电动势标幺值为1。

（6）当短路点附近有大容量的电动机时，需要计及其对短路电流的影响。

二、短路电流交流分量的计算步骤

（1）选取基准功率 S_B 和基准电压 $U_B = U_{av}$，计算各元件的参数标幺值，并作等值电路。

（2）化简网络，求取各电源到短路点之间的转移电抗；或求取网络对短路点的输入电抗 $X_{k\Sigma}$，得到最简化的等值电路。

（3）不考虑负荷影响时，发电机电动势 $E'' = 1$（或 $E' = 1$）。若计及负荷影响时，利用短路前的潮流计算结果计算发电机电动势，即

$$\dot{E}''_* = \dot{U}_{G*} + j\dot{I}_{G*} X_{d*}'' \quad (\text{或} \ \dot{E}'_* = \dot{U}_{G*} + j\dot{I}_{G*} X_{d*}') \tag{4-16}$$

式中 $\dot{U}_{G*}$、$\dot{I}_{G*}$——发电机在短路前的端电压和端电流。

（4）短路电流交流分量起始值可按下式计算

$$I_{k*} = I''_* = \frac{E''_*}{X_{k\Sigma}} \approx \frac{1}{X_{k\Sigma*}} \tag{4-17}$$

当计及负荷影响时，各电源的 $\dot{E}''$ 不同相，则要按各电源对短路点的转移阻抗分别计算每台发电机送到短路点的短路电流，相加后得短路点的总短路电流。

（5）短路电流有名值、冲击电流及短路容量。

短路电流有名值 $$I_k = I_{k*} \frac{S_B}{\sqrt{3}U_{av}} \tag{4-18}$$

短路冲击电流 $$i_{imp} = \sqrt{2}k_{imp}I_k \tag{4-19}$$

式中 k_{imp}——冲击系数。

短路容量 $$S_k = \sqrt{3}U_N I_k \tag{4-20}$$

总短路电流计算出来后，如果要求某一支路的短路电流，可根据网络计算电流分布，进而可得各支路的短路电流值。网络中短路电流的分布常用分布系数表示如下

$$\frac{X_{k\Sigma}}{X_{1k}} + \frac{X_{k\Sigma}}{X_{2k}} + \frac{X_{k\Sigma}}{X_{3k}} + \cdots + \frac{X_{k\Sigma}}{X_{nk}} = C_1 + C_2 + \cdots + C_n = 1 \tag{4-21}$$

式中 C_1，C_2，$\cdots$，C_n——电流分布系数，表示该支路电流占总短路电流的比值。

某一支路的短路电流应为

$$I_{ik} = C_i I_k = I_k \frac{X_{k\Sigma}}{X_{nk}} (i = 1, 2, \cdots, n) \tag{4-22}$$

【例4-3】 如图4-5所示电力系统在 k 点发生三相短路时的起始次暂态电流。系统各元件参数如下：发电机 G 为 60MVA，$X_d'' = 0.12$；调相机 SC 为 5MVA，$X_d'' = 0.2$；变压器 T1 为 31.5MVA，$U_k\% = 10.5$，T2 为 20MVA，$U_k\% = 10.5$，T3 为 7.5MVA，$U_k\% = 10.5$；线路 L1 为 60km，L2 为 20km，L3 为 10km，各线路电抗均为 0.4Ω/km。负荷 LD1 为 30MVA，LD2 为 18MVA，LD3 为 6MVA。

解 将全部负荷计入，以额定标幺电抗为 0.35、电动势为 0.8 的电源表示。

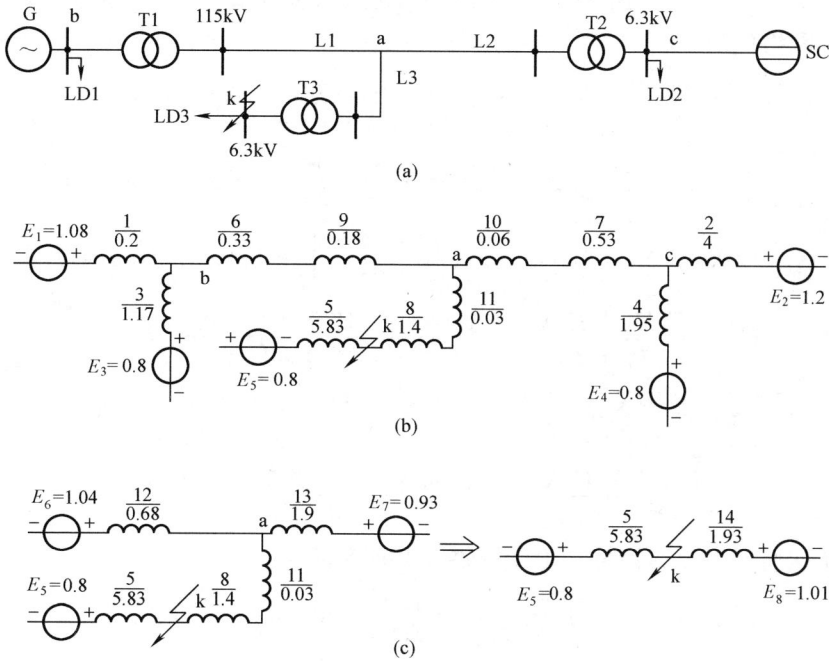

图 4-5　[例 4-3]图

（1）选取 $S_B=100MVA$ 和 $U_B=U_{av}$，计算等值网络[见图 4-5（b）]中各电抗标幺值。

发电机 G　　　　　　　　　$X_1 = 0.12 \times \dfrac{100}{60} = 0.2$

调相机 SC　　　　　　　　$X_2 = 0.2 \times \dfrac{100}{5} = 4$

负荷 LD1　　　　　　　　$X_3 = 0.35 \times \dfrac{100}{30} = 1.17$

负荷 LD2　　　　　　　　$X_4 = 0.35 \times \dfrac{100}{18} = 1.95$

负荷 LD3　　　　　　　　$X_5 = 0.35 \times \dfrac{100}{6} = 5.83$

变压器 T1　　　　　　　$X_6 = 0.105 \times \dfrac{100}{31.5} = 0.33$

变压器 T2　　　　　　　$X_7 = 0.105 \times \dfrac{100}{20} = 0.53$

变压器 T3　　　　　　　$X_8 = 0.105 \times \dfrac{100}{7.5} = 1.4$

线路 L1　　　　　　　　$X_9 = 0.4 \times 60 \times \dfrac{100}{115^2} = 0.18$

线路 L2　　　　　　　　$X_{10} = 0.4 \times 20 \times \dfrac{100}{115^2} = 0.06$

线路 L3　　　　　　　　$X_{11} = 0.4 \times 10 \times \dfrac{100}{115^2} = 0.03$

取发电机的次暂态电动势 $E_1=1.08$。调相机按短路前额定满载运行，可得

$$E_2 = U + X''_d = 1 + 0.2 \times 1 = 1.2$$

（2）进行网络化简

$$X_{12} = (X_1 /\!/ X_3) + X_6 + X_9 = \frac{0.2 \times 1.17}{0.2 + 1.17} + 0.33 + 0.18 = 0.68$$

$$X_{13} = (X_2 /\!/ X_4) + X_7 + X_{10} = \frac{4 \times 1.95}{4 + 1.95} + 0.53 + 0.66 = 1.9$$

$$X_{14} = (X_{12} /\!/ X_{13}) + X_{11} + X_8 = \frac{0.68 \times 1.9}{0.68 + 1.9} + 0.03 + 1.4 = 1.93$$

$$E_6 = \frac{E_1 X_3 + E_3 X_1}{X_1 + X_3} = \frac{1.08 \times 1.17 + 0.8 \times 0.2}{0.2 + 1.17} = 1.04$$

$$E_7 = \frac{E_2 X_4 + E_4 X_2}{X_2 + X_4} = \frac{1.2 \times 1.95 + 0.8 \times 4}{4 + 1.95} = 0.93$$

$$E_8 = \frac{E_6 X_{13} + E_7 X_{12}}{X_{12} + X_{13}} = \frac{1.04 \times 1.9 + 0.93 \times 0.68}{0.68 + 1.9} = 1.01$$

（3）起始次暂态电流的计算。由变压器 T3 供给的

$$I'' = \frac{E_8}{X_{14}} = \frac{1.01}{1.93} = 0.523$$

由负荷 LD3 供给的

$$I''_{LD3} = \frac{E_5}{X_5} = \frac{0.8}{5.83} = 0.137$$

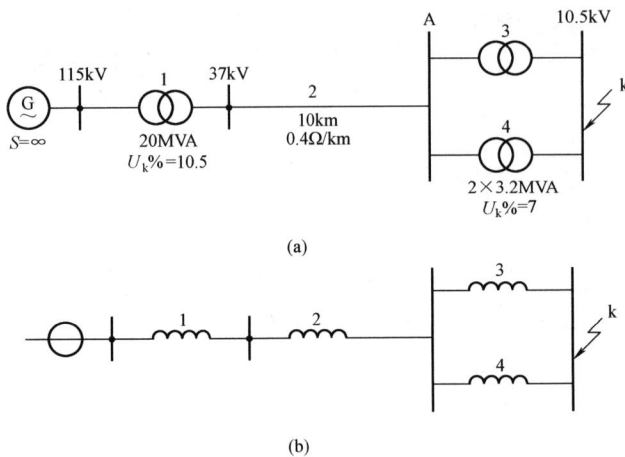

图 4-6　[例 4-4] 图

（a）系统接线图；（b）等值电路图

短路处的基准电流

$$I_B = \frac{100}{\sqrt{3} \times 6.3} = 9.16 \text{ (kA)}$$

短路电流实际值

$$\begin{aligned} I_k &= (I'' + I''_{LD3}) I_B \\ &= (0.523 + 0.137) \times 9.16 \\ &= 6.05 \text{ (kA)} \end{aligned}$$

【例 4-4】　在如图 4-6 所示系统中，当降压变电站 10.5kV 母线上发生三相短路时，试求故障点的稳态短路电流 I_{zt}，短路冲击电流 i_{imp}，最大有效值电流 I_{imp}，母线 A 的残余电压 U，以及短路容量 s_k。

解　取 $S_B = 100\text{MVA}$，$U_B = U_{av}$。

（1）各元件电抗标幺值为

变压器 1　　　$X_{1*} = \dfrac{U_k\% S_B}{100 S_N} = 0.105 \times 100 / 20 = 0.525$

线路 2　　　$X_{2*} = \dfrac{X_1 l}{Z_B} = 0.4 \times 100 \times 100 / 37^2 = 0.292$

变压器 3、4　　　$X_{3*} = X_{4*} X_1 l \left(\dfrac{S_B}{U_B^2} \right) = 0.07 \times 100 / 3.2 = 2.19$

（2）短路回路总电抗标幺值为

$$X_{\Sigma*} = X_{1*} + X_{2*} + X_{3*} /\!/ X_{4*} = 0.525 + 0.292 + 1/2 \times 2.19 = 1.912$$

（3）稳态短路电流为

$$I_{zt} = 1/1.912 = 0.523$$

有名值为
$$I_{zt} = I_{zt*} \frac{S_B}{\sqrt{3} U_B} = 0.523 \times \frac{100}{\sqrt{3} \times 10.5} = 2.88 \text{ (kA)}$$

（4）求冲击电流和最大有效值电流，则取 $k_{imp} = 1.8$

$$i_{imp} = k_{imp} \times \sqrt{2} I_{zt} = 1.8 \times \sqrt{2} \times 2.88 = 7.33 \text{ (kA)}$$

$$I_{imp} = \sqrt{1 + 2(k_{imp} - 1)^2} I_{zt} = 1.52 \times 2.88 = 4.38 \text{ (kA)}$$

（5）母线 A 的残余电压为

$$U_* = I_{zt*} (X_{3*} /\!/ X_{4*}) = 0.5235 \times 2.19/2 = 0.573$$

有名值为

$$U = 0.573 \times 37 = 21.2 \text{ (kV)}$$

（6）短路容量为

$$S_{k*} = \frac{1}{X_{\Sigma*}} = 0.523$$

有名值为 $S_k = 0.523 \times 100 = 52.3$（MVA）

【例 4-5】 如图 4-7 所示的网络中，当降压变电站 10.5kV 母线上发生三相短路时，可将系统视为无限大功率电源，试求此时短路点的冲击电流和短路功率。

解 取 $S_B = 100$MVA，$U_B = U_{av}$，则

$$X_{1*} = 0.105 \times \frac{100}{20} = 0.525$$

$$X_{2*} = 0.4 \times 10 \times \frac{100}{37^2} = 0.292$$

$$X_{3*} = X_{4*} = 0.07 \times \frac{100}{3.2} = 2.19$$

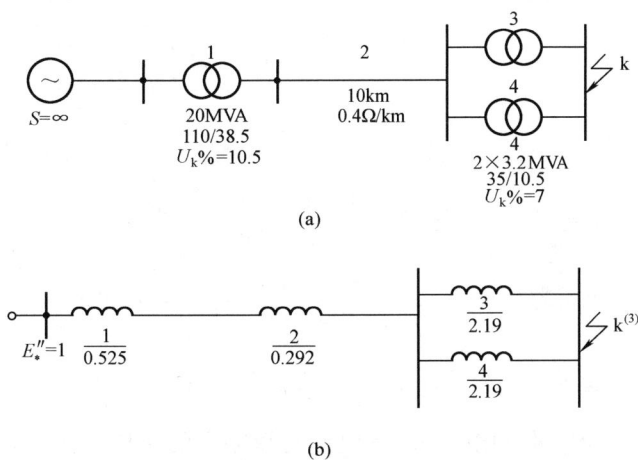

图 4-7 ［例 4-5］图
(a) 系统接线图；(b) 等值电路图

等值网络如图 4-7（b）所示。综合电抗为

$$X_{\Sigma*} = 0.525 + 0.292 + \frac{1}{2} \times 2.19 = 1.912$$

周期分量电流的有效值为

$$I_{k*} = \frac{1}{X_{\Sigma*}} = \frac{1}{1.912} = 0.523$$

有名值电流为

$$I_k = I_{k*} I_B = 0.523 \times \frac{100}{\sqrt{3} \times 10.5} = 2.88 \text{ (kA)}$$

若取 $k_{imp}=1.8$，则冲击电流为

$$i_{imp} = \sqrt{2} \times 1.8 I_k = 2.55 I_k = 2.55 \times 2.88 = 7.34 \ (\text{kA})$$

短路功率为

$$S_k = S_{k*} S_B = 0.523 \times 100 = 52.3 \ (\text{MVA})$$

【例 4 - 6】　图 4 - 8 所示的电力系统中，k 点发生三相短路故障。求各电源对短路点的转移电抗，并计算短路电流。

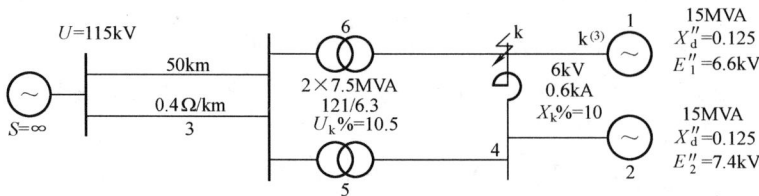

图 4 - 8　［例 4 - 6］图

解　（1）计算各元件参数的标幺值并作出等值电路。取基准功率 $S_B = 100\text{MVA}$，基准电压 $U_B = U_{av}$。

发电机 1、2　　　$X_{1*} = X_{2*} = X_d'' \dfrac{S_B}{S_{1N}} = 0.125 \times \dfrac{100}{15} = 0.833$

$$E_{1*}'' = \frac{E_1''}{U_B} = \frac{6.6}{6.3} = 1.048$$

$$E_{2*}'' = \frac{E_2''}{U_B} = \frac{7.4}{6.3} = 1.175$$

输电线　　　$X_{3*} = \dfrac{1}{2} X_L \dfrac{S_B}{U_B^2} = \dfrac{1}{2} \times 50 \times 0.4 \times \dfrac{100}{115^2} = 0.076$

电抗器　　　$X_{4*} = \dfrac{X_L\%}{100} \dfrac{U_{LN}}{\sqrt{3} I_{LN}} \dfrac{S_B}{U_B^2} = 0.1 \times \dfrac{6}{\sqrt{3} \times 0.6} \times \dfrac{100}{6.3^2} = 1.455$

变压器　　　$X_{5*} = X_{6*} = \dfrac{U_k\%}{100} \cdot \dfrac{S_B}{S_{TN}} = 0.105 \times \dfrac{100}{7.5} = 1.4$

（2）网络化简并求各电源对短路点的转移电抗。先把图 4 - 9 （a）中 X_{5*}、X_{6*}、X_{4*} 组成的三角形接线变成星形接线。等值电路如图 4 - 9 （b）所示，其中

$$X_{7*} = \frac{X_{5*} X_{6*}}{X_{4*} + X_{5*} + X_{6*}} = \frac{1.4 \times 1.4}{1.457 + 1.4 + 1.4} = \frac{1.96}{4.255} = 0.461$$

$$X_{8*} = \frac{X_{4*} X_{6*}}{X_{4*} + X_{5*} + X_{6*}} = \frac{1.455 \times 1.4}{4.255} = 0.479$$

$$X_{9*} = \frac{X_{4*} X_{5*}}{X_{4*} + X_{5*} + X_{6*}} = \frac{1.455 \times 1.4}{4.255} = 0.479$$

将图 4 - 9 （b）中各支路上的串联电抗相加得 4 - 9 （c）所示电路，其中

$$X_{10*} = X_{3*} + X_{7*} = 0.076 + 0.461 = 0.537$$

$$X_{11*} = X_{2*} + X_{9*} = 0.833 + 0.479 = 1.312$$

再把图 4 - 9 （c）中 X_{10*}、X_{8*}、X_{11*} 组成的星形接线变成三角形接线，则可求得无限大容量系统和电源 2 对短路点的转移电抗，如图 4 - 9 （d）所示，其中

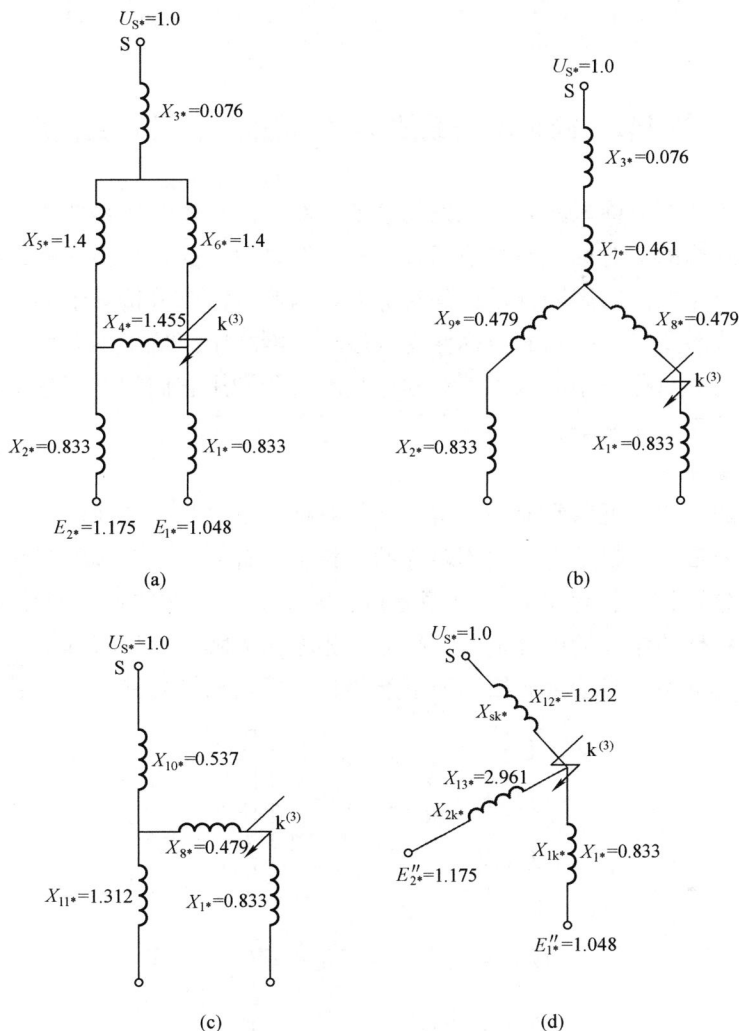

图 4 - 9　网络化简及转移电抗

(a) 三角形接线；(b) 星形接线；(c) 各支路上的串联电抗相加后；
(d) 将三角形接线变成星形接线

$$X_{12*} = X_{8*} + X_{10*} + \frac{X_{8*} + X_{10*}}{X_{11*}} = 0.479 + 0.537 + \frac{0.479 \times 0.537}{1.312} = 1.212$$

$$X_{13*} = X_{8*} + X_{11*} + \frac{X_{8*} \cdot X_{10*}}{X_{11*}} = 0.479 + 1.312 + \frac{0.479 \times 1.312}{0.537} = 2.961$$

最后可得各电源点对短路点的转移电抗为

$$X_{1k*} = 0.833, X_{2k*} = 2.961, X_{3k*} = 1.212$$

(3) 求短路电源，即

$$I_{k*} = \frac{U_{S*}}{X_{Sk*}} + \frac{E''_{1*}}{X_{1k*}} + \frac{E''_{2*}}{X_{2k*}} = \frac{1}{1.212} + \frac{1.048}{0.833} + \frac{1.175}{2.961} = 2.59$$

化为有名值为

$$I_k = I_{k*} \frac{S_B}{\sqrt{3}U_B} = 2.59 \times \frac{100}{\sqrt{3} \times 6.3} = 23.736 \text{ (kA)}$$

第四节 简单电力系统不对称故障的分析与计算

电力系统中发生不对称短路时，无论是接地短路、两相短路还是两相接地短路，只是在短路点出现系统结构的不对称，而其他部分三相仍旧是对称的。分析三相短路时，由于三相短路是对称的，短路电流的周期分量也是对称的，因此只需要分析其中的一相就可以了。但是系统发生不对称短路时，电路的对称性受到破坏，网络中出现了不对称的电压和电流，这时可以将短路点的不对称三相电压和不对称三相电流分别用它们的三序分量代替，从而相应地形成正、负、零序三序网络。

一、对称分量法

一组不对称的三相量可以看成是三组不同的对称相量之和，在线性电路中用叠加原理来解答。所谓对称分量法，就是将一组不对称的三相量分解成三组对称的三序分量之和。这三组对称的序分量分别称为正序分量、负序分量、零序分量。在线性电路中可以应用叠加原理，然而这三组对称的序分量可分别按对称的三相电路去解，然后将其结果叠加起来，就是不对称三相电路的解答。当选择 a 相作为基准相时，三相相量与其对称分量之间的关系为

$$\begin{bmatrix} \dot{U}_{a1} \\ \dot{U}_{a2} \\ \dot{U}_{a0} \end{bmatrix} = \frac{1}{3} \begin{bmatrix} 1 & \alpha & \alpha^2 \\ 1 & \alpha^2 & \alpha \\ 1 & 1 & 1 \end{bmatrix} \begin{bmatrix} \dot{U}_a \\ \dot{U}_b \\ \dot{U}_c \end{bmatrix} \tag{4-23}$$

即

$$\left. \begin{aligned} \dot{U}_{a1} &= \frac{1}{3}(\dot{U}_a + \alpha \dot{U}_b + \alpha^2 \dot{U}_c) \\ \dot{U}_{a2} &= \frac{1}{3}(\dot{U}_a + \alpha^2 \dot{U}_b + \alpha \dot{U}_c) \\ \dot{U}_{a0} &= \frac{1}{3}(\dot{U}_a + \dot{U}_b + \dot{U}_c) \end{aligned} \right\} \tag{4-24}$$

式（4-24）中，运算子 $\alpha = e^{j120°} = -\frac{1}{2} + j\frac{\sqrt{3}}{2}$，$\alpha^2 = e^{j240°} = -\frac{1}{2} - j\frac{\sqrt{3}}{2}$，且满足 $1 + \alpha + \alpha^2 = 0$，$\alpha^3 = 1$，$\dot{U}_{a1}$、$\dot{U}_{a2}$、$\dot{U}_{a3}$ 分别为 a 相电压的正序、负序、零序分量，且有

$$\left. \begin{aligned} \dot{U}_{b1} &= \alpha^2 \dot{U}_{a1}, \dot{U}_{c1} = \alpha \dot{U}_{a1} \\ \dot{U}_{b2} &= \alpha \dot{U}_{a2}, \dot{U}_{c2} = \alpha^2 \dot{U}_{a2} \\ \dot{U}_{b0} &= \dot{U}_{c0} = \dot{U}_{a0} \end{aligned} \right\} \tag{4-25}$$

1. 正序分量（顺序分量）

三相量的正序分量大小相等，彼此相位差120°，A 相超前 B 相 120°，B 相超前 C 相 120°，C 相超前 A 相 120°，且与系统在正常对称运行方式下的相序相同，如图 4-10（a）所示。

2. 负序分量（逆序分量）

三相量的负序分量大小相等，彼此相位差 $120°$，A 相超前 C 相 $120°$，C 相超前 B 相 $120°$，B 相超前 A 相 $120°$，且与系统在正常对称运行方式下的相序相反，如图 4 - 10（b）所示。

3. 零序分量

由大小相等、相位相同的相量组成，如图 4 - 10（c）所示。

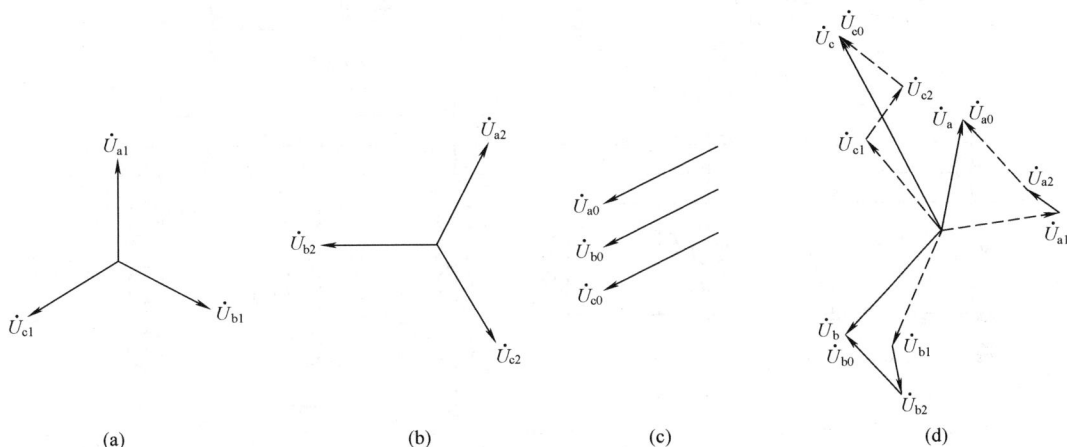

图 4 - 10　三相量的对称分量
(a) 正序分量；(b) 负序分量；(c) 零序分量；(d) 合成相量图

式（4 - 24）说明任意正序、负序和零序三组对称三相正弦量叠加，得到一组不对称的三相正弦量。反之，任意一组不对称的三相正弦量都可以分解为正序、负序和零序三组对称三相正弦量，即

$$\left.\begin{array}{l}\dot{U}_{a}=\dot{U}_{a1}+\dot{U}_{a2}+\dot{U}_{a0} \\ \dot{U}_{b}=\dot{U}_{b1}+\dot{U}_{b2}+\dot{U}_{b0}=\alpha^{2}\dot{U}_{a1}+\alpha\dot{U}_{a2}+\dot{U}_{a0} \\ \dot{U}_{c}=\dot{U}_{c1}+\dot{U}_{c2}+\dot{U}_{c0}=\alpha\dot{U}_{a1}+\alpha^{2}\dot{U}_{a2}+\dot{U}_{a0}\end{array}\right\} \qquad (4-26)$$

式（4 - 26）以矩阵表示，有

$$\begin{bmatrix}\dot{U}_{a} \\ \dot{U}_{b} \\ \dot{U}_{c}\end{bmatrix}=\frac{1}{3}\begin{bmatrix}1 & 1 & 1 \\ \alpha^{2} & \alpha & 1 \\ \alpha & \alpha^{2} & 1\end{bmatrix}\begin{bmatrix}\dot{U}_{a1} \\ \dot{U}_{a2} \\ \dot{U}_{a0}\end{bmatrix} \qquad (4-27)$$

以上是三相不对称电压的分解与合成，当电流、电动势和磁通等三相物理量出现不对称时，均可按上述原则进行分解。

二、对称分量法的应用

电力系统的正常运行一般是对称的，三相电路参数相同，各相电压、电流对称。当电力系统中的某一点发生不对称故障时，三相电路的对称性受到破坏，三相对称电路就变成了不对称电路。但是，除了故障点出现不对称以外，电力系统其余部分仍是对称的。

如图 4-11（a）所示网络，在线路上 k 点发生了单相（a 相）接地短路，相当于 a 相与地短接，bc 相对开路，如图 4-11（b）所示，a 相对地阻抗等于零，a 相对地电压 $\dot{U}_a = 0$，而 b、c 相对地阻抗不为零，故 $\dot{U}_b \neq 0$、$\dot{U}_c \neq 0$，如图 4-11（c）所示。

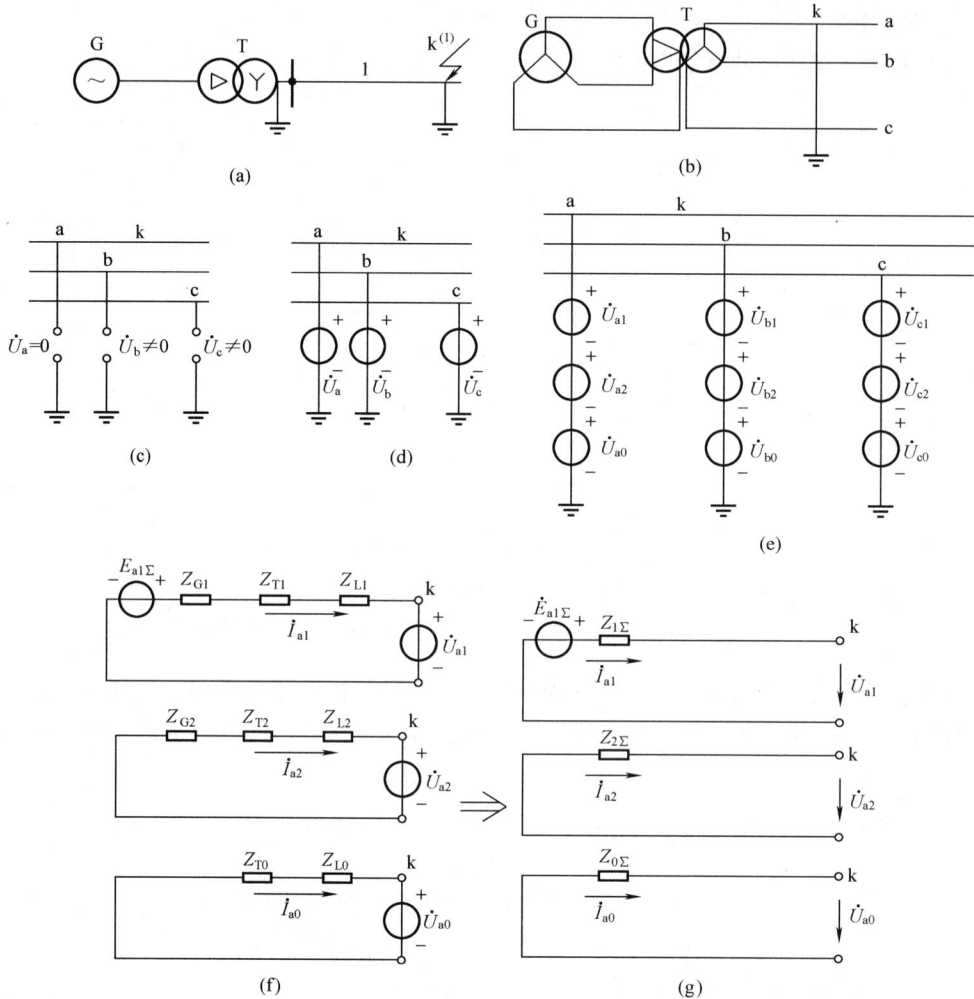

图 4-11　对称分量法电路转换

除了故障点以外，电力系统其余部分的原参数仍旧是对称的。可见，故障点的不对称是使三相对称电路变为不对称的关键，因此在计算不对称故障时，必须抓住这个关键，设法在一定条件下，把故障点的不对称转化为对称，使因故障破坏了对称性的三相电路转化成三相对称电路，从而就可以用单相电路进行计算了。

下面讨论如何把故障点的不对称转化为对称，使不对称的三相电路转化成对称，这就要用到对称分量法，由图 4-11（c）可以看出，当不对称故障发生后，在故障点出现一组不对称的相电压（$\dot{U}_a = 0$，$\dot{U}_b \neq 0$，$\dot{U}_c \neq 0$），这就是计算 a 相短路的边界条件。对于这种状况，可以认为在短路点人为接入一组不对称电动势源，这组电动势源与上述不对称的各相电压大小相等、方向相反，如图 4-11（d）所示。经过这样的处理后，利用对称分量法将这一组不对称的电动势源分解成正序、负序、零序三组对称的电动势源，如图 4-11（e）所示。因为电路的其余部分是对称的，电路的参数又假设为恒定，所以各序具有独立性。这时再把短路点的正、负、零序三组对称的电动势源与网络的其余部分同相序相连，这样就可以绘出三个序网络，即正序网、负序网和零序网。由于各序网中 a、b、c 三相对称，所以可用单相单路表示，如图 4-11（f）所示（以 a 相为基准）。然而，还可以作出最简化的三序网图，如图 4-11（g）所示。

显然，图 4-11（g）中正、负、零序综合阻抗为

$$\left.\begin{array}{l} Z_{1\Sigma}=Z_{G1}+Z_{T1}+Z_{L1} \\ Z_{2\Sigma}=Z_{G2}+Z_{T2}+Z_{L2} \\ Z_{3\Sigma}=Z_{T0}+Z_{L0} \end{array}\right\} \tag{4-28}$$

由于变压器 T 的一次侧为三角形接法，所以零序电流流不进发电机，因此 $Z_{0\Sigma}$ 中不含发电机的零序阻抗。由图 4-11（g）所示的三序网图可分别列出各序的电压方程式

$$\begin{array}{lll} 正序 & \dot{E}_{a1\Sigma}-\dot{I}_{a1}Z_{1\Sigma}=\dot{U}_{a1} \\ 负序 & -\dot{I}_{a2}Z_{2\Sigma}=\dot{U}_{a2} \\ 零序 & -\dot{I}_{a0}Z_{0\Sigma}=\dot{U}_{a0} \end{array}\right\} \tag{4-29}$$

式中　$\dot{U}_{a1}$、$\dot{U}_{a2}$、$\dot{U}_{a0}$——短路点的正序电压、负序电压和零序电压；

$\quad\quad\dot{E}_{a1\Sigma}$——综合的电源电动势。

式（4-29）对于各种不对称短路故障都适用。式（4-29）说明了各种不对称故障时出现的各序电流和电压之间的相互关系，表示了不对称故障的共性，我们称其为短路计算的三个基本电压方程。

由以上分析可知，当电力系统中发生不对称短路，进行不对称电压和电流计算时，就要应用对称分量法，将不对称的网络分解成三个对称的序网络，因序网中同一相序的 a、b、c 三个相量是对称的，所以可用图表示三个序网络。为了更准确地形成这三个序网络，这里对三序网作出如下定义。

（1）正序网。在正序网中，正序电动势就是电源电动势，流过正序电流的全部元件，其阻抗均用正序阻抗表示，短路点的电压为该点的正序电压。

（2）负序网。在负序网中没有电源电动势，流过负序电流的全部元件，其阻抗均用负序阻抗表示，短路点的电压为该点的负序电压。

（3）零序网。在零序网中，也没有电源电动势，流过零序电流的全部元件，其阻抗均用零序阻抗表示，短路点的电压为该点的零序电压。

正序网与负序网的形式基本相同，仅差发电机电动势。而零序网与正、负序网有很大差异。由于零序电流的流通路径与正、负序截然不同，零序电流三相相位相同，必须通过大地和接地避雷线、电缆的保护包皮等才能形成回路，所以某个元件有无零序阻抗，要看零序电流是否流过它。

由以上分析可知，在应用对称分量法分析和计算不对称故障时，必须首先确定各元件的正序、负序和零序阻抗。这里由于篇幅所限，不能详细介绍各元件的正序、负序、零序阻抗的确定方法。一般架空线、电缆线、变压器的正序阻抗与负序阻抗相等，即 $Z_1=Z_2$；电抗器、电容器以及三个单相式变压器有 $Z_1=Z_2=Z_0$；对于旋转元件，由于各序电流通过时将

引起不同的电磁过程，正序电流产生与转子旋转方向相同的旋转磁场，负序电流产生与转子旋转方向相反的旋转磁场，而零序电流产生的磁场与转子的位置无关，因此，旋转元件的正序、负序和零序阻抗各不相等。

三、各种不对称短路故障计算

在电力系统的设计和运行中，都需要进行不对称故障的分析和计算，这是选择电气设备、确定运行方式、整定继电保护、选用自动化装置以及进行事故分析的重要依据。下面讨论单相接地短路、两相短路和两相短路接地等几种情况的具体计算方法。短路包括金属性短路和非金属性短路。金属性短路是指短路点弧光电阻及接地电阻均为零。非金属性短路是指短路点经过电阻短路。

当网络中某一点发生不对称短路时，短路点的电压、电流出现不对称，应用对称分量法将不对称的电压、电流分解为三组对称的序分量，由于每一序系统中三相对称，则在选好一相为基准相后，每一序只需计算一相即可。如单相接地短路时，选 a 相为基准相，于是可制定正序、负序、零序网如图 4 - 11（g）所示，对应的三个基本电压方程见式（4 - 29）。无论哪一种短路故障，均可找到这样一个三序网和三个基本电压方程的标准形式。这些电压方程式是以序分量表示的，一般已知其中的电源电动势 $\dot{E}_{a1\Sigma}$ 及各序阻抗 $Z_{1\Sigma}$、$Z_{2\Sigma}$、$Z_{0\Sigma}$，而未知短路点电压和电流的序分量 $\dot{U}_{a1}$、$\dot{U}_{a2}$、$\dot{U}_{a0}$、$\dot{I}_{a1}$、$\dot{I}_{a2}$、$\dot{I}_{a0}$。求解故障处的 6 个未知数，仅有式（4 - 29）三个方程是不够的，还必须根据具体的不对称故障的边界条件列出三个补充方程式，这样 6 个未知数、6 个方程才能有确切的解答。

简单不对称故障的计算方法有两种：一种是解析法，即是列出三个基本电压方程和三个边界条件方程，解出 6 个未知数；另一种是复合网法，即是根据不同的故障类型，确定出以相分量表示的边界条件，进而列出以序分量表示的新边界条件，按新的边界条件将三个序网联合成复合网，由复合网可求出故障处的各序电流和电压。由于复合网法比较简便，又容易记忆，因此应用较广。

1. 单相接地短路

单相接地短路时的等值接线如图 4 - 12 所示。假定 a 相接地短路，用复合网法求解短路点的电流和电压。

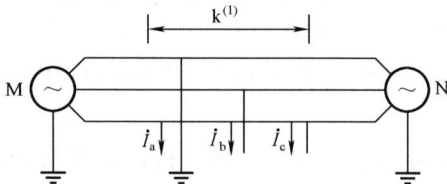

图 4 - 12　单相接地短路时的等值接线

首先根据短路类型和相别找出短路点的边界条件为 $\dot{U}_a = 0$，$\dot{I}_b = \dot{I}_c = 0$。这些边界条件是以相分量表示的，称为原始边界条件。

对上述边界条件应用对称分量法，得出以 a 相为基准相的序分量表示的新边界条件

$$\dot{U}_a = \dot{U}_{a1} + \dot{U}_{a2} + \dot{U}_{a0} = 0$$

$$\begin{bmatrix} \dot{I}_{a1} \\ \dot{I}_{a2} \\ \dot{I}_{a0} \end{bmatrix} = \frac{1}{3} \begin{bmatrix} 1 & a & a^2 \\ 1 & a^2 & a \\ 1 & 1 & 1 \end{bmatrix} \begin{bmatrix} \dot{I}_a \\ 0 \\ 0 \end{bmatrix} = \frac{1}{3} \begin{bmatrix} 1 \\ 1 \\ 1 \end{bmatrix} \dot{I}_a \tag{4-30}$$

即有
$$\dot{I}_{a1} = \dot{I}_{a2} = \dot{I}_{a0} = \frac{1}{3} \dot{I}_a \tag{4-31}$$

根据单相接地短路时的新边界条件 [式 (4-30)、式 (4-31)] 连成复合网，如图 4-13 所示。

然后由复合网求电流、电压的各序分量

$$\dot{I}_{a1} = \dot{I}_{a2} = \dot{I}_{a0} = \frac{\dot{E}_{a1\Sigma}}{Z_{1\Sigma} + Z_{2\Sigma} + Z_{0\Sigma}}$$

$$\dot{U}_{a1} = \dot{E}_{a1\Sigma} - \dot{I}_{a1} Z_{1\Sigma}$$

$$\dot{U}_{a2} = -\dot{I}_{a2} Z_{2\Sigma}$$

$$\dot{U}_{a0} = -\dot{I}_{a0} Z_{0\Sigma}$$

于是又可以用对称分量法得到短路点的各相电流、电压

$$\dot{I}_a = \dot{I}_{a1} + \dot{I}_{a2} + \dot{I}_{a0} = 3\dot{I}_{a1}$$

$$\dot{I}_b = \dot{I}_c = 0$$

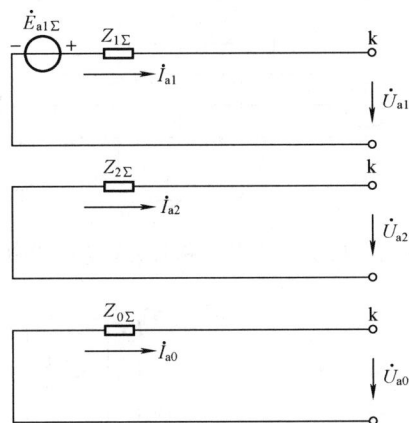

图 4-13 单相接地短路时的复合网

$$\dot{U}_a = \dot{U}_{a1} + \dot{U}_{a2} + \dot{U}_{a0} = 0$$

$$\dot{U}_b = a^2 \dot{U}_{a1} + a \dot{U}_{a2} + \dot{U}_{a0} = \dot{I}_{a1} [(a^2 - a) Z_{2\Sigma} + (a^2 - 1) Z_{0\Sigma}]$$

$$\dot{U}_c = a \dot{U}_{a1} + a^2 \dot{U}_{a2} + \dot{U}_{a0} = \dot{I}_{a1} [(a - a^2) Z_{2\Sigma} + (a - 1) Z_{0\Sigma}]$$

还可绘制短路点电流、电压的相量图，如图 4-14 所示。它是按纯电感性电路画的，电流 $\dot{I}_{a1}$ 滞后电压 $\dot{U}_{a1}$ 90°。若不为纯电感电路，则电流 $\dot{I}_{a1}$ 滞后电压 $\dot{U}_{a1}$ 的角度由 $Z_{2\Sigma} + Z_{0\Sigma}$ 的阻抗角确定，一般小于 90°。将相量图中每相的序分量相加，得各相电流、电压的大小和相位。

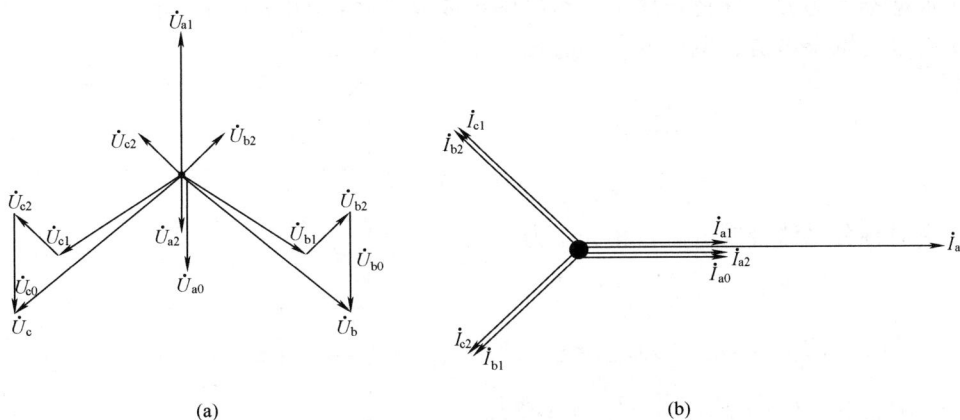

(a)

(b)

图 4-14 单相接地时短路处的电压电流相量图

(a) 电压相量图；(b) 电流相量图

由以上对接地短路的分析计算，可得出以下几点结论：

(1) 短路点的故障相电流中正序、负序和零序分量大小相等、方向相同，非故障相中的电流等于零。

(2) 短路点故障相的电压等于零，两个非故障相电压幅值相等。

(3) 单相接地短路时，故障处正序分量电流的大小，与在短路点每相中加入一个附加阻

抗 $Z_\Delta^{(1)} = Z_{2\Sigma} + Z_{0\Sigma}$ 而发生三相短路时的电流相等，即 $\dot{I}_{a1}^{(1)} = \dot{E}_{a1\Sigma} / (Z_{1\Sigma} + Z_\Delta^{(1)})$。

2. 两相短路

图 4-15 所示的等值系统接线图中，在 k 点发生 bc 两相短路。用复合网法可求出短路点的电流和电压。

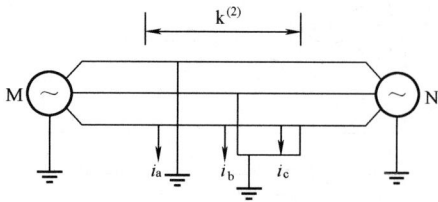

图 4-15　两相短路时的等值接线图

（1）列出短路点的原始边界条件

$$\dot{I}_a = 0, \dot{I}_b = -\dot{I}_c, \dot{U}_{bc} = 0, \dot{U}_b = \dot{U}_c$$

（2）用对称分量法得出以 a 相为基准的新边界条件

$$\begin{bmatrix} \dot{I}_{a1} \\ \dot{I}_{a2} \\ \dot{I}_{a0} \end{bmatrix} = \frac{1}{3} \begin{bmatrix} 1 & a & a^2 \\ 1 & a^2 & a \\ 1 & 1 & 1 \end{bmatrix} \begin{bmatrix} 0 \\ \dot{I}_b \\ -\dot{I}_b \end{bmatrix} = \frac{1}{3} \begin{bmatrix} a - a^2 \\ a^2 - a \\ 0 \end{bmatrix} \dot{I}_b$$

于是有

$$\dot{I}_{a1} = -\dot{I}_{a2}, \quad \dot{I}_{a0} = 0$$

$$\dot{U}_{a1} = \frac{1}{3}(\dot{U}_a + a\dot{U}_b + a^2 \dot{U}_c) = \frac{1}{3}[\dot{U}_a + (a + a^2)\dot{U}_b] = \frac{1}{3}(\dot{U}_a - \dot{U}_b)$$

又因

$$\dot{U}_{a2} = \frac{1}{3}(\dot{U}_a + a^2 \dot{U}_b + a\dot{U}_c) = \frac{1}{3}[\dot{U}_a + (a + a^2)\dot{U}_b] = \frac{1}{3}(\dot{U}_a - \dot{U}_b)$$

于是有

$$\dot{U}_{a1} = \dot{U}_{a2}$$

所以新的边界条件为

$$\dot{I}_{a1} = -\dot{I}_{a2}, \quad \dot{I}_{a0} = 0, \quad \dot{U}_{a1} = \dot{U}_{a2}$$

（3）根据新的边界条件将正序网、负序网连成复合网，如图 4-16 所示。

（4）由复合网求电流、电压的各序分量

$$\dot{I}_{a1} = -\dot{I}_{a2} = \frac{\dot{E}_{a1\Sigma}}{Z_{1\Sigma} + Z_{2\Sigma}}$$

$$\dot{U}_{a1} = \dot{U}_{a2} = \dot{E}_{a1\Sigma} - \dot{I}_{a1} Z_{1\Sigma} = \dot{I}_{a1} Z_{2\Sigma}$$

（5）由对称分量法合成电流各相分量为

$$\dot{I}_a = \dot{I}_{a1} + \dot{I}_{a2} = 0$$

$$\dot{I}_b = a^2 \dot{I}_{a1} + a\dot{I}_{a2} = (a^2 - a)\dot{I}_{a1} = -j\sqrt{3}\dot{I}_{a1}$$

$$\dot{I}_c - a\dot{I}_{a1} + a^2 \dot{I}_{a2} = (a - a^2)\dot{I}_{a2} = j\sqrt{3}\dot{I}_{a1}$$

当在原电源处两相短路时，可认为 $Z_{1\Sigma} = Z_{2\Sigma} = Z_{0\Sigma}$，这时有

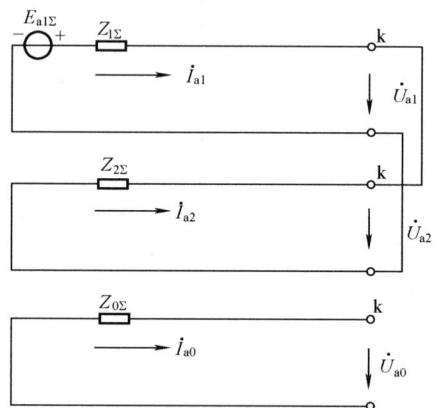

图 4-16　两相短路时的复合序网

$$\dot{I}_b = -\dot{I}_c = -j\sqrt{3}\dot{I}_{a1} = -j\sqrt{3}\frac{\dot{E}_{a1\Sigma}}{Z_{1\Sigma} + Z_{0\Sigma}} = -j\frac{\sqrt{3}\dot{E}_{a1\Sigma}}{2Z_{1\Sigma}} = -j\frac{\sqrt{3}}{2}\dot{I}_a^{(3)} \qquad (4-32)$$

式中　$\dot{I}_a^{(3)}$——在同一点发生三相短路时的短路电流。

式（4-32）表示，当远离电源处同一点发生三相和两相短路时，两相短路电流为三相短路电流的 $\sqrt{3}/2$ 倍。

（6）由对称分量法合成电压的各相分量为

$$\dot{U}_a = \dot{U}_{a1} + \dot{U}_{a2} = 2\dot{U}_{a2} = 2\dot{I}_{a1} Z_{2\Sigma}$$

$$\dot{U}_b = a^2\dot{U}_{a1} + a\dot{U}_{a2} = -\dot{U}_{a1} = -\frac{1}{2}\dot{U}_a$$

$$\dot{U}_c = a\dot{U}_{a1} + a^2\dot{U}_{a2} = -\dot{U}_{a1} = -\frac{1}{2}\dot{U}_a$$

（7）绘出短路点电压、电流的相量图，如图 4 - 17 所示。这是按电流 $\dot{I}_{a1}$ 滞后电压 $\dot{U}_{a1}$ 90°的纯电感电路画出的，若电路不为纯电感性，则 $\dot{I}_{a1}$ 滞后 $\dot{U}_{a1}$ 的角度由 $Z_{2\Sigma}$ 的阻抗角所决定，一般小于 90°。由相量图也可求出各相电流和电压。同时，从图 4 - 17 还可看出三相电流的大小及相位关系。

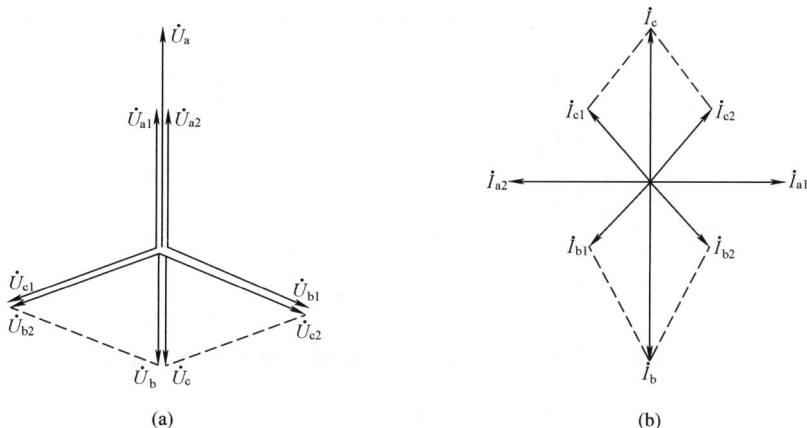

图 4 - 17　两相短路时短路点的电压电流相量图
（a）电压相量图；（b）电流相量图

从以上的分析和计算，可得出如下几点结论：

（1）两相短路时，短路电流及电压中不存在零序分量。

（2）两故障相的短路电流总是大小相等、方向相反，数值上为正序电流的 $\sqrt{3}$ 倍。

（3）短路处两故障相电压总是大小相等、相位相同，数值上为非故障相电压的 1/2。

（4）两相短路的正序分量电流与在短路点加上一个附加阻抗 $Z_\Delta^{(2)} = Z_{2\Sigma}$ 时的三相短路电流一样，即 $\dot{I}_{a1}^{(2)} = \dot{E}_{a1\Sigma} / (Z_{1\Sigma} + Z_\Delta^{(2)})$。

（5）当在远离电源处的同一点发生两相和三相短路时，两相短路电流为三相短路电流的 $\sqrt{3}/2$ 倍。

3. 两相短路接地

两相短路接地时的等值接线图如图 4 - 18 所示。假定 b、c 两相短路接地，用复合网法求解短路点的电流和电压。

（1）首先列出短路点的边界条件

$$\dot{I}_a = 0, \dot{U}_b = \dot{U}_c = 0$$

（2）对上述边界条件用对称分量法，求出以 a

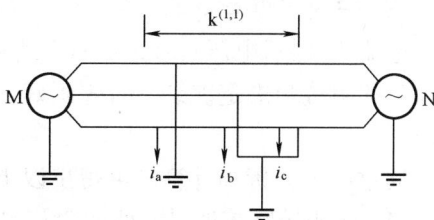

图 4 - 18　两相接地短路时的等值接线图

相为基准的序分量表示的新边界条件

$$\begin{bmatrix} \dot{U}_{a1} \\ \dot{U}_{a2} \\ \dot{U}_{a0} \end{bmatrix} = \frac{1}{3} \begin{bmatrix} 1 & a & a^2 \\ 1 & a^2 & a \\ 1 & 1 & 1 \end{bmatrix} \begin{bmatrix} \dot{U}_a \\ 0 \\ 0 \end{bmatrix} = \frac{1}{3} \begin{bmatrix} 1 \\ 1 \\ 1 \end{bmatrix} \dot{U}_a$$

所以有

$$\left. \begin{aligned} \dot{U}_{a1} &= \dot{U}_{a2} = \dot{U}_{a0} = \frac{1}{3} \dot{U}_a \\ \dot{I}_a &= \dot{I}_{a1} + \dot{I}_{a2} + \dot{I}_{a0} = 0 \end{aligned} \right\} \tag{4-33}$$

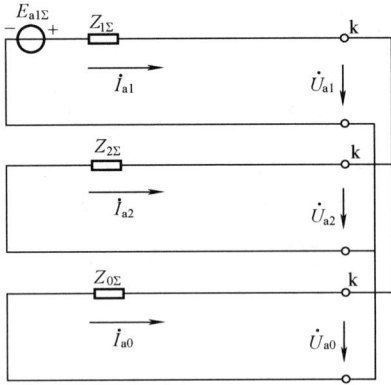

图 4-19　两相接地短路时的复合序网

（3）由新边界条件式（4-33）将正序网、负序网和零序网连成复合网，如图 4-19 所示。

（4）按复合序网可求出电流、电压的各序分量

$$\dot{I}_{a1} = \frac{\dot{E}_{a1\Sigma}}{Z_{1\Sigma} + Z_{2\Sigma} /\!/ Z_{0\Sigma}}$$

$$\dot{I}_{a2} = -\dot{I}_{a1} \frac{Z_{0\Sigma}}{Z_{2\Sigma} + Z_{0\Sigma}}$$

$$\dot{I}_{a0} = -\dot{I}_{a1} \frac{Z_{2\Sigma}}{Z_{2\Sigma} + Z_{0\Sigma}}$$

$$\dot{U}_{a1} = \dot{U}_{a2} = \dot{U}_{a0} = \dot{I}_{a1} \frac{Z_{2\Sigma} Z_{0\Sigma}}{Z_{2\Sigma} + Z_{0\Sigma}} = \dot{E}_{a1\Sigma} - \dot{I}_{a1} Z_{1\Sigma}$$

（5）用对称分量法合成各相电流

$$\dot{I}_a = \dot{I}_{a1} + \dot{I}_{a2} + \dot{I}_{a0} = 0$$

$$\dot{I}_b = a^2 \dot{I}_{a1} + a \dot{I}_{a2} + \dot{I}_{a0} = \dot{I}_{a1} \left(a^2 - \frac{Z_{2\Sigma} + a Z_{0\Sigma}}{Z_{2\Sigma} + Z_{0\Sigma}} \right)$$

$$\dot{I}_c = a \dot{I}_{a1} + a^2 \dot{I}_{a2} + \dot{I}_{a0} = \dot{I}_{a1} \left(a - \frac{Z_{2\Sigma} + a^2 Z_{0\Sigma}}{Z_{2\Sigma} + Z_{0\Sigma}} \right)$$

短路点流入地中的电流

$$\dot{I}_g = \dot{I}_b + \dot{I}_c = 3 \dot{I}_{a0} = -3 \dot{I}_{a1} \frac{Z_{2\Sigma}}{Z_{2\Sigma} + Z_{0\Sigma}}$$

用对称分量法合成各相电压

$$\dot{U}_a = \dot{U}_{a1} + \dot{U}_{a2} + \dot{U}_{a0} = 3 \dot{U}_{a1}$$

$$\dot{U}_b = a^2 \dot{U}_{a1} + a_{a2} + \dot{U}_{a0} = 0$$

$$\dot{U}_c = a \dot{U}_{a1} + a^2 \dot{U}_{a2} + \dot{U}_{a0} = 0$$

（6）绘出短路点电流、电压的相量图，如图 4-20 所示。此图是按电路为纯电感性而画的，电流 $\dot{I}_{a1}$ 滞后电压 $\dot{U}_{a1}$ 90°。若不为纯电感性电路，则电流滞后电压的角度将由 $Z_{2\Sigma}$ 与 $Z_{0\Sigma}$ 并联后的阻抗角决定。绘图时先画好各序分量电流、电压，然后画出叠加合成的相电流、相电压。

通过以上分析和计算，可得出以下结论：

（1）两相短路接地时，两故障相电流的幅值相等。

（2）流入地中的短路电流为零序电流的 3 倍。

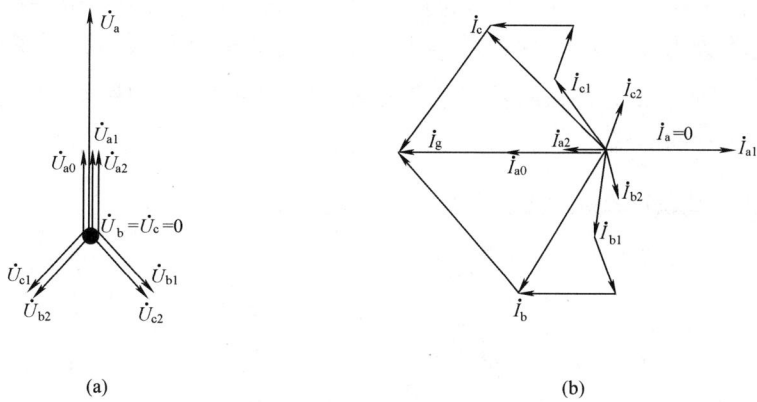

图 4-20　两相短路接地时短路点的电压电流相量图

(a) 电压相量图；(b) 电流相量图

（3）短路处的正序分量电流与在故障点每一相加入一个附加阻抗 $Z_\Delta^{(1,1)} = Z_{2\Sigma} /\!/ Z_{0\Sigma}$ 而发生三相短路时的电流相等，即 $\dot{I}_{a1}^{(1,1)} = \dot{E}_{a1\Sigma}/(Z_{1\Sigma} + Z_\Delta^{(1,1)})$。

【例 4-7】　如图 4-21 所示电力系统，在 k 点发生不对称短路，试绘制该网络的三序网络图。

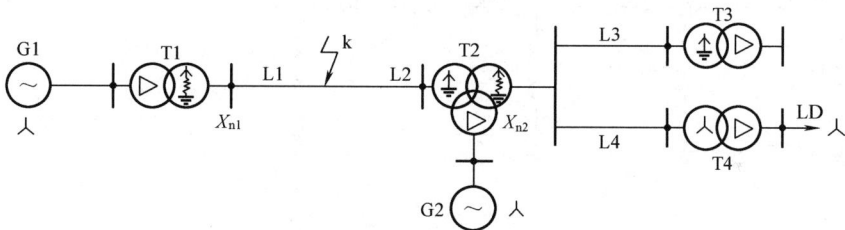

图 4-21　[例 4-7] 图

解　（1）正序网络。图 4-22（a）所示为根据图 4-21 绘制的正序网络。在正序网络中，发电机电抗用 X_d'' 表示，发电机的正序电动势为 $\dot{E}''$，变压器、线路参数均为正参数，负荷 LD 用等值阻抗表示，$\dot{U}_{a1}$ 为故障点的正序电压。正序网络可化简为图 4-22（b）所示的形式。

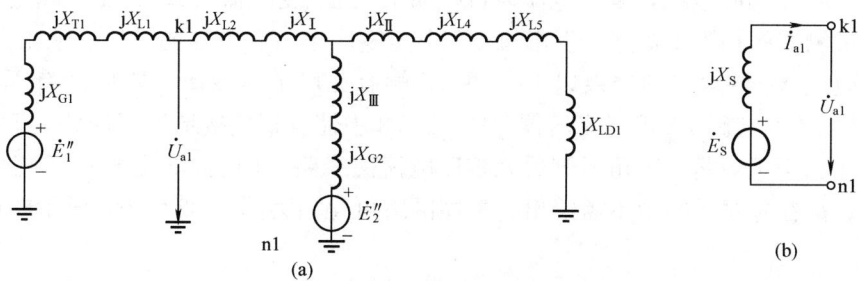

图 4-22　正序网络及等值电路图

(a) 正序网络；(b) 正序等值电路

　　（2）负序网络。图 4-23（a）所示为负序网络，它与正序网络完全一样，只是负序网络中所有电源电动势为零。各元件参数为负参数，发电机负参数近似计算时和正序参数相等，也为 X''_d，其他静止元件正参数等于负参数，$\dot{U}_{a2}$ 为故障点负序电压。负序网络可化简为图 4-23（b）所示的形式。

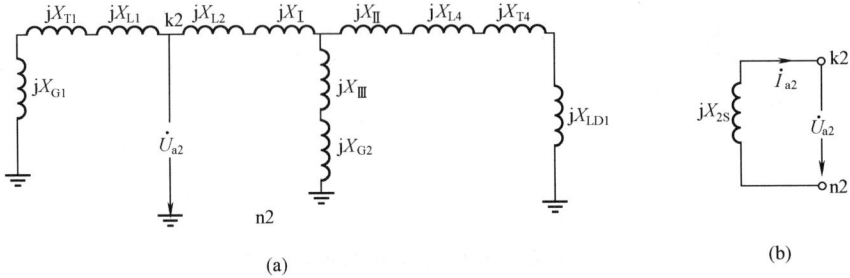

图 4-23　负序网络及等值电路图
（a）负序网络；（b）负序等值电路

　　（3）零序网络。图 4-24（a）所示为零序网络，它为一无源网络，所有元件的参数用零序参数表示，$\dot{U}_{a0}$ 为故障端口的零序电压。

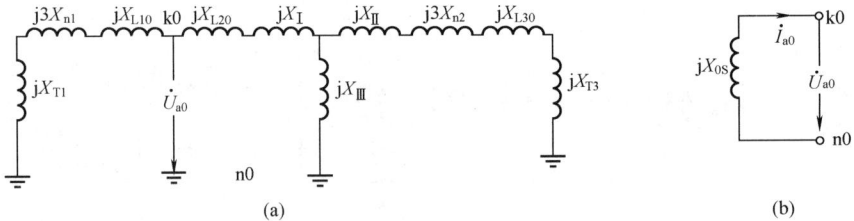

图 4-24　零序网络及等值电路图
（a）零序网络；（b）零序等值电路

　　在绘制零序网络之前，首先要弄清楚零序电路的通路，通常是从短路点出发，由近及远逐个元件观察零序电流的途径。先观察 k 点的左侧，左侧变压器 T1 为 Ynd 接线，零序电流通过 L1 线路流经变压器 T1，经 T1 中性点接地电抗 X_{n1} 构成回路，绘制零序网络时，该电抗应乘以 3。三角形测零序相当于短路，变压器 T1 左侧无零序电流。再观察 k 点右侧，右侧变压器 T2 为 Ynynd 接线，零序电流通过线路 L2 流经变压器 T2，经 T2 中性点接地构成回路。三角形测零序相当于短路，发电机 G2 中无零序电流。变压器 T2 中压侧为 yn 接线，且中性点经电抗 X_{n2} 接地（同样乘以 3），在 yn 侧有无序电流取决于它后面有无零序通路。Yn 侧的零序电流经线路 L3 流经变压器 T3，经 T3 中性点直接接地构成回路，T3 变压器的三角形侧零序相当于短路，三角形侧后无零序电流。线路 L4 后面的变压器 T4 为 Yd 接线，无零序通路，故在零序网络中不需绘出。零序网络可化简为图 4-23（b）所示的形式。

本 章 小 结

　　本章分析了电力系统故障、无限大容量电源供电系统三相短路以及同步发电机突然三相短路的暂态过程，对电流的产生和变化规律作了分析；引出了暂态参数和次暂态参数，以及发电机定子电压方程和等值电路；介绍了对称故障和不对称故障的计算方法。

对同步发电机突然三相短路电磁暂态过程的分析，是以磁链守恒定律为基础的。电力工程中，一般使用实用计算法计算短路电流。三相短路计算的主要内容有起始次暂态电流、冲击电流、任意时刻短路电流周期分量的计算。无限大容量电源供电的系统，其短路电流周期分量在整个暂态过程中是不衰减的。对于有限容量的发电机，认为短路前网络以额定电压空载运行，短路后忽略正常负荷电流，只计接于短路点附近的大型电动机在短路初期的反馈电流。

电力系统发生不对称短路后，由于短路点对地故障支路的不对称，使整个网络的电流、电压三相不对称。根据对称分量法，可以把该网络分解为正、负、零序三个对称序网，而这三组对称的序分量可分别按对称的三相电路分解，然后将其结果叠加起来，就可以得出三相不对称短路计算结果。

求解不对称短路，要首先计算各元件的序参数并画出等值电路。对于静止元件，其正序、负序等值电路和参数相同。对于旋转电机，如发电机、异步电动机等，其正序、负序参数不同。三相零序电流大小相等、方向相同，且经大地形成回路，其元件的零序等值电路和负序电抗与正序不同。

制定出各序网络，一般用复合序网法求不对称故障中的电流和电压。根据不同的故障类型，确定出以相分量表示的边界条件，进而列出以序分量表示的边界条件，按边界条件将三个序网联合成复合网，由复合网求出故障处的各序电流和电压。

除了不对称故障外，电力系统还可能出现断相的情况，称为非全相运行。断路的原因可能是一相或两相的导线断线；分相检修线路或开关设备；开关合闸过程中三相触头不同时接通；某一相线路接地后，故障开关跳闸；装有串补电容器的线路上电容器发生单相或两相击穿以及三相参数不平衡等。出现断相故障时，可能产生不利的负序或零序电流。

思 考 题 与 习 题

4-1 短路分哪些类型？有哪些危害？防止发生短路的措施有哪些？

4-2 同步发电机突然三相短路的电磁暂态过程是怎么样的？各种暂态电流分量的变化规律是什么？

4-3 什么是对称分量法，它有什么用处？推导出对称分量法的变换公式。

4-4 什么是正序阻抗、负序阻抗、零序阻抗？

4-5 在不对称短路故障分析和计算中，如何选择基准相？

4-6 如图4-25所示电力系统，元件参数见表4-2～表4-4。故障前线路空载，k点电压为121kV，在k点分别发生以下短路情况。

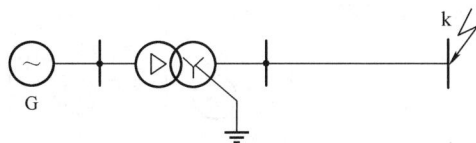

图4-25 题4-6图

表4-2 发 电 机 参 数

发电机	额定容量（MVA）	dX''	x_2
	50	0.3	0.35

表 4－3　　　　　　　　　　　变 压 器 参 数

变压器	接线组别	额定容量（MVA）	额定电压比（kV/kV）	$U_k\%$
	YNd11	50	10.5/121	10.5

表 4－4　　　　　　　　　　　线 路 参 数

线路	额定电压（kV）	x_1（Ω/km）	x_0（Ω/km）	线路长度（km）
	110	0.4	$x_0 = 3.5 x_1$	50

（1）计算 k 点发生三相短路时，短路点起始次暂态电流。

（2）绘出 k 点发生 A 相接地短路时各序网络，并计算序网络各元件参数。

（3）计算 k 点发生 A 相接地短路时，短路点起始次暂态电流有名值。

（4）计算 k 点发生 A 相接地短路时，流过发电机的起始次暂态电流有名值。

4－7　系统如图 4－26 所示，k 点发生三相短路，变压器 T2 空载。求：①求用标幺值表示的等值网络；②短路处起始次暂态电流和短路容量；③计算短路冲击电流；④若电源容量为无限大，试计算短路冲击电流。

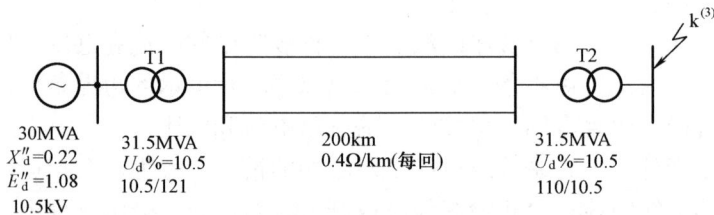

图 4－26　题 4－7 图

4－8　某电力系统如图 4－27 所示，k 处发生不对称接地故障，试画出正序、负序和零序等值电路（各元件的序参数用相应的符号表示，如用 X_{L1} 表示线路正序电抗）。

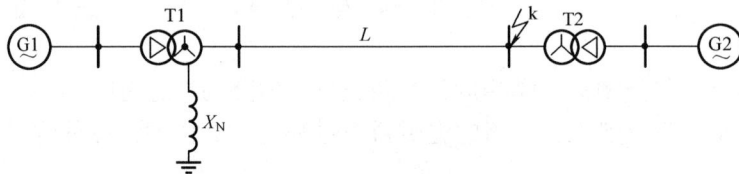

图 4－27　题 4－8 图

4－9　已知系统如图 4－28 所示，k 点发生不对称接地短路，试画出图示系统的正序、负序、零序网络。

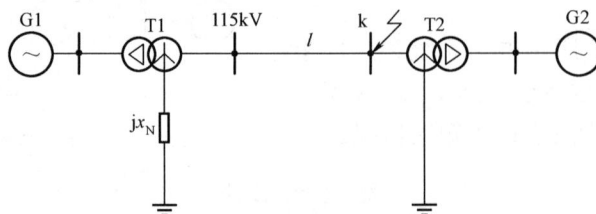

图 4－28　题 4－9 图

第五章 电力系统稳定运行

第一节 概　　述

电力系统正常运行的一个重要标志，就是系统中的同步电机（主要是发电机）都处于同步运行状态。同步运行状态是指所有并联运行的同步电机都有相同的电角速度。在这种情况下，表征运行状态的参数具有接近于不变的数值，通常称此情况为稳定运行状态。

随着电力系统的发展和扩大，往往会有这样的情况：例如，水电厂或坑口火电厂通过长距离交流输电线路将大量的电力输送到中心系统，在输送功率达到一定的数值后，电力系统稍微有点小的扰动都有可能出现电流、电压、功率等运行参数剧烈变化和振荡的现象，这表明系统中的发电机之间失去了同步，电力系统不能保持稳定运行状态；又如，当电力系统中的个别元件发生故障时，虽然自动保护装置已将故障元件切除，但是电力系统受到这种大的扰动后，也有可能出现上述运行参数剧烈变化和振荡现象；此外，甚至运行人员的正常操作，如切断输电线路、发电机等，也有可能导致电力系统稳定状态的破坏。

通常，电力系统稳定性就是指电力系统在运行时受到微小的或大的扰动之后，能否继续保持系统中同步电机间同步运行的能力。

电力系统受到的扰动大小不同，运行参数的变化特性（或称为动态响应）随之不同，因而分析和计算方法也有所不同。为此，人们把电力系统稳定性问题分为静态稳定和暂态稳定两类。对这两类稳定问题的分析计算，可以根据研究的目的要求，采用不同精细程度的数学模型来描述电力系统。

我国现行的《电力系统安全稳定导则》对电力系统稳定作了如下规定：

（1）电力系统静态稳定是指电力系统受到小扰动后，不发生自发振荡和非周期性失步，自动恢复到原来稳定运行状态的能力。

（2）电力系统暂态稳定是指电力系统受到大扰动后，各同步发电机保持同步运行并过渡到新的或恢复到原来稳定运行方式的能力。

电力系统稳定性的破坏，将使整个电力系统受到严重的不良影响，造成大量用户供电中断，甚至造成整个系统瓦解。因此，研究电力系统稳定性的内在规律，正确运用提高电力系统稳定性的措施，对现代电力系统的安全、可靠、经济运行有着十分重大的意义。

第二节 同步发电机的功—角特性

要分析电力系统的稳定性问题，首先就要讨论同步发电机组和异步发电机组的机电特性，即机组的转子运动方程和同步发电机组的功—角特性方程式。其中同步发电机组是电力系统中最主要的电源，对电力系统的稳定性起了主导作用，因此对电力系统稳定性的研究主要是研究同步发电机组运行的稳定性。

发电机输出的电磁功率和功率角的关系，称为发电机的功—角特性，这是分析电力系统稳定性的一个重要基础方程式。

一、隐极式发电机的功—角特性方程

以如图 5-1 所示的简单电力系统为例，分析发电机的电磁功率。

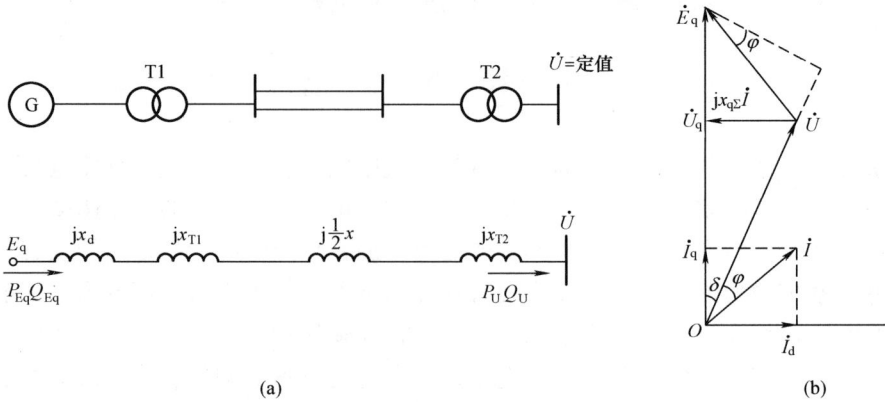

(a)　　　　　　　　　　　　　　(b)

图 5-1　简单电力系统的等值电路及相量图

(a) 等值电路；(b) 相量图

发电机电动势 E_q 处的功率为

$$P_{Eq} = \mathrm{Re}(E_q I) = E_q I \cos\varphi \cos\delta - E_q I \sin\varphi \sin\delta \tag{5-1}$$

由于隐式发电机的转子是对称的，因而它的直轴同步电抗和交轴同步电抗是相等的，即有 $x_d = x_q$。系统总电抗为

$$X_{d\Sigma} = X_d + X_{T1} + \frac{1}{2}X_L + X_{T2} = X_d + X_{TL} \tag{5-2}$$

$$X_{T1} + \frac{1}{2}X_L + X_{T2} = X_{TL}$$

式中　X_{TL}——变压器、线路等输电网的总电抗。

其相量图如图 5-1 (b) 所示，由相量图可得

$$\left.\begin{array}{l} E_q\cos\delta = I X_{d\Sigma}\sin\varphi + U \\ E_q\sin\delta = I X_{d\Sigma}\cos\varphi \end{array}\right\} \tag{5-3}$$

将式 (5-3) 代入式 (5-1)，经整理后可得

$$P_{Eq} = \frac{E_q U}{X_{d\Sigma}}\sin\delta \tag{5-4}$$

当电动势 E_q 及电压 U 恒定时，可以做出隐极式发电机的简单电力系统的功率特性曲线（见图 5-2）。

电磁功率特性曲线上的最大值，称为功率极限，功率极限可由 $\dfrac{\mathrm{d}P}{\mathrm{d}\delta}=0$ 的条件求出。对于无调节励磁的隐极式发电机，E_q = 常量。由 $\dfrac{\mathrm{d}P_{Eq}}{\mathrm{d}\delta}=\dfrac{E_q U}{X_{d\Sigma}}\cos\varphi=0$，求得功率极限对应的角度 $\delta_{Eqm}=90°$，于是功率极限为

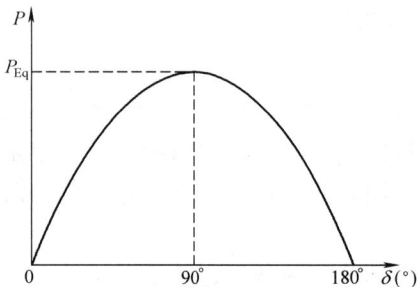

图 5-2　隐极式发电机的功率特性曲线

$$P_{\text{Eqm}} = \frac{E_q U}{X_{d\Sigma}} \sin\delta_{\text{Eqm}} = \frac{E_q U}{X_{d\Sigma}} \sin 90° = \frac{E_q U}{X_{d\Sigma}} \tag{5-5}$$

二、凸极式发电机的功—角特性方程

当略去定子绕组的电阻，由式 $\dot{E}_Q = \dot{U} + j\dot{I} X_q$ 及 $E_q = E_Q + (X_d - X_q) I_d$，可以作出凸极式发电机正常运行时的相量图如图 5-3 所示，由该相量图就可以导出以不同电动势和电抗表示的凸极式发电机的功—角特性方程。

（1）以空载电动势 E_q 和同步电抗 X_d、X_q 表示发电机（即假设励磁回路电压、电流无变化，E_q 为常数）

由图可见
$$\left.\begin{array}{l} E_q = U_q + I_d X_d \\ 0 = U_d - I_q X_q \end{array}\right\} \tag{5-6}$$

将此式代入式（5-7）中，可得

$$P_{\text{Eq}} = U_d I_d + U_q I_q = \frac{E_q U_d}{X_d} + U_d U_q \left(\frac{1}{X_q} - \frac{1}{X_d}\right) = \frac{E_q U_d}{X_d} + \frac{X_d - X_q}{X_d X_q} U^2 \sin\delta\cos\delta$$

$$= \frac{E_q U}{X_d} \sin\delta + \frac{U^2}{2} \frac{X_d - X_q}{X_d X_q} \sin 2\delta \tag{5-7}$$

对于无自动调节励磁装置的发电机与无限大容量电力系统母线连接时，则有 $E_q =$ 定值，$U =$ 定值。取不同的 δ 值代入式中，可以绘制出此种状态下发电机有功功率的功—角特性曲线，如图 5-4 所示。有图可见，由于直交轴同步电抗不相等 $X_d \neq X_q$，出现了一个按两倍功率角的正弦 $\sin 2\delta$ 变化的功率分量，即为磁阻功率。由于磁阻功率的存在使功—角特性曲线畸变，从而使功率极限有所增加，但这时功率极限出现在功率角小于 90°处。

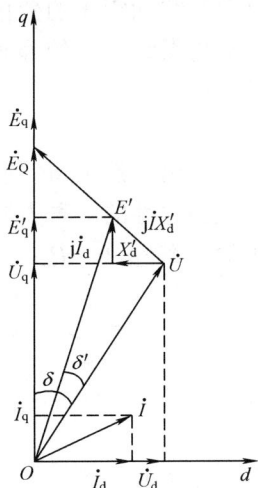

图 5-3 凸极式发电机相量图

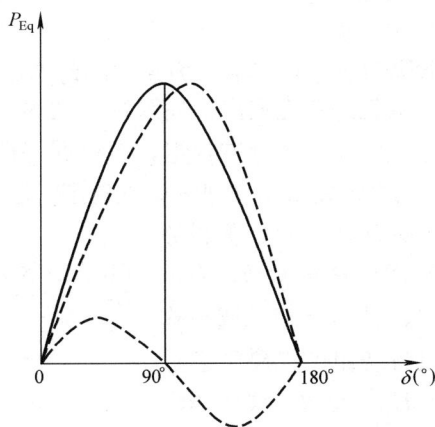

图 5-4 以 E_q 表示的凸极式发电机有功功率的功—角特性（一）

（2）以交轴暂态电动势 E'_q 和直轴暂态电抗 X'_d 表示发电机（不计阻尼时，暂态电动势在干扰的瞬间不变，并近似认为自动调节励磁装置的作用能保持 $E'_q =$ 常数，由图 5-3 可见

$$\left.\begin{array}{l} E'_q = U_q + I_d X'_d \\ 0 = U_d - I_q X_d \end{array}\right\} \tag{5-8}$$

将式（5-8）代入式（5-9）中可得

$$P_{E'_q} = \frac{E'_q U_d}{X'_d} + U_d U_q \left(\frac{1}{X_q} - \frac{1}{X'_q} \right)$$

$$= \frac{E'_q U}{X'_d} \sin\delta - \frac{U^2}{2} \frac{X_q - X'_d}{X_q X'_{dd}} \sin2\delta \qquad (5-9)$$

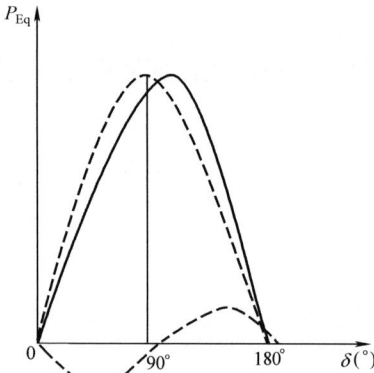

图 5-5 以 E_q 表示的凸极式发电机有功功率的功—角特性（二）

按式（5-9）可以绘制凸极式发电机与无限大容量母线相连，且 E'_q＝定值时有功功率的功—角特性曲线，如图 5-5 所示。

由图 5-5 可见，这时也出现了暂态磁阻功率分量，但由于凸极式发电机的交轴同步电抗往往小于隐极式发电机的交轴同步电抗，因此暂态磁阻功率分量的最大值往往小于隐极式发电机相应分量的最大值。

同样地，也可以直轴暂态电抗 X'_d 后的电动势 E' 代替 E'_q，以 E' 的相位角 δ' 代替实际功率角 δ，以简化功—角特性的计算。显然，这种情况下的功—角特性方程也如式（5-9）所示。

第三节 电力系统运行的静态稳定性

电力系统静态稳定性是讨论电力系统在正常运行受到小扰动后的稳定性问题。电力系统几乎无时不在受到小扰动，例如：负荷的微小变化；风吹架空线路引起线间距离的变化从而引起线路电抗的微小变化；发电机受到微小的机械振动等。因此，电力系统运行的静态稳定性实质就是讨论系统在某个运行状态能否保持的问题。

一、小扰动法分析简单电力系统的静态稳定性

小扰动法就是首先列出描述系统运动的、通常是非线性的微分方程组，然后将它们线性化，得出近似的线性微分方程组，再根据特征方程根的性质判断系统稳定性的一种方法。

简单电力系统如图 5-6 所示，在给定的运行情况下，发电机输出的功率为 $P_e = P_o$，$\omega = \omega_N$；原动机的功率为 $P_T = P_o$。假设原动机的功率 $P_T = P_o$＝常数，发电机为隐极机，且不计励磁调节作用和发电机各绕组的电磁暂态过程，即 $E_q = E_{q0}$＝常数。这样作出的发电机的功—角特性如图 5-6（c）所示。现按以下几种情况分别进行讨论。

1. 不计发电机组的阻尼作用

发电机的转子运动方程为

$$\frac{\mathrm{d}\delta}{\mathrm{d}t} = \omega - \omega_N$$

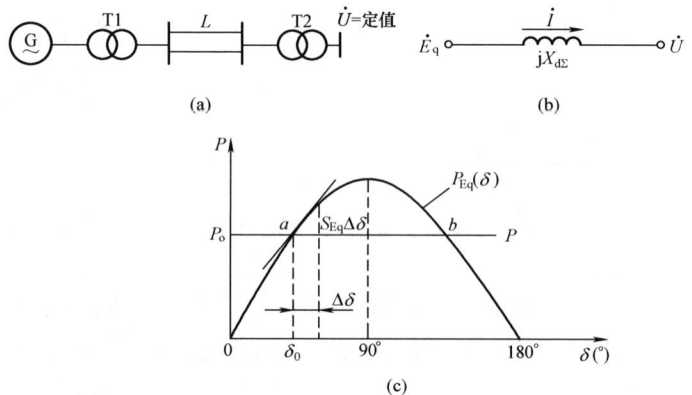

图 5-6 简单电力系统及其功—角特性
(a) 接线图；(b) 等值网络；(c) 功角特性曲线

$$\frac{\mathrm{d}\omega}{\mathrm{d}t} = \frac{\omega_{\mathrm{N}}}{T_1}(P_{\mathrm{T}} - P_{\mathrm{e}})$$

发电机的电磁功率方程为

$$P_{\mathrm{e}} = P_{\mathrm{Eq}} = \frac{E_{\mathrm{q0}}U_0}{x_{\mathrm{d\Sigma}}}\sin\delta = P_{\mathrm{Eq}}(\delta)$$

将上式代入转子运动方程中去，得到简单电力系统的状态方程为

$$\left.\begin{array}{l} \dfrac{\mathrm{d}\delta}{\mathrm{d}t} = \omega - \omega_{\mathrm{N}} = f_\delta(\delta, \omega) \\[3mm] \dfrac{\mathrm{d}\omega}{\mathrm{d}t} = \dfrac{\omega_{\mathrm{N}}}{T_1}[P_{\mathrm{T}} - P_{\mathrm{Eq}}(\delta)] = f_\omega(\delta, \omega) \end{array}\right\} \tag{5-10}$$

由于 $P_{\mathrm{Eq}}(\delta)$ 中含有 $\sin\delta$，所以方程式为非线性的，如果扰动很小，可以在平衡点，例如在点 a 对应的 δ_0 附近将 $P_{\mathrm{Eq}}(\delta)$ 展开成泰勒级数

$$P_{\mathrm{Eq}}(\delta) = P_{\mathrm{Eq}}(\delta_0 + \Delta\delta) = P_{\mathrm{Eq}}(\delta_0) + \frac{\mathrm{d}P_{\mathrm{Eq}}}{\mathrm{d}\delta}\bigg|_{\delta=\delta_0}\Delta\delta + \frac{1}{21}\frac{\mathrm{d}^2 P_{\mathrm{Eq}}}{\mathrm{d}\delta^2}\bigg|_{\delta=\delta_0}\Delta\delta^2 + \cdots$$

略去二次及以上各项得到

$$P_{\mathrm{Eq}}(\delta) = P_{\mathrm{Eq}}(\delta_0) + S_{\mathrm{Eq}}\Delta\delta$$

$$S_{\mathrm{Eq}} = \frac{\mathrm{d}P_{\mathrm{Eq}}}{\mathrm{d}\delta}\bigg|_{\delta=\delta_0}$$

因为 $P_{\mathrm{Eq}}(\delta_0) = P_0$，所以 $S_{\mathrm{Eq}}\Delta\delta$ 为受扰动后功角产生微小偏差引起的电磁功率增量，即

$$\left.\begin{array}{l} P_{\mathrm{Eq}}(\delta) = P_{\mathrm{Eq}}(\delta_0) + \Delta P_{\mathrm{e}} \\[2mm] \Delta P_{\mathrm{e}} = S_{\mathrm{Eq}}\Delta\delta \end{array}\right\} \tag{5-11}$$

从 ΔP_{e} 的表达式可以看到，略去功角偏差的二次项及以上各项，实质上是用过平衡点 a 的切线来代替原来的功率特性曲线，这就是线性化的含义。

将式（5-11）代入式（5-10），并且令 $\omega = \omega_{\mathrm{N}} + \Delta\omega$，于是得到小扰动方程

$$\left.\begin{array}{l} \dfrac{\mathrm{d}\delta}{\mathrm{d}t} = \dfrac{\mathrm{d}(\delta_0 + \Delta\delta)}{\mathrm{d}t} = \dfrac{\mathrm{d}\Delta\delta}{\mathrm{d}t} = \omega - \omega_{\mathrm{N}} = \Delta\omega \\[3mm] \dfrac{\mathrm{d}\omega}{\mathrm{d}t} = \dfrac{\mathrm{d}(\omega_{\mathrm{N}} + \Delta\omega)}{\mathrm{d}t} = \dfrac{\mathrm{d}\Delta\omega}{\mathrm{d}t} = -\dfrac{\omega_{\mathrm{N}}}{T_1}\Delta P_{\mathrm{e}} = -\dfrac{\omega_{\mathrm{N}}S_{\mathrm{Eq}}}{T_1}\Delta\delta \end{array}\right\}$$

写成矩阵的形式为

$$\begin{bmatrix} \dfrac{\mathrm{d}\Delta\delta}{\mathrm{d}t} \\[3mm] \dfrac{\mathrm{d}\Delta\omega}{\mathrm{d}t} \end{bmatrix} = \begin{bmatrix} 0 & 1 \\[2mm] -\dfrac{\omega_{\mathrm{N}}S_{\mathrm{Eq}}}{T_1} & 0 \end{bmatrix} \begin{bmatrix} \Delta\delta \\[2mm] \Delta\omega \end{bmatrix} \tag{5-12}$$

对于这样的二阶微分方程组，其特征值很容易求得，即从下面的特征方程

$$\begin{bmatrix} 0-p & 1 \\[2mm] -\dfrac{\omega_{\mathrm{N}}S_{\mathrm{Eq}}}{T_1} & 0-p \end{bmatrix} = p^2 + \frac{\omega_{\mathrm{N}}S_{\mathrm{Eq}}}{T_1} = 0$$

解出
$$p_{1,2} = \pm \sqrt{-\frac{\omega_N S_{Eq}}{T_1}} \tag{5-13}$$

所以，方程组的解为
$$\Delta\delta(t) = k_{\delta 1} e^{p_1 t} + k_{\delta 2} e^{p_2 t}$$

为确定 S_{Eq} 的值，要进行给定运行方式的潮流计算。例如给定系统的电压 U_0，发电机送到系统的功率 P_0、Q_0，计算出 E_{q0}、δ_0，于是可算得

$$S_{Eq} = \frac{dP_{Eq}}{d\delta}\bigg|_{\delta=\delta_0} = \frac{E_{q0}U_0}{x_{d\Sigma}}\cos\delta_0 \tag{5-14}$$

代入式（5-13），即可确定特征值 p_1、p_2，从而判断系统在给定的运行条件下是否具有静态稳定性。

从式（5-13）可以看出，T_1 和 ω_N 均为正数，而 S_{Eq} 则与运行情况有关。当 $S_{Eq} < 0$ 时，特征值 p_1、p_2 为两个实数，其中一个为正实数，所以电力系统受扰动后，功角偏差 $\Delta\delta$ 最终以指数曲线的形式随时间不断增大，因此系统是不稳定的。这种丧失稳定的形式称为非周期性地失去同步。当 $S_{Eq} > 0$ 时，特征值为一对共轭虚数

$$p_{1,2} = \pm j\beta$$
$$\beta = \sqrt{\frac{\omega_N S_{Eq}}{T_1}}$$

方程组的解为
$$\Delta\delta(t) = k_{\delta 1} e^{j\beta t} + k_{\delta 2} e^{j\beta t} = (k_{\delta 1} + k_{\delta 2})\cos\beta t + j(k_{\delta 1} + k_{\delta 2})\sin\beta t$$

从实际意义出发，$\Delta\delta(t)$ 应为实数，因此 $k_{\delta 1}$ 和 $k_{\delta 2}$ 应为一对共轭复数。设 $k_{\delta 1} = A + jB$，$k_{\delta 2} = A + jB$，于是

$$\left.\begin{aligned}\Delta\delta(t) &= 2A\cos\beta t - 2B\sin\beta t = k_\delta \sin(\beta t - \varphi) \\ k_\delta &= -2\sqrt{A^2 + B^2} \\ \varphi &= \arctan\frac{A}{B}\end{aligned}\right\}$$

由此可知，电力系统受扰动后，功角将在 δ_0 附近作等幅振荡，从理论上说系统不具有渐近稳定性，但是考虑到振荡中由于摩擦等原因产生能量消耗，可以认为振荡会逐渐衰减，所以系统是稳定的。

由以上分析可以得出简单电力系统静态稳定的判断依据为
$$S_{Eq} > 0$$

从式（5-14）可以看到，当系统运行参数 $\delta_0 < 90°$ 时，系统是稳定的，当 $\delta_0 > 90°$ 时，系统是不稳定的。所以用运行参数表示的稳定判断依据为
$$\delta_0 < 90°$$

稳定极限情况为 $\qquad\qquad S_{Eq} = 0$

与此对应的稳定极限运行角 $\qquad \delta_{s1} = 90°$

与此运行角对应的发电机输出的电磁功率为
$$P_{Eqs1} = \frac{E_{q0}U_0}{x_{d\Sigma}}\sin\delta_{s1} = \frac{E_{q0}U_0}{x_{d\Sigma}} = P_{Eqm}$$

这就是系统保持静态稳定时发电机所能输送的最大功率，把 P_{Eqs1} 称为稳定极限。在上

述简单电力系统中，稳定极限等于功率极限。$S_{Eq}=\dfrac{\mathrm{d}P}{\mathrm{d}\delta}>0$ 称为实用判据，常被应用于简单

电力系统和一些定性分析的实用计算中。

在稳定工作范围内，自由振动的频率为

$$f_e = \frac{1}{2\pi}\sqrt{\frac{\omega_N S_{Eq}}{T_1}}$$

这个频率通常又称为固有振荡频率，它与运行情况即 S_{Eq} 有关，其变化如图 5-7 所示。从图中可以看出，随着功角的增大，S_{Eq} 减小，f_e 减小，当 $\delta=90°$ 时，$S_{Eq}=0$，$f_e=0$，即电力系统受扰动后功角变化不再有振荡的性质，因而系统将会非周期性地丧失稳定。

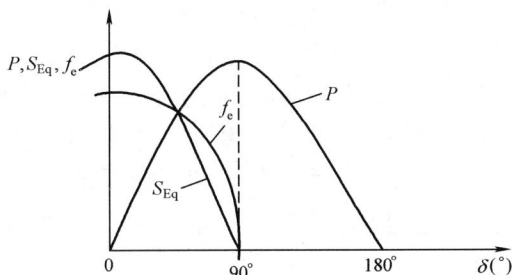

图 5-7　f_e、S_{Eq} 随 δ 的变化

2. 计发电机组的阻尼作用

发电机组的阻尼作用包括由轴承摩擦和发电机转子与气体摩擦所产生的机械性阻尼作用，以及由发电机转子闭合绕组所产生的电气阻尼作用。机械阻尼作用与发电机的实际转速有关，电气阻尼作用则与相对转速有关，要精确计算这些阻尼作用是很复杂的。为了对阻尼作用的性质有基本了解，假定阻尼作用所产生的功率都与转速呈线性关系，于是相对运动的阻尼功率可表示为

$$P_D = D_\Sigma \Delta\omega = D_\Sigma\,(\omega-\omega_N) = D_\Sigma\frac{\mathrm{d}\Delta\delta}{\mathrm{d}t}$$

式中　D_Σ——综合阻尼系数。

计及阻尼作用之后，发电机的转子运动方程为

$$\frac{T_1}{\omega_N}\frac{\mathrm{d}^2\delta}{\mathrm{d}t^2} = P_T - (P_e + P_D) = P_T - [P_{Eq}(\delta) + D_\Sigma \Delta\omega]$$

线性化方程为

$$\begin{cases}\dfrac{\mathrm{d}\Delta\delta}{\mathrm{d}t} = \Delta\omega \\[2mm] \dfrac{\mathrm{d}\Delta\omega}{\mathrm{d}t} = -\dfrac{\omega_N S_{Eq}}{T}\Delta\delta - \dfrac{\omega_N D_\Sigma}{T}\Delta\omega\end{cases}$$

其矩阵形式为

$$\begin{bmatrix}\dfrac{\mathrm{d}\Delta\delta}{\mathrm{d}t} \\[3mm] \dfrac{\mathrm{d}\Delta\omega}{\mathrm{d}t}\end{bmatrix} = \begin{bmatrix}0 & 1 \\[2mm] -\dfrac{\omega_N S_{Eq}}{T_1} & -\dfrac{\omega_N D_\Sigma}{T}\end{bmatrix}\begin{bmatrix}\Delta\delta \\[2mm] \Delta\omega\end{bmatrix}$$

其特征方程为

$$\begin{bmatrix}0-p & 1 \\[2mm] -\dfrac{\omega_N S_{Eq}}{T_1} & -\dfrac{\omega_N D_\Sigma}{T}-p\end{bmatrix} = p^2 + \frac{\omega_N D_\Sigma}{T_1}p + \frac{\omega_N S_{Eq}}{T_1} = 0$$

特性值为
$$p_{1,2} = -\frac{\omega_N D_\Sigma}{2T_1} \pm \sqrt{\left(\frac{\omega_N D_\Sigma}{2T_1}\right)^2 - \frac{\omega_N S_{Eq}}{T_1}} \qquad (5-15)$$

下面分两种情况来讨论阻尼对稳定性的影响。

（1）$D_\Sigma > 0$，即发电机组具有正阻尼作用的情况。当 $S_{Eq} > 0$，且 $D_\Sigma^2 > 4S_{Eq}T_1/\omega_N$ 时，特征值为两个负实数，$\Delta\delta(t)$ 将单调地衰减到零，系统是稳定的，这时通常称为过阻尼情况。当 $S_{Eq} > 0$，但 $D_\Sigma^2 < 4S_{Eq}T_1/\omega_N$ 时，特征值为一对共轭复数，其实部为与 D_Σ 成正比的负数，$\Delta\delta(t)$ 将是一个衰减的振荡，系统是稳定的；当 $S_{Eq} < 0$ 时，特征值为正、负两个实数，此时系统是不稳定的，并且是非周期性地失去稳定。由上可见，当 $D_\Sigma > 0$ 时，稳定判据与不计阻尼作用时的相同，仍然是 $S_{Eq} > 0$。阻尼系数 D_Σ 的大小只影响受扰动后状态量的衰减速度。

（2）$D_\Sigma < 0$，即发电机组具有负阻尼作用的情况。在这种情况下，从式（5-15）可以看到，不论 S_{Eq} 为何值，即不论系统运行在何种状态下，特征值的实部总为正值，系统都是不稳定的。例如，当 $S_{Eq} > 0$，但 $D_\Sigma^2 < 4S_{Eq}T_1/\omega_N$ 时，$p_{1,2} = \alpha \pm \mathrm{j}\beta$，其中 $\alpha = \left| \dfrac{\omega_N D_\Sigma}{2T_1} - \right|$，$\beta^2 = \left| \left(\dfrac{\omega_N D_\Sigma}{2T_1}\right)^2 - \dfrac{\omega_N S_{Eq}}{T_1} \right|$。方程组的解为 $\Delta\delta(t) = k_\delta e^{\alpha t}\sin(\beta t - \varphi)$，这将是一个振幅不断增大的振荡。这种丧失稳定的形式，通常为周期性地失去稳定。

对于实际的多机电力系统，其分析方法同上，只是方程的阶数较高，计算复杂一些而已。

电力系统运行的静态稳定性包括同步发电机并联运行的静态稳定性和负荷的静态稳定性两个方面，下面分别进行介绍。

二、同步发电机并联运行的静态稳定性

1. 电力系统静态稳定性的定性分析

设有简单电力系统如图 5-8（a）所示，图中受端为无限大容量电力系统母线，送端发电机为隐极式同步发电机，并略去了所有元件的电阻和导纳，该系统的等值网络如图 5-8（b）所示。如发电机的励磁不可调，即其空载电动势 E_q 为恒定值，则可得出这个系统的功—角特性关系为

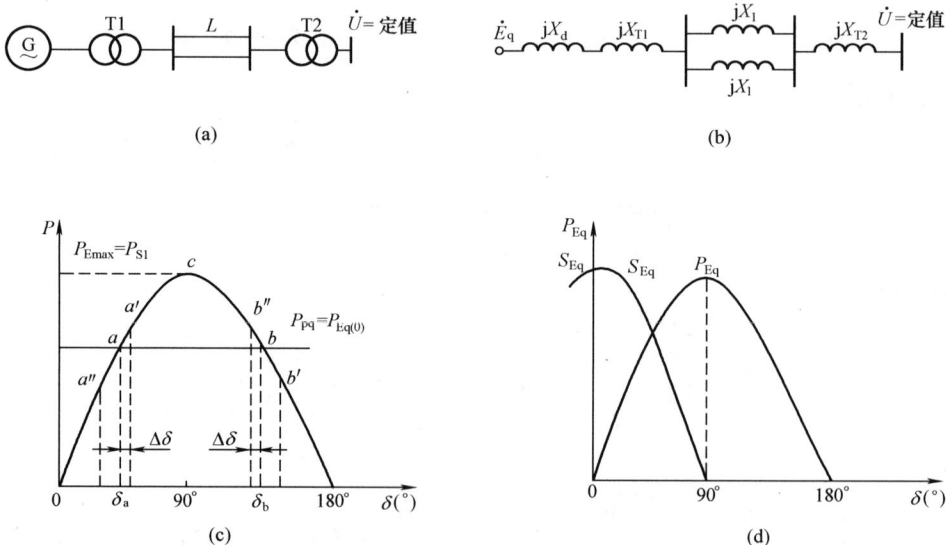

(a)　　　　　　　　　　　　　　　　(b)

(c)　　　　　　　　　　　　　　　　(d)

图 5-8　简单电力系统

(a) 接线图；(b) 等值网络；(c) 功—角特性曲线；(d) 整步功率系数

$$P_{Eq} = \frac{E_q U}{X_{d\Sigma}} \sin\delta \qquad (5-16)$$

$$X_{d\Sigma} = X_d + X_{T1} + \frac{1}{2}X_1 + X_{T2}$$

由此可得这个系统的功—角特性曲线，如图 5-8（c）所示。

设原动机的机械功率 P_m 不可调，并略去摩擦、风阻等损耗，按输入机械功率与输出电磁功率相平衡 $P_m = P_{Eq(0)}$ 的条件，在功—角特性曲线上将有两个运行点 a、b，与其相对应的功率角为 δ_a、δ_b。下面分析在这两点运行时受到微小扰动后的情况。

（1）静态稳定性的分析。分析在 a 点的运行情况，在 a 点，当系统中出现一个微小的、瞬时出现但又立即消失的扰动，使功率角 δ 增加一个微量 $\Delta\delta$ 时，输出的电磁功率将从与 a 点相对应的值 $P_{Eq(0)}$ 增加到 a' 点相对应的 $P_{Eqa'}$。但因输入的机械功率 P_m 不可调，仍为 $P_m = P_{Eq(0)}$，在 a' 点输出的电磁功率 $P_{Eqa'}$ 将大于输入的机械功率 P_m。从而当这个扰动消失后，在制动功率作用下机组将减速，功率角 δ 将减少，运行点将渐渐回到 a 点，如图 5-9（a）中实线所示，当一个微小扰动使功率角 δ 减小一个微量 $\Delta\delta$ 时，情况相反，输出功率将减小到与 a'' 对应的值 $P_{Eqa''}$，且 $P_{Eqa''} < P_m$。从而这个扰动消失后，在净加速功率的作用下机组将加速，使功率角增大，运行点渐渐地回到 a 点，如图 5-9（a）中虚线所示，所以 a 点是静态稳定运行点。同理可得，在图 5-8（c）中 c 点以前，即 $0° < \delta < 90°$ 时，皆为静态稳定运行点。

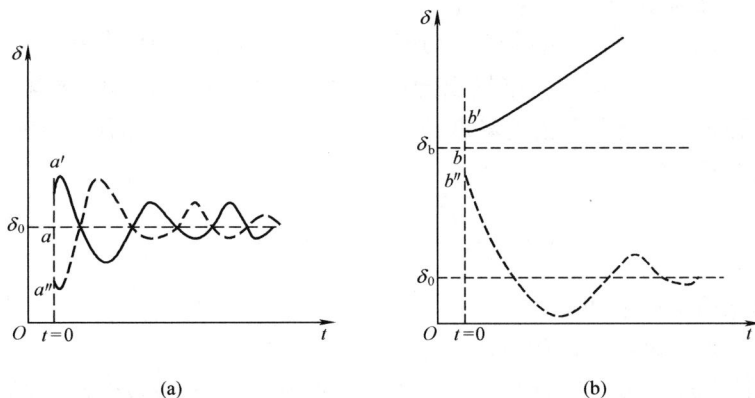

图 5-9　功率角的变化过程
(a) 在 a 点运行；(b) 在 b 点运行

（2）静态不稳定的分析。分析在 b 点的运行情况，在 b 点，当系统中出现一个微小的、瞬时出现但又立即消失的扰动，使功率角增加一个微量 $\Delta\delta$ 时，输出的电磁功率将从与 b 点对应的 $P_{Eq(0)}$ 减小到与 b' 点相对应的 $P_{Eqb'} < P_m$，且 $P_m = $ 常数。当这个扰动消失后，在净加速功率作用下机组将加速，功率角将增大。而功率角增大时，与之对应输出的电磁功率将进一步减小。这样继续下去，运行点不再能回到 b 点，如图 5-9（b）中实线所示，功率角 δ 不断增大，标志着两个电源之间将失去同步，电力系统将不能并联运行而瓦解。如果这个微小扰动使功率角减小一个微量 $\Delta\delta$，情况又不同，输出的电磁功率将增加到与 b'' 点相对应的值 $P_{Eqb''}$，且 $P_{Eqb''} > P_m$，从而当这个扰动消失后，在制动功率的作用下机组将减速，功率角将继续减小，一直减小到 δ_0，渐渐稳定在 a 点运行，如图 5-9（b）中虚线所示，所以 b 点不是静态稳定运行点，从而在 c 点以后，都不是静态稳定运行点。

2. 电力系统静态稳定的实用判据

由以上分析可见，对上述简单电力系统，当功率角 δ 在 $0°\sim90°$ 时，电力系统可以保持静态稳定运行，在此范围内有 $\frac{\mathrm{d}P_{Eq}}{\mathrm{d}\delta}>0$；而 $\delta>90°$ 时，电力系统不能保持静态稳定运行，此时有 $\frac{\mathrm{d}P_{Eq}}{\mathrm{d}\delta}<0$。由此，可以得出电力系统静态稳定的实用判据为

$$S_{Eq}=\frac{\mathrm{d}P_{Eq}}{\mathrm{d}\delta}>0 \tag{5-17}$$

式中 S_{Eq}——整步功率系数。

如图 5-8（d）所示，根据 $S_{Eq}>0$ 可以判断电力系统中同步发电机并联运行的静态稳定性。它是历史上第一个，也是最常用的一个静态稳定判据。严格的数学分析表明，仅根据这个判据不足以最后判定电力系统的静态稳定性，因而它只能是一种实用判据，事实上静态稳定的判据不止这一个。

根据 $S_{Eq}>0$ 判据，图 5-8（c）中功—角特性曲线上所有与 $\delta<90°$ 对应的运行点都是静态稳定的，所有与 $\delta>90°$ 对应的点是静态不稳定的，而与 $\delta=90°$ 对应的 c 点则是静态稳定的临界点。在 c 点 $S_{Eq}=0$，严格说，该点是不能保持系统静态稳定运行的。

3. 静态稳定的储备系数

c 点所对应的功率是系统传输的最大功率，称为静态稳定极限功率，以 P_{sl} 表示。在这个特殊情况下，P_{sl} 恰等于发电机可能输出的最大功率，即发电机的功率极限 P_{max}。

当然，电力系统不应经常在接近静态稳定极限的情况下运行，而应保持一定的储备。静态稳定储备系数的定义为

$$K_p\%=\frac{P_{sl}-P_{Eq(0)}}{P_{Eq(0)}}\times100\% \tag{5-18}$$

式中 P_{sl}——静态稳定极限功率；

$P_{Eq(0)}$——运行点发电机输出的电磁功率。

决定系统运行应具有多大的静态稳定储备系数必须从安全、经济等多方面综合考虑。若 $K_p\%$ 取得太大，则不能有效地利用系统中的发电设备；若 $K_p\%$ 取得太小，则系统的安全可靠性太低。

我国现行的《电力系统安全稳定导则》规定：

（1）在正常运行时，$K_p\%$ 为 $15\%\sim20\%$。

（2）事故后 $K_p\%$ 不应小于 10%。

电力系统静态稳定性，是电力系统正常运行时起码的必备条件，是必须保证的。

【例 5-1】 试求下列三种情况下系统的静态稳定储备系数。已知三种情况下的功角特性分别为：$P_{Eq}=1.312\sin\delta$；$P_{E'}=1.783\sin\delta$；$P_{UG}=2.501\sin\delta$。

对于简单电力系统，系统静态稳定极限 P_{sl} 与发电机的功率极限 P_{max} 相等，所以

解 （1）保持 E_q 恒定时，系统静态稳定储备系数为

$$K_p\%=\frac{P_{sl}-P_{Eq(0)}}{P_{Eq(0)}}\times100\%=\frac{1.312-1}{1}\times100\%=31.2\%$$

（2）保持 E' 恒定时，系统静态稳定储备系数为

$$K_p\% = \frac{P_{sl} - P_{Eq(0)}}{P_{Eq(0)}} \times 100\% = \frac{1.783 - 1}{1} \times 100\% = 78.3\%$$

（3）保持 U_G 恒定时，系统静态稳定储备系数为

$$K_p\% = \frac{P_{sl} - P_{Eq(0)}}{P_{Eq(0)}} \times 100\% = \frac{2.501 - 1}{1} \times 100\% = 150.1\%$$

由以上计算结果可见，虽然自动调节励磁装置不能改变发电机输出的有功功率，但是可以通过改变发电机的功—角特性曲线，提高系统的静态稳定储备系数。

三、负荷的静态稳定性

前面讨论的是系统中同步发电机并联运行的稳定性，是电力系统静态稳定的一个方面，另一方面是负荷的静态稳定性。同步发电机并联运行的静态稳定和负荷的静态稳定是电力系统静态稳定这一问题的两个方面，两者密切相关，相互影响。由于异步电动机负荷通常占系统总负荷的绝大多数，因此负荷的静态稳定性主要就是异步电动机负荷的稳定性，其实质就是电压的稳定性问题。所以，负荷的静态稳定性又叫电压的稳定性，而电压的稳定性关键在于系统受到扰动后负荷的无功功率与电源的无功功率能否保持平衡或恢复平衡的问题。

按无功功率的平衡条件分析负荷的静态稳定性必须先知道系统中无功电源和负荷的无功功率静态电压特性。无功功率的静态电压特性是指当系统正常运行时，若频率保持不变，系统中无功功率随电压的变化规律。它包括电源的无功功率静态电压特性和负荷的无功功率静态电压特性。

在图 5-10（a）所示的简单电力系统中，两台汽轮发电机 G1 和 G2 并联运行向负荷供电。同步发电机并联运行的静态稳定性在前面已讨论，下面主要讨论电压的稳定性问题。

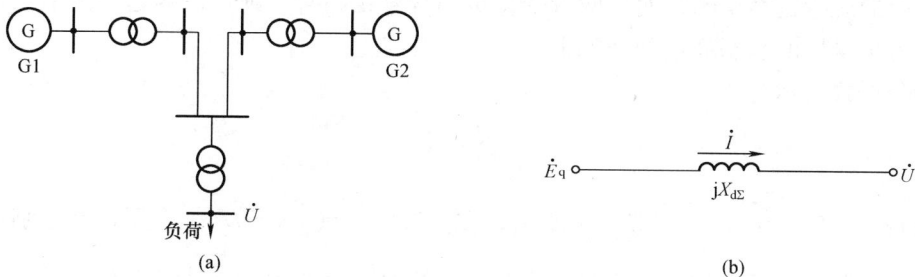

图 5-10 某简单电力系统

（a）接线图；（b）两台发电机合并后的等值电路图

图 5-10（b）所示为两台发电机合并后的等值电路。$\dot{E}_q$ 为两台发电机合并后的等值发电机电动势，$\dot{U}$ 为负荷的母线电压，发电机到负荷之间的总等值电抗为 $X_{d\Sigma}$，负荷的功率因数为 $\cos\delta$。

等值发电机送至负荷的无功功率通过电机学的有关知识可推导为

$$Q_G = \frac{E_q U}{X_{d\Sigma}}\cos\delta - \frac{U^2}{X_{d\Sigma}} \tag{5-19}$$

由式（5-19）可画出发电机无功功率的静态电压特性曲线 $Q_G = f(U)$，如图 5-11

所示。

　　系统负荷显然包括各种各样的用电设备，但异步电动机占大多数，所以系统负荷的无功功率静态电压特性与异步电动机的很接近。通过实验可得到系统负荷的无功功率静态特性曲线 $Q_L = f(U)$，如图 5-11 所示。

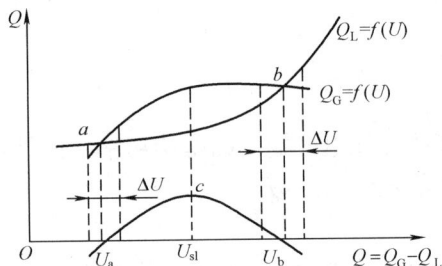

图 5-11　电力系统无功功率
的静态电压特性曲线

　　从图 5-11 所示电力系统无功功率的静态电压特性曲线中可以看出，只有 a、b 两点满足无功功率平衡条件。用小扰动法分析，只有 a 点能保持电压静态稳定，而 b 点不稳定，分析过程如下。

　　(1) 当系统运行在 a 点时，若受某种小扰动后，电压下降了 ΔU，这时 Q_G 大于 Q_L，若令 $Q = Q_G - Q_L$，显然 $Q > 0$，即发电机输出的无功功率大于负荷所需的无功功率，则电压将升高，运行点又回到 a 点。若受某种小扰动后使电压增大了 ΔU，这时 Q_G 小于 Q_L，$Q = Q_G - Q_L < 0$，即发电机输出的无功功率小于负荷所需要的无功功率，从而使电压降低，运行点也回到了 a 点。由此可见，在 a 点运行电压是静态稳定的。

　　(2) 当系统运行在 b 点时，情况就完全不同了。若系统受某种小扰动后，电压下降了 ΔU，这时 Q_G 小于 Q_L，$Q = Q_G - Q_L < 0$，即发电机输出的无功功率小于负荷所需要的无功功率，则电压进一步降低，运行点将更偏离 b 点，无功功率更不平衡，其结果将使系统发生"电压崩溃"事故。若受某种小扰动后，电压增大了 ΔU，Q_G 大于 Q_L，若令 $Q = Q_G - Q_L > 0$，电压将继续增大，直到稳定在 a 点。所以，在 b 点运行，电压是不稳定的。

　　观察 a、b 两点的运行情况发现：当电压变化量 ΔU 与无功功率 Q 的变化量 ΔQ 符号相反时，负荷的运行是稳定的；而当两者变化量的符号相同时，则负荷的运行是不稳定的。所以，可以得出电压的静态稳定判据如下

用微分形式表示为

$$\frac{\mathrm{d}Q}{\mathrm{d}U} < 0$$

　　作出 $Q = f(U)$ 曲线，如图 5-11 所示，在曲线的 c 点 $\frac{\mathrm{d}Q}{\mathrm{d}U} = 0$，是电压稳定的临界点，该点对应的电压是系统所允许的最低运行电压，此电压称为电压稳定极限 U_{sl}。显然，当运行电压大于 U_{sl}，系统能稳定运行；当运行电压小于 U_{sl}，系统不能稳定运行。为了确保系统的电压稳定性，运行电压不应靠近 U_{sl} 值，而应保持一定的电压裕度，即电压稳定储备。电压稳定储备系数用 K_v 表示，K_v 定义为

$$K_v = \frac{U_0 - U_{sl}}{U_0} \times 100\%$$

式中　U_0——负荷的实际运行电压。

　　我国现行的《电力系统安全稳定导则》规定：

　　(1) 系统正常运行方式下，$K_v \geqslant 10\% \sim 15\%$。

　　(2) 事故后的运行方式下，$K_v \geqslant 8\%$。

第四节 电力系统运行的暂态稳定性

电力系统运行的暂态稳定性是研究电力系统受到大的扰动后各发电机能否继续保持同步运行的问题。当系统遭受大扰动后，其各种运行参数（电流、电压和功角等）会发生急剧变化，但发电机组原动机的调速装置具有一定的惯性，必须经过一定时间才能改变原动机的机械功率，发电机转子会出现较大过剩转矩或缺额转矩，发电机转子之间有相对运动，转速和功角将发生较大变化。所以，大扰动引起的电力系统运行的暂态过程是一个电磁暂态过程和发电机转子机械运动暂态过程交织在一起的复杂过程。由此可见，电力系统运行的暂态稳定性分析和静态稳定性分析是有很大区别的。

精确计算发电机机电暂态过程中的参数是非常复杂的，为了解决工程中的实际问题可采用一些简化分析，实用计算中往往要忽略一些次要因素或对一些问题作近似考虑，使计算简化，但同时又必须保证计算结果在工程允许范围内。

一、分析暂态稳定性问题的基本前提讨论

（1）以不对称短路分析电力系统的暂态稳定性。分析电力系统运行的暂态稳定性，应该根据系统的安全性与经济性两方面综合考虑故障类型。三相短路比不对称短路对系统的扰动要严重得多，但根据运行统计结果表明三相短路的概率很小，例如高压线路上三相短路只占短路故障总数的7%左右。从安全角度考虑，希望系统能够承受最严重的三相短路故障，但是三相短路故障出现的概率很小，若要使系统能够承受这种故障的扰动而不失去稳定性，势必要求更大的投资，这从经济角度来说是不合理的。

关于扰动方式，虽然三相短路的扰动最严重，但是其出现的概率很小，因此一般并不是对所有的系统都要采取此种扰动方式来校验系统的暂态稳定性。根据我国电力系统长期运行的经验，现行的《电力系统安全稳定导则》规定：220kV及以上电压等级的系统以单相接地故障作为扰动方式；110kV的系统以两相接地故障作为扰动方式；35kV及以下电压等级的系统以三相短路作为扰动方式。所以，一般以不对称短路故障作为扰动方式来分析系统的暂态稳定性。

（2）发生不对称短路时，不计零序电流和负序电流对转子运动的影响。当电力系统发生不对称短路时，根据对称分量法，可以把短路电流分解成正序、负序、零序分量。

发电机出线端的升压变压器一般采取三角形—星形接法，发电机接在三角形侧，因此当电力网高压侧发生不对称对路故障时，零序电流不会通过发电机。即使发电机侧流过零序电流，由于三相定子绕组在空间上对称分布，三相零序电流所产生的合成气隙磁场为零，所以三相零序电流对转子运动没有影响。

负序电流在气隙中产生电枢反应合成磁场，其旋转方向与转子旋转方向相反，它与转子绕组直流电流相互作用所产生的转矩是以两倍同步频率作周期性变化，其平均值接近于零。具有很大机械惯性的发电机转子对这个按两倍同步频率作周期变化的转矩来不及作出响应，所以负序电流对转子运动的影响可以忽略不计。

由上述分析可得，在发生不对称短路故障时，不计零序和负序电流的影响，只考虑正序电流的影响，这一重要结论使不对称短路故障时的暂态稳定计算大为简化。

当系统发生不对称短路故障时，对网络中正序分量的计算可以应用正序等效定则和复合

序网。不对称短路故障时，确定正序分量的复合序网与正常运行时等值电路不同之处是在短路点接入由短路类型确定的附加电抗 X_Δ。

在图 5-12（a）所示简单电力系统中，当一回线路首端 k 点发生不同类型的短路时，求网络短路电流正序分量的等值电路根据正序等效原则相当于短路点接入附加电抗 X_Δ，正序等值电路如图 5-12（b）所示。附加电抗 X_Δ 的求取如图 5-12（c）所示。$X_{0\Sigma}$、$X_{2\Sigma}$ 分别为网络的零序总电抗和负序总电抗，k 点发生单相短路时 $X_\Delta = X_{0\Sigma} + X_{2\Sigma}$，两相短路时 $X_\Delta = X_{2\Sigma}$，两相接地短路时 $X_\Delta = X_{0\Sigma} // X_{2\Sigma}$，三相短路时 $X_\Delta = 0$。

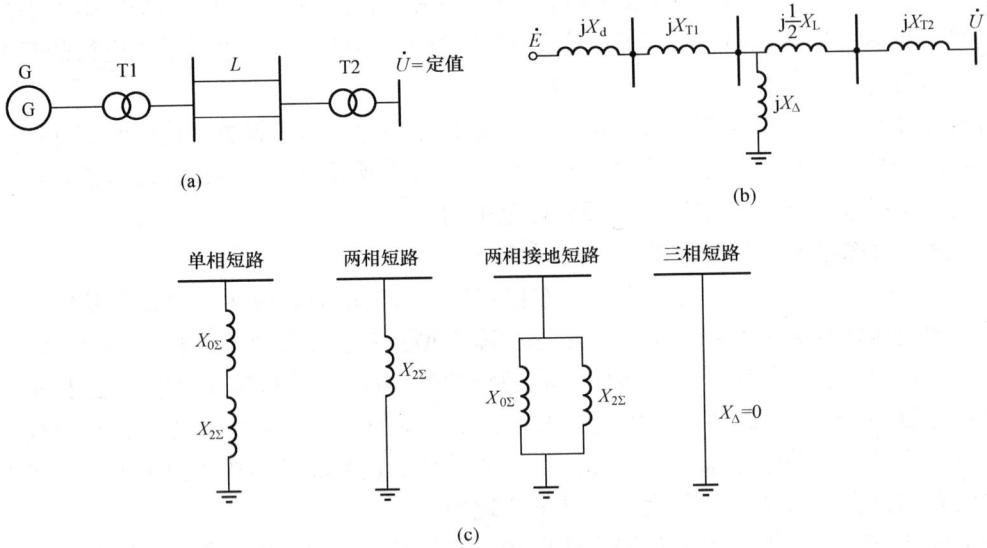

图 5-12　简单电力系统短路时电路

（a）系统接线图；（b）短路时正序等值电路；（c）短路类型与附加电抗

应注意，虽然零序电流和负序电流对转子运动的影响可以不计，但是零序网络和负序网络的参数直接影响正序电流，所以零序和负序的网络参数对系统的暂态稳定性是有影响的。

（3）暂态稳定性分析时发电机的功角特性采用简化的数学模型为

$$P_{E'} = \frac{E'U}{X'_{d\Sigma}}\sin\delta$$

发电机在暂态过程中，由于阻尼绕组的时间常数很小，只有百分之几秒，自由电流衰减很快，所以可以不计次暂态自由电流分量的影响，相当于阻尼绕组是开路的。

在大扰动瞬间，励磁绕组总是满足磁链守恒的，与之成正比的交轴暂态电动势 E'_q 也保持不变。但在暂态过程，随着励磁绕组自由直流的衰减，E'_q 也将减小。然而，励磁绕组自由直流衰减的时间常数较大，并且发电机的自动调节励磁装置在发生大扰动时会实现强行励磁，增加励磁绕组中的直流电流。这样，可以近似认为在暂态过程中 E'_q 保持恒定不变。由于 E_q 与 E' 相差不大，在实用计算中，用 E' 代替 E'_q。因此，在暂态稳定分析时，发电机的功角特性可表示为

$$P_{E'} = \frac{E'U}{X'_{d\Sigma}}\sin\delta$$

（4）发电机组调速装置有一定动作时间，原动机具有较大的动作惯性，为了使分析问题

简单，工程中可以近似认为在暂态过程中原动机输出的机械功率 P_T 不变。

二、暂态稳定过程的功角特性

图 5-13（a）所示简单电力系统中，正常运行时发电机经发电机经变压器和双回线路向无限大容量系统送电。在暂态稳定分析时，发电机等值电路参数用暂态电动势 E' 和暂态电抗 X'_d 表示，发电机到系统之间的总电抗为

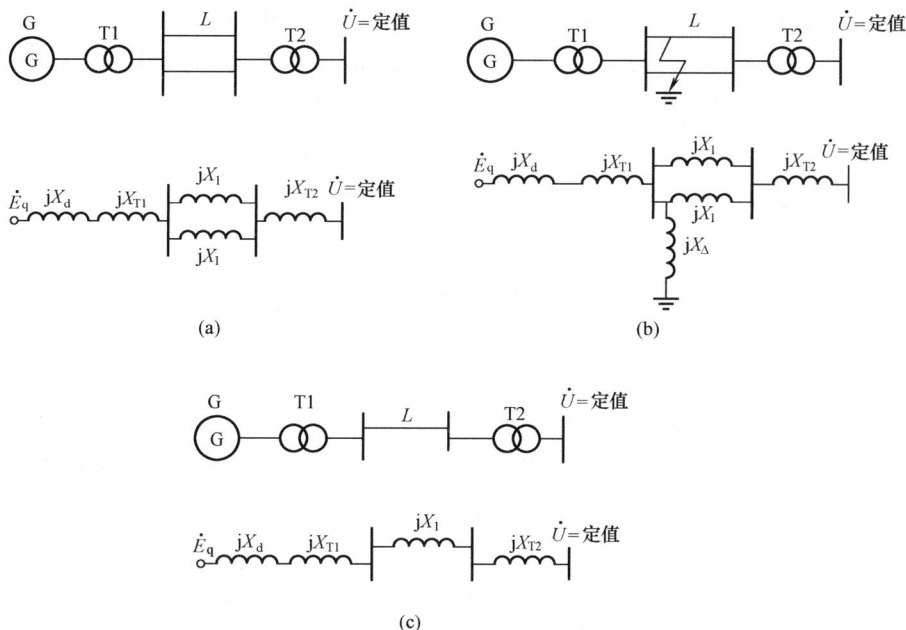

图 5-13　简单电力系统几种运行情况下的等值电路

(a) 正常运行时；(b) 不对称短路时；(c) 故障线路切除后

$$X_{\mathrm{I}} = X'_d + X_{\mathrm{T1}} + \frac{1}{2}X_{\mathrm{L}} + X_{\mathrm{T2}} \tag{5-20}$$

发电机的功角特性为

$$P_{\mathrm{I}} = \frac{E'U}{X_{\mathrm{I}}}\sin\delta \tag{5-21}$$

如果在一回输电线路的首端 k 点发生不对称短路，根据前面讨论，暂态稳定分析只需考虑正序分量对转子运动的影响即可。正序分量的计算根据正序等效定则，相当于在短路点接入附加电抗 X_Δ，如图 5-13（b）所示。将图中的三节点（E'、U、短路接地点）星形网络变成三角形网络，则发电机与系统之间的转移电抗

$$X_{\mathrm{II}} = (X'_d + X_{\mathrm{T1}}) + \left(\frac{1}{2}X_{\mathrm{L}} + X_{\mathrm{T2}}\right) + \frac{(X'_d + X_{\mathrm{T1}}) + \left(\frac{1}{2}X_{\mathrm{L}} + X_{\mathrm{T2}}\right)}{X_\Delta}$$

$$X_{\mathrm{II}} = X_{\mathrm{I}} + \frac{(X'_d + X_{\mathrm{T1}}) + \left(\frac{1}{2}X_{\mathrm{L}} + X_{\mathrm{T2}}\right)}{X_\Delta} \tag{5-22}$$

式中 X_Δ 即为附加电抗。参考图 5-13（c），单相接地短路时 $X_\Delta = X_{2\Sigma} + X_{0\Sigma}$，两相短路时

$X_\Delta = X_{2\Sigma}$，两相接地短路时 $X_\Delta = \dfrac{X_{2\Sigma} X_{0\Sigma}}{X_{2\Sigma} + X_{0\Sigma}}$，三相短路时 $X_\Delta = 0$。

所以，短路故障后发电机的功角特性为

$$P_{\mathrm{II}} = \frac{E'U}{X_{\mathrm{II}}} \sin\delta \qquad (5-23)$$

由式（5-22）可知，如果线路发生三相短路，$X_\Delta = 0$，X_{II} 趋近于无限大，则 P_{II} 接近与零，这相当三相短路截断了发电机与系统之间的联系，因此三相短路对系统的影响最严重。

短路故障发生后，输电线继电保护动作跳开故障线路两侧断路器，系统等值电路如图 5-13（c）所示，发电机与系统之间的总电抗为

$$X_{\mathrm{III}} = X_d' + X_{\mathrm{T1}} + X_{\mathrm{L}} + X_{\mathrm{T2}} \qquad (5-24)$$

发电机的功角特性为

$$P_{\mathrm{III}} = \frac{E'U}{X_{\mathrm{III}}} \sin\delta \qquad (5-25)$$

显然 $X_{\mathrm{II}} > X_{\mathrm{I}}$，$X_{\mathrm{III}} > X_{\mathrm{I}}$。一般情况下，$X_{\mathrm{II}} > X_{\mathrm{III}}$，所以 X_{I}、X_{II}、X_{III} 的大小关系为

$$X_{\mathrm{I}} < X_{\mathrm{III}} < X_{\mathrm{II}}$$

因此，P_{III} 曲线的幅值介于 P_{I} 与 P_{II} 的幅值之间，P_{II} 的幅值最小。

三、暂态稳定的物理过程分析

系统经历了这么大的一组扰动后，能否稳定运行及发电机转子在扰动过程中的运动过程分析如下。

图 5-14 示出了前述简单电力系统在正常运行、故障时以及故障被切除后三种运行情况下的功角特性曲线。

由图 5-14 可见，系统正常运行时，发电机输出的有功功率 P_0 与原动机输入的机械功率 P_{T} 相等，发电机运行在 P_{I} 曲线的 a 点，对应功率角为 δ_0。

在线路首端发生短路故障瞬间，功角特性从 P_{I} 曲线变化到 P_{II} 曲线。由于转子具有惯性，功率角不能突变，发电机输出的电磁功率由 P_{II} 曲线上对应于 δ_0 的 b 点确定，显然输入的机械功率 P_{T} 大

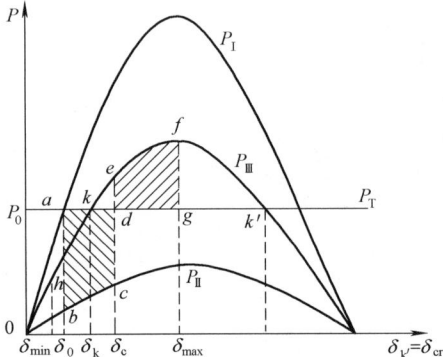

图 5-14　系统在正常运行、故障时及故障被切除后的功角特性

于 b 对应的输出电磁功率，转子轴上出现了过剩转矩。在此过剩转矩的作用下，转子将加速，功率角开始增大。在此变化过程中，随着 δ 的增大，发电机输出的电磁功率也增大，但仍然小于 P_{T}，功率角继续增大，运行点从 b 点向 c 点运动。

若运行点在 c 点时，故障线路的继电保护装置动作，断开线路两侧的断路器，发电机功角特性由 P_{II} 曲线变化到 P_{III} 曲线上，由于功率角不能突变，运行点又从 c 点跃变到 P_{III} 曲线上对应 δ_e 的 e 点。此时，发电机输出的电磁功率大于原动机输入的机械功率，转子轴上出现缺额转矩。缺额转矩将使转子减速，但此时转子转速高于同步转速，因此，功率角 δ 仍将继续增大，工作点将沿 P_{III} 曲线由 e 点向 f 点运动。在此过程中，发电机转子一直受到缺额转矩作用而不断减速。如果运行点到达 f 点，转子转速正好恢复到同步转速，此时功率角 δ 达到了最大值 $\delta_{\max}$。虽然此时发电机恢复到了同步转速，但是在 f 点，原动机输入的机械功

率小于发电机输出的电磁功率，转子将继续减速，功率角 δ 开始减小，发电机工作点将沿由 P_{II} 曲线上的 f 点向 e 点运动。

当运动到 k 点时，作用在转子轴上的转矩达到平衡，但由于转子转速低于同步转速，功率角 δ 将继续减小，一直运动到 h 点，功率角达到最小值 $\delta_{\min}$。在 h 点，机械功率大于电磁功率，又将加速，δ 将增大。

以后的过程与上述一样，发电机的工作点将沿 P_{II} 曲线在 $\delta_{\max}$ 和 $\delta_{\min}$ 之间来回振荡。考虑到振荡过程中的能量损失，振幅将逐渐减小，最后稳定在 k 点。功率角 δ 随时间变化的曲线如图 5-15 所示。由此可见，系统在上述大扰动后保持了暂态稳定。

如果线路的继电保护切除故障的时间较长，功率角 δ 增大到 k' 点后，发电机转子仍未恢复到同步转速，则运行点将越过 k' 点。这时运行情况发生逆转，越过 k' 点之后，发电机输出电磁功率小于原动机输入机械功率，转子将会加速，而使功率角 δ 越来越大，最后导致发电机失步，这就说明此种情况下，系统是不稳定的。图 5-15（b）所示 δ 角随时间变化曲线也可以说明失步的过程。k' 对应的功率角称临界角，用 δ_{cr} 表示。

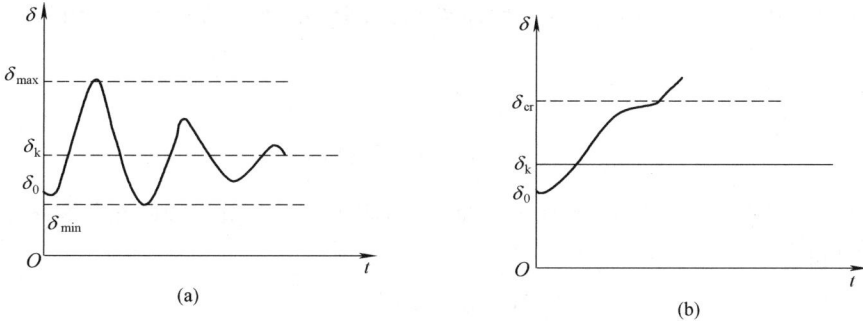

图 5-15　发电机功率角随时间变化的曲线
（a）暂态稳定时；（b）暂态不稳定时

由上述分析还可以看出，快速切除故障是提高电力系统暂态稳定的重要措施。

四、等面积定则

通过以上分析发电机转子摇摆过程，可定性地判断系统的暂态稳定性。如果要定量地分析系统暂态稳定性，可用等面积定则。

再分析图 5-14，在功率角从 δ_0 变化到 δ_c 的过程中，原动机输入的能量大于发电机输出的能量，多余的能量将使发电机转速升高并转化为转子的动能；而当功率角从 δ_c 变化到 $\delta_{\max}$ 的过程中，原动机输入的能量小于发电机输出的能量，不足的能量由发电机转速降低而释放的动能转换为电磁能来补充。已知转矩增量 ΔP 和功率增量 ΔM 的关系为 $\Delta M = \Delta P / \omega$。用标幺值表示时，暂态过程中发电机转速偏离同步转速不大，可近似认为 $\omega = 1$，所以可以近似地认为在数值上 $\Delta M \approx \Delta P$。

转子从 δ_0 变化到 δ_c 的过程中，过剩转矩所做的功，即转子动能的增量为

$$W_{(+)} = \int_{\delta_0}^{\delta_c} \Delta M \mathrm{d}\delta \approx \int_{\delta_0}^{\delta_c} \Delta P \mathrm{d}\delta = \int_{\delta_0}^{\delta_c} (P_{\mathrm{T}} - P_{\mathrm{II}}) \mathrm{d}\delta$$

上式右边积分的几何意义就表示图 5-14 中的 $abcd$ 所围成的阴影部分面积。在此加速过程中，转子所获得的动能增量就等于此面积，所以称这块面积为加速面积。

当转子从 δ_c 变化到 δ_{max} 时，转子动能增量为

$$W_{(-)} = \int_{\delta_c}^{\delta_{max}} \Delta M d\delta \approx \int_{\delta_c}^{\delta_{max}} \Delta P d\delta = \int_{\delta_c}^{\delta_{max}} (P_T - P_{III}) d\delta$$

显然，上述积分为负值，即动能增量为负值，这就说明转子所存储的动能减小了，转速也下降了。此积分的大小为图 5-14 中 $defg$ 所围成的阴影部分面积，称其为减速面积。

如果有

$$W_{(+)} + W_{(-)} = \int_{\delta_0}^{\delta_c} (P_T - P_{II}) d\delta + \int_{\delta_c}^{\delta_{max}} (P_T - P_{III}) d\delta = 0 \qquad (5-26)$$

说明动能增量为零，即系统在暂态过程中，发电机转子在加速过程中所增加的动能在减速过程中全部释放，所以系统是暂态稳定的。

在暂态过程中加速面积和减速面积相等，系统是暂态稳定的，这就是等面积定则。等面积定则为分析和判断系统受到大扰动时能否保持稳定提供了重要依据。

在图 5-14 中，根据等面积定则可知，在加速面积一定的情况下，使减速面积与加速面积相等的 f 点若是位于 k' 点左边，则被加速了的转子能够回到同步速度，最后稳定在 k 点；若运行点到达 k' 点时，减速面积仍小于加速面积，则发电机运行点将越过 k' 点，而使系统失去稳定性。

若定义

$$W_{(-)max} = \int_{\delta_c}^{\delta_{cr}} (P_T - P_{III}) d\delta$$

则 $W_{(-)max}$ 的大小为最大可能的减速面积，即 dek' 所围成的面积。判断系统暂态稳定的等面积定则可以等价为

$$|W_{(-)max}| \geqslant W_{(+)}$$

即最大可能的减速面积不小于加速面积，则系统暂态稳定。在工程的实用计算中，最大可能的减速面积要更容易计算出，因此用 $W_{(-)max}$ 的大小判断系统的暂态稳定性更实用。

综上所述，最大可能的减速面积大于等于加速面积是保证系统暂态稳定的充要条件。减小加速面积、增大最大可能的减速面积是提高系统暂态稳定的根本原则。

五、极限切除角和极限切除时间

进一步分析图 5-14 发现，当快速切除故障及减小加速面积时，相应最大可能的减速面积将增加，若切除故障时间过长，则相应最大可能的减速面积将减小。那么，一定有这样一个功率角，当在此功率角切除故障时，加速面积正好与最大可能的减速面积相等，称此功率角为暂态稳定的极限切除角 δ_{cm}。若切除故障对应的功率角 δ_c 小于 δ_{cm}，加速面积小于最大可能的减速面积，则系统稳定；若 δ_c 大于 δ_{cm}，加速面积大于最大可能的减速面积，则系统将不稳定。所以，极限切除角 δ_{cm} 对于系统暂态稳定性是一个很重要的参数，如何求出 δ_{cm} 呢？根据等面积定则有

$$W_{(+)} = -W_{(-)max}$$

即
$$\int_{\delta_0}^{\delta_{cm}} (P_T - P_{II}) d\delta = \int_{\delta_{cm}}^{\delta_k'} (P_{III} - P_T) d\delta$$

对上式两边求定积分整理后得

$$\delta_{cm} = \arccos \frac{P_T(\delta_k' - \delta_0) + P_{IIIm}\cos\delta_k' - P_{IIm}\cos\delta_0}{P_{IIIm} - P_{IIm}} \qquad (5-27)$$

式中　　δ_0——初始功率角；

　　　　δ_k'——临界功率角；

P_{IIm}、P_{IIIm}——P_{II}、P_{III}曲线的幅值。

极限切除角 δ_{cm} 在工程实用计算中使用起来不是很方便，而分析系统暂态稳定性最常用的参数是极限切除时间。极限切除时间 t_{cm}，即转子从故障发生时刻开始，抵达极限切除角 δ_{cm} 所对应的时间。根据相应 $\delta_{(t)}=f(t)$ 关系曲线可由 δ_{cm} 求出 t_{cm}。若继电保护切除故障的时间小于 t_{cm}，加速面积小于最大可能的减速面积，则系统是稳定的，反之，系统不稳定。

【例5-2】　某简单电力系统如图5-16（a）所示，相关参数用标幺值表示。正常运行条件下，发电机送给系统有功功率 $P_0=1$，发电机的功角特性为 $P_I=\dfrac{E'U}{X_I}\sin\delta=1.72\sin\delta$。线路首端 k 点发生接地短路时的功角特性为 $P_{II}=\dfrac{E'U}{X_{II}}\sin\delta=0.5\sin\delta$，当功率角 δ_c 为 50°或 60°时切除故障线路，若已知系统切除故障线路后的功角特性为 $P_{III}=\dfrac{E'U}{X_{III}}\sin\delta=1.28\sin\delta$，要求：

（1）试用等面积定则判断系统的暂态稳定性；

（2）求极限切除角。

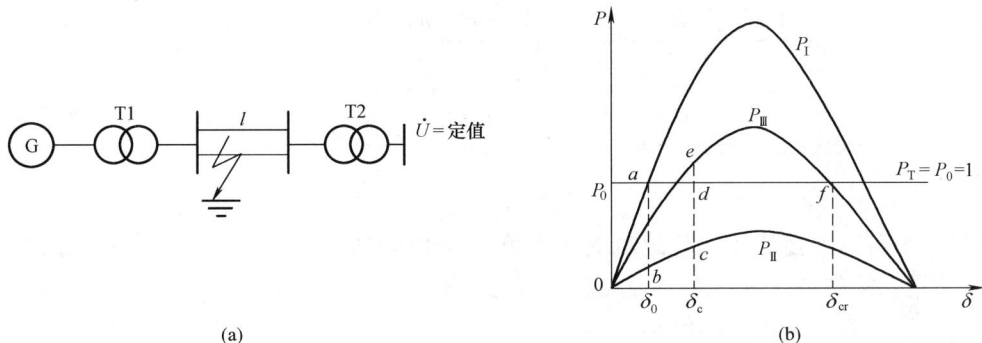

图 5-16　某简单电力系统

（a）系统接线图；（b）功角特性曲线

解　（1）用等面积定则判断系统的暂态稳定性

1）求加速面积。正常运行时，$P_I=\dfrac{E'U}{X_I}\sin\delta=1.72\sin\delta$，$P_T=P_0=1$，因此对应的功角 δ_0 为

$$\delta_0=\arcsin\frac{1}{1.72}=35.55°$$

当线路发生接地短路时，功角特性为 $P_{II}=\dfrac{E'U}{X_{II}}\sin\delta=0.5\sin\delta$，暂态过程中的加速面积为

$$W_{(+)}=\int_{\delta_0}^{\delta_c}(P_T-P_{II})d\delta=\int_{\delta_0}^{\delta_c}(1-0.5\sin\delta)d\delta$$

若切除故障时对应功率角 δ_c 为 57°时，加速面积为

$$W_{1(+)}=\int_{35.55°}^{57°}(1-0.5\sin\delta)d\delta=\frac{57°-35.55°}{180°}\pi+0.5(\cos57°-\cos35.55°)$$

$$=0.374-0.134=0.240$$

功率角 δ_c 为 60°时，加速面积为

$$W_{2(+)} = \int_{35.55°}^{60°} (1 - 0.5\sin\delta)\mathrm{d}\delta = 0.270$$

2）求最大可能的减速面积。已知系统切除故障线路后的功角特性为 $P_{\mathrm{III}} = \dfrac{E'U}{X_{\mathrm{III}}}\sin\delta = 1.28\sin\delta$，则暂态稳定的临界功率角为

$$\delta_{cr} = 180° - \arcsin\frac{1}{1.28} = 128.62°$$

若功率角 δ_c 为 57°时，最大可能的减速面积为

$$|W_{1(-)}| = \int_{\delta_c}^{\delta_{cr}} (P_{\mathrm{III}} - P_T)\mathrm{d}\delta = \int_{57°}^{128.62°} (1.28\sin\delta - 1)\mathrm{d}\delta = 0.247$$

若功率角 δ_c 为 60°时，最大可能的减速面积为

$$|W_{2(-)}| = \int_{\delta_c}^{\delta_{cr}} (P_{\mathrm{III}} - P_T)\mathrm{d}\delta = \int_{60°}^{128.62°} (1.28\sin\delta - 1)\mathrm{d}\delta = 0.242$$

由以上计算结果可知：①若功率角 δ_c 为 57°时，$W_{1(+)} < |W_{1(-)}|$，系统稳定；②若功率角 δ_c 为 60°时，$W_{2(+)} > |W_{2(-)}|$，系统不稳定。

（2）求极限切除角。由式（5-26）可得

$$\delta_{cr} = \arccos\frac{P_T(\delta_k' - \delta_0) + P_{\mathrm{III}}\cos\delta_k' - P_{\mathrm{II\,m}}\cos\delta_0}{P_{\mathrm{III\,m}} - P_{\mathrm{II}}}$$

$$= \arccos\frac{1 \times (128.62° - 35.55°)\dfrac{\pi}{180°} + 1.28 \times \cos128.62° - 0.50 \times \cos35.55°}{1.28 - 0.5}$$

$$= 57.68°$$

显然，也可以通过比较切除故障的功率角 δ_c 与极限切除角 δ_{cm} 的大小，判断系统的暂态稳定性。当 δ_c 为 57°时，$\delta_c < \delta_{cm}$，系统具有暂态稳定性；当 δ_c 为 60°时，$\delta_c > \delta_{cm}$，系统不稳定。这与用等面积定则的判断结果一致。

第五节　提高电力系统稳定性的措施

一、提高系统稳定性的一般原则

电力系统运行的稳定性，是电力系统安全、经济运行的重要因素，随着电力系统的发展和扩大，特别是大容量机组和远距离输电线路的出现，电力系统的稳定性问题日益突出。可以说，电力系统稳定性问题成了当前交流电流系统发展的桎梏。所以，从电力系统的规划设计到运行维护都应进行电力系统稳定性的分析计算，并采取相应的提高和控制稳定运行的措施。

从静态稳定性的分析可知，若系统受到小扰动后具有较高的稳定极限，系统也就具有较高静态稳定性。从暂态稳定的分析可知，若系统受到大扰动后，发电机转子轴上的不平衡力矩将使并联运行发电机转子之间产生剧烈的相对运动，当发电机之间的功率角振荡超过一定限度时，发电机便会失去同步。因此，可以得出提高电力系统稳定性的一般原则：尽可能地提高系统的稳定极限，尽可能减小加速面积而增大最大可能的减速面积。

根据提高系统稳定性的一般原则，采取提高系统稳定性的措施很多，但应该指出，无论

采用哪种措施来提高系统的稳定性，除了考虑技术上实现的可能性之外，还要考虑经济上的合理性，考虑多种措施的合理配合问题。此外，还要从电力系统高速发展的特点来考虑这些措施。

通过前面对简单电力系统用等面积定则分析系统暂态稳定性可知，凡是提高发电机功率极限的措施，都有利于减小加速面积而增大最大可能减速面积。所以，凡是提高系统静态稳定性的措施都可以提高暂态稳定性。

下面分别介绍目前在电力系统中采用的一些提高系统静态稳定值和暂态稳定值的措施。

二、提高系统静态稳定值的措施

由简单电力系统功角特性方程可知，发电机功率极限为

$$P_{\max} = \frac{E_q U}{X_{d\Sigma}}$$

减小系统总电抗 $X_{d\Sigma}$、提高系统运行电压 U 等都可提高系统的稳定极限（简单电力系统的稳定极限等于功率极限）。因此，提高系统静态稳定性的措施如下。

1. 减小系统电抗

在图 5-1 所示的简单电力系统中，系统电抗 $X_{d\Sigma}$ 为

$$X_{d\Sigma} = X_d + X_{T1} + \frac{1}{2}X_L + X_{T2}$$

发电机电抗 X_d 在系统总电抗中所占的比例很大（一般 1/3 以上），但受制造成本和其他因素的限制，要想大幅度减小 X_d 是较困难的。

变压器的电抗在系统总电抗中占有的比例较小，然而，在远距离超高压输电系统中，若已采取措施降低了发电机和输电线路的电抗后，减小变压器的电抗仍有一定的作用。例如，目前在远距离超高压输电系统中广泛采用的自耦变压器，除了节省材料、价格较便宜外，还因为它的电抗值较小，对提高远距离超高压输电系统的静态稳定性仍有一定意义。

输电线路的电抗在系统总电抗中占有最大的比例，特别是在远距离输电线路中，有的将近占一半，所以减小输电线路的电抗对提高系统的静态稳定性有着十分重要的意义，可以通过以下措施来实现。

2. 用串联电容补偿

在前面介绍了输电线路中采用串联电容补偿调整电压的问题。一般在较低电压等级线路上串联电容补偿主要是用于调压，在较高电压等级线路上串联电容补偿主要是用于提高系统的稳定性。采用串联电容补偿后，线路电抗为

$$X = X_L + X_C$$

式中　X_L——线路的感抗；

　　　X_C——线路电容容抗。

很显然，采用串联电容补偿是大幅度减小线路电抗的有效措施。但是线路上采用串联电容补偿后又带来一些新问题，如串联电容的过电压/过电流保护、线路的继电保护及低频自发振荡等问题。总之，线路是否采用串联电容补偿要综合考虑多方面的问题。

3. 提高输电线路的额定电压等级

输电线路的额定电压是影响输送能力的重要因素，它直接影响传输电能的质量和线路的电能损耗。从分析稳定性方面来考虑，提高线路的额定电压等级相当于减小了线路的电抗，分析如下。

简单电力系统的功率极限为

$$P_{\max} = \frac{E_q U}{X_{d\Sigma}}$$

若将所有参数折算到发电机侧计算，随着输电线路额定电压等级的提高，线路电抗折算到发电机侧要大幅减小。例如，已知发电机电动势为11kV，输电线路额定电压为110kV，线路电抗为100Ω，则折算到发电机侧的线路电抗值为1Ω；若提高输电线路的额定电压到220kV，则折算到发电机侧的线路电抗值为0.25Ω。

提高输电线路的额定电压等级提高了系统的稳定性，但同时也要考虑投资也增加了。

4. 分裂导线

采用分裂导线不仅可以防止电晕，而且还可以减小线路的电抗。例如，500kV架空线路采用单根导线的电抗大约为0.42Ω/km，采用二分裂、三分裂、四分裂导线时，电抗分别约为0.32、0.3、0.29Ω/km。

一种新式紧凑型分裂导线已在某些国家使用，同常规型分裂导线相比，这种导线更能大幅度减小电抗，但是目前这种导线结构工艺复杂、造价较高。

5. 发电机采用自动调节励磁装置

发电机的自动调节励磁装置不仅对电力系统无功功率平衡和电压调整起主导作用，而且对提高电力系统的静态稳定性也起着十分重要的作用。当发电机没有采用自动调节励磁装置时，空载电动势 E_q 恒定，发电机的电抗为 X_d。当发电机装了自动调节励磁装置以后，发电机可以做到使暂态电动势 E' 或者机端电压 U_G 恒定。而 E' 恒定意味着发电机电抗由 X_d 减小到 X'_d，U_G 恒定则意味着 X_d 减小到几乎为零。由此可见，自动调节励磁装置对提高系统静态稳定性的效果是非常显著的。

由于自动调节励磁装置本身的价格相对于电力系统一次设备的投资来说是很小的，它和其他提高稳定性的措施相比也经济很多，因此发电机都应尽可能地装设高灵敏、完善的新型自动调节励磁装置，如具有电力系统稳定器（简称PSS）的自动调节励磁装置或微机型的自动调节励磁装置等。

6. 提高系统的运行电压

由简单电力系统的功角特性方程可知，功率极限与受端系统电压 U 成正比，所以提高系统运行电压水平可以提高系统的稳定性。但是，提高系统的运行电压水平，负荷所吸收的无功功率也大幅增加（$Q_L = U^2 / X_L$），所以要考虑系统有充足的无功电源。

三、提高系统暂态稳定性的措施

1. 快速切除故障

快速切除故障是提高电力系统暂态稳定性最根本、最有效的措施。根据等面积定则，要使系统获得暂态稳定性，必须尽量减小加速面积，增大最大可能减速面积，这样才有可能使被加速了的转子回到同步转速，使系统恢复正常的同步运行。而要减小加速面积，最直接的方法就是快速切除故障。若切除故障的时间过长，系统可能会失去稳定性。用等面积定则对这两种情况的分析如图5-17所示。

切除故障的时间包括继电保护动作时间和从断路器接到跳闸脉冲到触头分开电弧熄灭为止的时间总和。因此，减小切除故障时间应从提高继电保护作速度和改善断路器性能这两方面着手。目前最快可以做到短路故障后约一个工频周波（即0.02s）切除故障；220kV及以上电压等级的电力网，一般可做到在 2.5～5 个工频周波内（即 0.05～0.1s）切除故障。

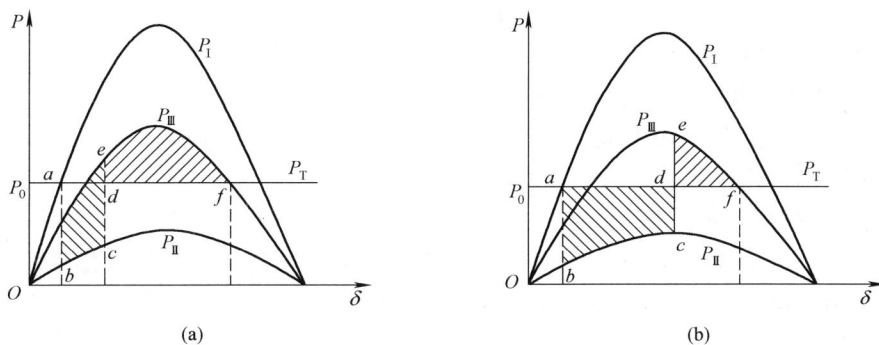

图 5-17　切除故障时间对暂态稳定的影响

(a) 快切除故障；(b) 慢切除故障（不稳定）

2. 采用自动重合闸装置

输电线路上的短路故障绝大多数是瞬时性故障（例如雷击线路，避雷器动作），当继电保护将故障线路两侧断路器断开，电弧熄灭后，绝缘又恢复到正常水平。在此情况下，若线路两侧都装有自动重合闸装置，则经延时预约时间后，两侧重合闸装置能自动将两侧断路器分别重合；若故障为永久性故障，则两侧重合闸装置能加速再次跳开两侧断路器。运行统计资料表明，输电线路自动重合闸动作成功率在 60%～90%，可见，自动重合闸的成功率很高。因此，GB/T 14285—2006《继电保护和安全自动装置技术规程》规定，对于 1kV 及以上电压等级的输电线路，当具有断路器时，应装设自动重合闸装置。高压线路的自动重合闸装置不仅可提高供电的可靠性，而且更重要的是可提高系统暂态稳定性。自动重合闸装置对提高电力系统暂态稳定性起着十分显著的作用。

简单电力系统如图 5-18（a）所示。k 点发生瞬时性短路故障，图 5-18（b）所示为线路两侧断路器装有自动重合闸装置的功角特性曲线分析图，图 5-18（c）所示为线路两侧断

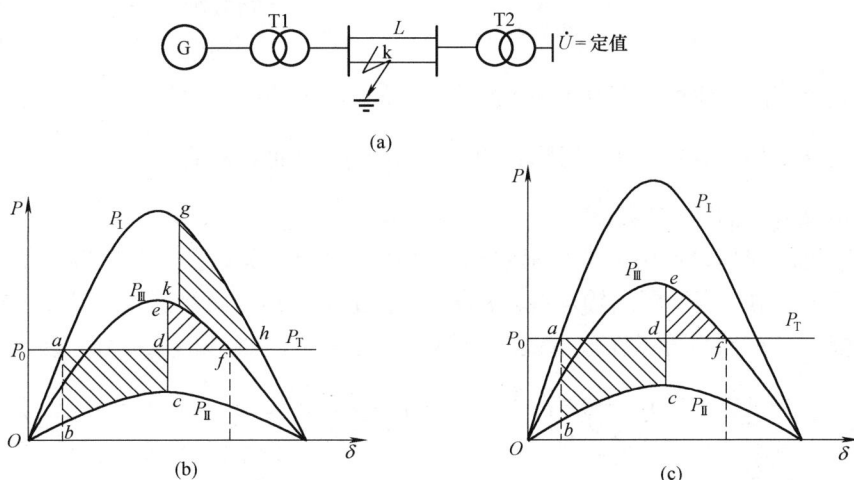

(a)

图 5-18　自动重合闸装置对系统暂态稳定性的影响

(a) 系统接线图；(b) 有重合闸装置（稳定）；(c) 无重合闸装置（不稳定）

路器未装自动重合闸装置的功角特性曲线分析图。

比较图 5-18（b）和图 5-18（c）可见，不装设自动重合闸装置时，加速面积（$abcd$）大于最大可能的减速面积（def），系统不能保证暂态稳定性；如果装设了自动重合闸装置，当运行点到 k 点时，重合闸装置动作成功，运行点从功角特性曲线 P_{III} 上的点 k 跃升到功角特性曲线 P_I 上的 g 点，增大了最大减速面积（增大的减速面积为 $kghf$ 所围成的面积），系统就能够保持暂态稳定性。

点 e 到点 k 之间对应的时间就是重合闸装置动作时间。从提高供电可靠性和暂态稳定性的角度分析，动作时间越短越好。但动作时间还要考虑故障点电弧熄灭的去游离时间和两侧断路器继电保护的配合问题，因此动作时间不能太短。对于三相自动重合闸，动作时间不宜低于 0.3～0.5s。

在高压线路中，发生单相接地短路故障的概率最大。若采用综合重合闸装置，当线路发生单相短路故障时，通过选相元件仅对故障相实现单相重合闸，而非故障相照常运行，这样可以更好地提高电力系统的暂态稳定性，特别对于单回输电线路与系统连接的网络具有更重要的意义。

3. 设置开关站和采用强行串联电容补偿

在远距离输电系统中，输电线路对提高系统的稳定性起着重要的作用。下面介绍改善线路结构提高系统稳定性的两种方法。

（1）采用强行串联电容补偿。为了提高系统静态稳定性，改善正常运行的电压质量，若已经在输电线路上设置了串联电容补偿，为了提高系统的暂态稳定性和故障后的静态稳定性，以及改善故障后的电压质量，可以考虑采用强行串联电容补偿。所谓强行串联电容补偿，就是在切除故障线段的同时切除部分并联着的电容器组，如图 5-19 所示。

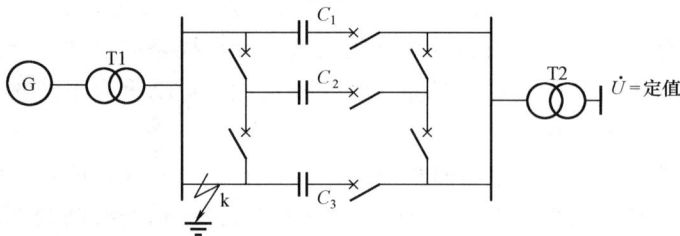

图 5-19 强行串联电容补偿

当 k 点发生短路故障时，继电保护将该段线路切除，线路总电抗增大了。若在切除故障线段的同时也强行将电容器组 C_3 切除，总并联电容减少而总的容抗 $\left(X_C = \dfrac{1}{\omega C}\right)$ 增加了，这样可补偿线路总电抗的增加。

在电力系统的规划设计中，强行串联电容补偿应该与开关站及串联电容补偿统一考虑。

（2）设置开关站。当远距离输电线路的长度超过 300km，而沿途又没有中间变电站时，为了提高系统的稳定性，可以在输电线路中间设置开关站，如图 5-20（a）所示。

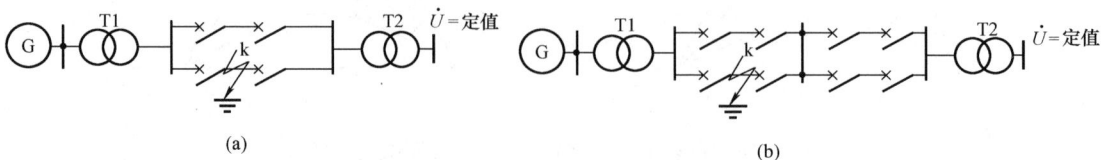

图 5-20 输电线路中间设置开关站

(a) 无开关站；(b) 有开关站

当 k 点发生故障线路，若没有设置开关站，如图 5 - 20（a）所示，则切除整条故障线路，线路总电抗将增大到故障前时的两倍；若中间设置了开关站，如图 5 - 20（b）所示，则只切除一段线路，线路总电抗将增大到故障前的 1.5 倍。因此线路中间设置开关站不仅提高了系统的暂态稳定性，而且也提高故障后系统的静态稳定性。但是设置开关站要增加系统的投资费和运行维护费，开关站的设置要从技术和经济两方面综合考虑。开关站应尽可能设置在远景规划中拟建中间变电站的地方。开关站的接线布置应兼顾到以后便于扩建为变电站的可能性。一般地，对于距离为 300～500km 的输电线路，开关站以一个为宜，对于距离为 500～1000km 的输电线路，开关站以 2～3 个为宜。

4. 采用变压器中性点经小电阻接地和电气制动

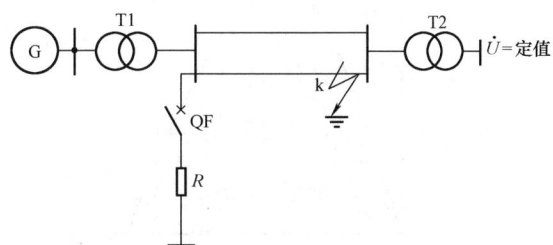

（1）变电器中性点经小电阻接地。变压器中性点经小电阻接地实质上是系统在发生不对称接地短路时的电气制动。将小电阻接在发电机升压变压器星形侧中性点与大地之间，如图 5 - 21 所示。

在正常运行状态下，三相负荷电流对称，没有电流通过小电阻；当系统发生不对称接地短路时，接在变压器中性点的小电阻有零序电流通过，这时电阻中消耗的功率就起着电气制动的作用。所选择的中性点接地电阻值不宜过大，若电阻值过大，消耗功率太大，有可能使发电机在第二个摇摆周期失去稳定。对典型系统计算表明，电阻值以变压器额定参数下阻抗的 4% 为宜。

（2）电气制动。电气制动就是当系统发生故障时，若送电端发电机输出给系统的电磁功率急剧减小，在送电端发电机出线立即投入电阻负荷，吸收发电机因系统故障而产生的过剩功率，抑制发电机转子加速，从而提高系统暂态稳定性。

一般在发电机出线母线或升压变压器高压侧母线上加上一并联电阻，如图 5 - 22 所示。当 k 点发生短路故障时，发电机输出电磁功率急剧减少，而机组调速装置动作需要时间，原动机输入机械功率来不及改变，多余能量将使转子加速，此时立即合上断路器 QF 用电阻 R 来吸收多余的能量，抑制转子加速。

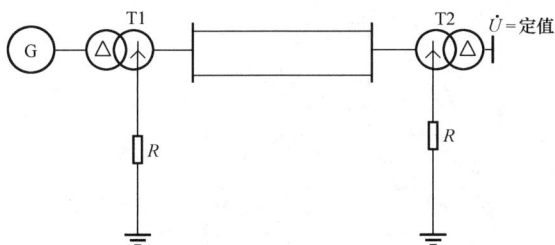

图 5 - 21　变压器中性点经小电阻接地　　　　　图 5 - 22　电气制动示意图

许多大型水电厂把电气制动作为提高系统暂态稳定性的重要措施，因为水电厂调节阀门及水流的惯性较大，调节速度远不如火电厂快速汽门的。制动电阻的容量选择要适当，若选择的容量过小，会不足以抑制发电机转子的加速而失步；若选择的容量过大，发电机虽然在发生故障时没有失步，但在切除故障和切除制动电阻以后的摇摆过程中可能失去同步。

5. 减小原动机输入的机械功率

当系统故障使送电端发电机输出的电磁功率忽然减少时，可以通过减小原动机输入机械功率的办法，抑制发电机转子的加速，提高系统暂态稳定性。显然此措施的原理比电气制动的要好，下面介绍两种常用方法。

（1）快速控制调速汽门。现在大容量汽轮发电机组都是高温、高压、具有中间再热的机组，而且都配置了反应较快的阀门控制系统。因此在系统故障期间，这种机组能够做到快速关闭汽门，降低原动机的输入功率，提高系统的暂态稳定性。

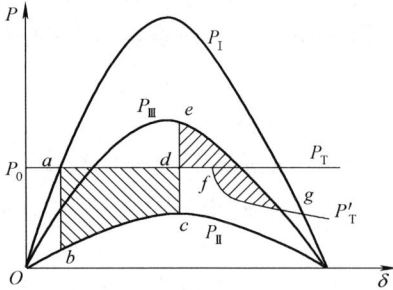

图 5 - 23　快速控制调速汽门
提高系统暂态稳定性

图 5 - 23 为某简单电力系统采用快速控制调速汽门提高系统暂态稳定性的示意图，在 f 点快速控制调速汽门作用使原动机的机械功率由 P_T 减少到 P'_T，显然减速面积增大了。从 d 点到 f 点所对应的时间就是快速控制调速汽门的动作时间，可见动作时间越短，控制难度越大，效果也越好。

采用快速控制调速汽门可以在故障后不切机的情况下，抑制发电机的加速，提高系统暂态稳定性；同时，可以在故障被切除后使发电机能很快地恢复原来的出力。所以，采用快速控制调速汽门来提高系统的暂态稳定性是有效而又经济的措施。

（2）联锁切机。联锁切机就是在输电线路发生短路切除故障线路的同时（或重合闸不成功时），联锁切除线路送电端发电厂的部分发电机组。用简单电力系统的功角特性曲线说明联锁切机提高系统暂态稳定性的原理，如图 5 - 24 所示。

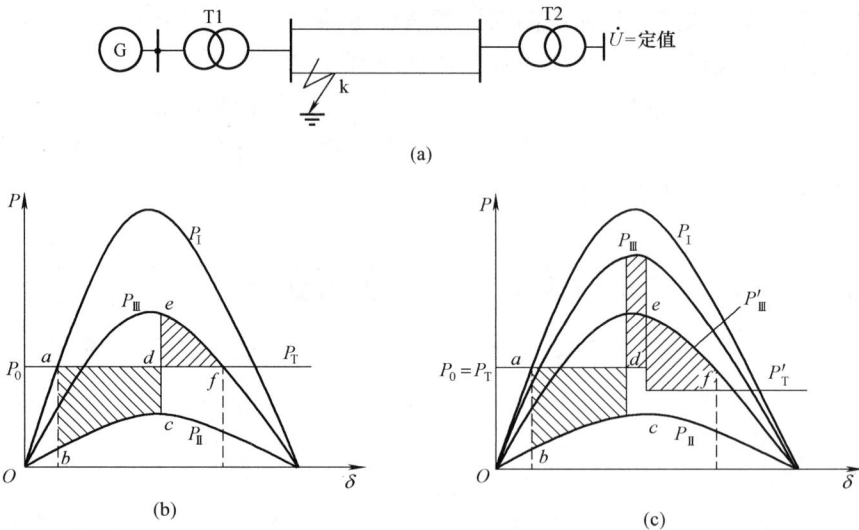

(a)

(b)　　　　　　　　　　　　　　　　　　　(c)

图 5 - 24　联锁切机对系统暂态稳态性的影响
(a) 系统接线图；(b) 不切机（不稳定）；(c) 切机（稳定）

正常运行状态时，发电机运行在 P_I 曲线上的 a 点，当一回输电线路的首端 k 点发生短路故障时，运行点从 a 点转移到 P_{II} 曲线上的 b 点，然后由 b 点向 c 点转移；当运行到 c 点时，故障线路被切除，运行点由 c 点转移到 P_{III} 曲线上的 e 点。如图 5 - 24 （b）所示，若不采用联锁切机，$abcd$ 所围成的加速面积大于 def 所围成的减速面积，则系统不稳定；若在切除故障线路的同时，也切除发电厂的部分机组使原动机输出的机械功率由 P_T 减少到 P'_T，如图 5 - 24（c）所示，这时与功角特性曲线 P_{III} 相交的最大可能减速面积显然增大，所以提高了系统的暂态稳定性。

6. 利用调度自动化提供的信息及时调整运行方式

目前电力系统运行调度大部分都使用了计算机调度自动化系统，很多都配备安全、经济分析的高级应用软件。在运行中，应根据此软件提供的安全分析信息，随时调整系统的运行方式，以保证系统的稳定性。可以预言，利用调度自动化提供的信息及时调整运行方式，提高电力系统的稳定性，将有划时代意义。

7. 采用直流输电

直流输电是将送电端的交流电经升压、整流后，通过高压直流线路送到受电端，然后在受电端将直流电逆变成交流后送入交流电力系统。由于直流输电传输的功率与频率无关，两端交流系统可以在不同的频率下通过直流输电线路连在一起运行，所以，两个交流系统之间不存在稳定性问题。此外，还可以利用直流输电的快速调整能力来提高两侧交流系统的稳定性。

本　章　小　结

电力系统的稳定运行影响到系统的安全运行和经济运行，所以稳定性问题是电力系统的重要问题。

用同步发电机的功角特性分析系统稳定性的内在规律是贯穿本单元的一条主线。正确理解功率角的数学意义，对稳定性的计算分析有很大的帮助。

电力系统静态稳定性包括同步发电机并联运行的稳定性和负荷的稳定性。用小扰动法分析系统的静态稳定性，得出静态稳定的实用判据为 $\dfrac{\mathrm{d}P}{\mathrm{d}\delta}>0$；负荷的静态稳定性又称电压的稳定性，实用判据为 $\dfrac{\mathrm{d}P}{\mathrm{d}\delta}<0$。

电力系统运行的暂态过程是一个电磁暂态过程和发电机转子机械运动暂态过程交织在一起的复杂过程。所以，电力系统运行的暂态稳定性分析和静态稳定性分析有很大区别。分析暂态稳定性的难点是如何理解转子机械运动暂态过程。用等面积定则，即发电机转子在加速过程中增加的动能等于转子在减速过程中释放的动能，可以判断系统的暂态稳定性。但在工程的实用计算中用最大可能的减速面积判断系统的暂态稳定性更方便。

电力系统的稳定性遭到破坏时，发电机失步后引起系统振荡，会危及电力系统安全、经济运行，若不及时处理，会造成大面积停电事故，甚至使系统瘫痪，所以振荡是电力系统最严重的事故。

提高电力系统稳定性的措施是本单元的重点内容之一，提高电力系统稳定性的一般原则是：尽可能地提高系统的稳定极限；尽可能减小加速面积而增大减速面积。对每一种提高稳定性的措施，都要理解其所依据的原理，并能够熟练地应用等面积定则分析一些措施的暂态稳定过程。除了掌握每种措施的基本原理外，还要对每种措施的经济性、应用范围有所了解，这样才能较全面地评价这些措施。

思 考 题 与 习 题

5-1 何谓电力系统的稳定性？一般可将电力系统的稳定性分为哪几类？

5-2 什么叫同步发电机的功角特性？功率角 δ 有哪些含义？

5-3 自动调节励磁装置对同步发电机的功角特性有哪些影响？

5-4 电力系统静态稳定性的实用判据是什么？如何分析系统是否具有静态稳定性？

5-5 什么叫负荷的静态稳定性？其实用判据是什么？它与同步发电机并联运行的稳定性是何关系？

5-6 提高电力系统暂态稳定性有哪些主要措施？各种措施的原理是什么？

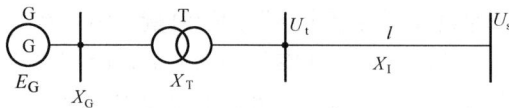

图 5-25 汽轮发电机系统

5-7 一台汽轮发电机经变压器和电力线路向系统送电，如图 5-25 所示，已知汽轮发电机参数为：$X_d = X_q = 1.1$，$X'_d = 0.23$，$X''_d = 0.12$，$X''_q = 0.15$。

（1）若 $X_T = X_1 = 0.3$，汽轮发电机运行在额定容量、额定电压和额定功率因数 $\cos\varphi_N = 0.8$ 时，求运行的功率角为多少？

（2）若 E_q 保持不变，问在（1）条件下的功率极限 P_{sl} 是多少？

（3）若 E'_q 保持不变，问在（1）条件下的功率极限 P_{sl} 又是多少？

（4）条件同（2），但 $X_T + X_1 = 0.5$，求静态稳定的储备系数 $K_P\%$。

（5）条件同（3），但 $X_T + X_1 = 0.5$，求静态稳定的储备系数 $K_P\%$。

5-8 分析电力系统运行的暂态稳定性时，为什么可以忽略短路电流的零序分量和负序分量，而要考虑零序电抗和负序电抗？

5-9 为什么用等面积定则可以判断系统的暂态稳定性？

5-10 什么叫极限切除角？什么叫极限切除时间？

5-11 提高电力系统暂态稳定性有哪些主要措施？各种措施的原理是什么？

5-12 某简单电力系统如图 5-26 所示，其中 $X_1 = 0.4$，$X_2 = 0.2$，$X_3 = 0.2$，$U_s = 1.0$，$E' = 1.2$，$X'_d = 0.2$，原动机输入机械功率 $P_m = 1.5$，机组惯性时间常数 $T_j = 30s$，且 $U_s = $ 常数，为无限大量电力系统母线。

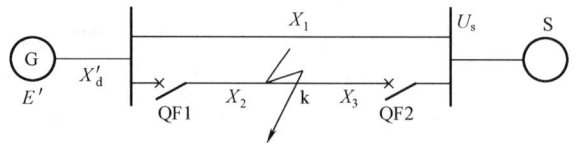

图 5-26 题 5-12 图

（1）当双回线运行时，求运行功率角 δ_0。

（2）当系统从双回线运行将断路器 QF1 跳开，系统是否可保持暂态稳定性？如若稳定，求其最大的摇摆角度。

（3）系统在条件（1）时，k 点发生了三相短路，若三相短路是永久性的，QF1，QF2 不跳开，系统是否稳定？

（4）在条件（1）时，k 点发生三相短路，求极限切除角 δ_{cr}。

（5）求出与（1）相对应的极限切除时间 t_{cr}。

参 考 文 献

［1］　陆敏政. 电力工程. 北京：中国电力出版社，1997.
［2］　陈光会. 电力系统基础. 北京：中国水利水电出版社，2004.
［3］　黄静. 电力系统. 北京：中国电力出版社，2002.
［4］　孟祥萍，高嬿. 电力系统分析. 北京：高等教育出版社，2006.
［5］　曹娜. 电力系统分析. 北京：北京大学出版社，2009.
［6］　陈光会，王敏. 电力系统基础. 北京：中国水利水电出版社，2004.
［7］　注册电气工程师职业资格考试复习指导教材编委会. 注册电气工程师（发输变电专业）. 北京：中国电力出版社，2007.
［8］　刘万顺. 电力系统故障分析. 北京：中国电力出版社，2010.
［9］　王显平. 电力系统故障分析. 北京：中国电力出版社，2008.
［10］　韦钢. 电力系统分析基础. 北京：中国电力出版社，2006.
［11］　杨淑英. 电力系统概论. 北京：中国电力出版社，2007.
［12］　杜文学. 电力系统. 北京：中国电力出版社，2008.
［13］　杨以涵. 电力系统基础. 2 版. 北京：中国电力出版社，2007.